이 책은 인간의 '마음'이 갖는 특성을, 우리가 몸담아 살아가는 서툴고도 익숙한 일상의 모습에 녹여 재밌게 알려준다. 인간으로 태어난 우리는 서로 다른 사람인데도 불구하고 왜 비슷한 생각과 행동을 하며 살게 되는지 새삼 그 이유를 새롭게 깨우쳐 주고, 종종 우리를 골치 아프게 하는 서로 간의 차이점에 대해서도 고개를 끄덕이게 한다.
우리는 이 책을 통해 왜 인간이 불합리한 선택을 반복하는지, 그것에 어떻게 대처하는 것이 가장 현명한지 배울 수 있다. 즉, 세상살이에 있어서 차츰 '똑똑해질 수' 있는 것이다. 결국 이 책을 통해 얻게 될 우리의 인생과 마음을 바라보는 '똑똑한 눈'이, 당신을 지혜롭게 판단하고 행동하는 성숙한 사람으로 성장시킬 것이다.

김정호 | 심리학자, 《흔들릴 줄 알아야 부러지지 않는다》 저자

심리학을 만나
똑똑해졌다

심리학을 만나 똑똑해졌다

인생을 영리하게 사는 사람들의 생각 습관

허용회 지음

스몰빅라이프

프롤로그

심리학을 배워두면 인생이 술술 풀린다

당신에게 전지전능한 능력이 주어져, 한 남자의 하루를 관찰할 기회를 얻었다고 가정해보자. 그는 아주 보통의 월급을 받고, 보통의 인간관계를 맺고, 보통의 능력을 가지고 있는 사람으로, 아직 펼치지 못한 잠재력 또한 그의 안에서 꿈틀대고 있다. 하지만 그에겐 딱 한 가지 문제가 있다. 바로, 시력이 나쁜데도 불구하고 안경을 쓰지 않았다는 점이다.

그의 하루는 침대에서 일어나 발로 바닥을 더듬는 것으로 시작된다. 출근 준비를 하는 것부터가 고난의 시작이다. 그는 욕실에 들어가려다 문지방에 발가락을 찧어 바닥을 뒹군다. 세수를 하려고 했는데 용기에 쓰인 글자를 잘못 읽어 샴푸로 세안을 하고, 옷을 갈아입을 땐 셔츠 단추 구멍이 잘 보이지 않아 단추를 비뚤게 꿴다. 여기저기 다치고 어긋난 모양새로 집을 나선 그는 버스정류장으로 향한다. 그런데 버스 번호를 잘못 보는 바람에 중요한 미팅날 지각하고 만다. 심지어 잘못 꿴 단추 탓에 클라이언트에게 칠칠맞지 못하다는 인상까지 주고 말았다.

처음 한두 번 실수했을 때, 그는 자신이 잠깐 부주의했다고 생각했다. '그럴 수도 있지' 하며 실수한 스스로를 다독였다. 하지만 실수가 반복되자 그는 점차 자책할 수밖에 없었다. '난 왜 이 모양이지', '난 안 되나 봐', '신이시여, 왜 저를 이렇게 낳으셔서!'

오늘 하루를 완전히 망쳐 버린 그는, 분하고 억울하고 답답한 마음에 잠도 이루지 못하며 뒤척인다. 이쯤 되면 그의 일상을 모두 지켜본 당신은 답답해서 이렇게 소리치고 싶을 것이다. **"제발 안경을 쓰세요!"**라고 말이다.

그런데 만약, 이런 바보 같고 어처구니없는 일이 우리에게도 흔히 벌어지고 있다고 말한다면 믿을 수 있겠는가? 당신에게 힘겨웠던 하루를 찬찬히 되짚어보라. 무언가 답답하고, 일이 잘 안 풀리고, 계속 피곤하고, 사람들과 원치 않는 일로 틀어졌던 당신의 하루를 말이다. 당신은 이런 하루를 보내며 '난 왜 이럴까?', '나는 왜 이렇게 부족하게 태어났을까?' 하며 낙담하고 비관했을 것이다. 안경을 쓰지 않고 하루를 보낸 사람과 아주 똑같이 말이다.

삶이 원하는 대로 잘 흘러가지 않을 때, 우리에게 필요한 건 즐거운 일로 가득 찬 새로운 삶이 아니다. 흐릿하게 보이던 당신의 마음과 삶을 선명하게 해 줄 '안경', 그것 하나면 충분하다.

이 책은 당신에게 '심리학'이라는 안경을 씌워 줄 것이다. 이 안경을 통해 당신은 삶을 조금 더 선명하게 바라볼 수 있을 것이고, 자기 자신의 마음을 들여다볼 수 있는 시력을 얻게 될 것이다. 그리고 이를 통해 우리를 괴롭혔던 삶의 '진짜' 문제, 즉 '마음의 문제'를 비로소 확인할 수 있게 될 것이다.

예를 들어, 자꾸만 실패를 반복하는 사람은 자신의 부족한 '능력'을 탓하기 쉽다. 마이클 조던, 스티브 잡스, 워런 버핏 등 성공한 사람들의 '타고난 천재성'을 부러워하고, '평범하게 타고난' 자신의 능력을 부끄러워할지 모른다. 하지만 심리학의 안경을 쓰고 보면, 문제는 '능력'이 아니라 '마음'에 숨어 있다는 사실을 알게 된다.

누구나 '농구 천재'라고 칭하기를 주저하지 않는 마이클 조던 역시 유년기엔 그리 눈에 띄는 선수가 아니었다. 심지어 그는 대학 농구팀 선발에서 탈락하기도 했다. 그럼에도 마이클 조던이 NBA의 전설이 될 수 있었던 이유는 무엇일까? 그것은 바로 그가 심리학에서 말하는 '성장 마인드셋'이라는 태도를 가지고 있었기 때문이다. 성장 마인드셋이란 개인의 능력은 태어날 때부터 고정되어 있는 것이 아니라, 노력에 따라 얼마든지 성장시킬 수 있는 것이라는 '믿음'을 의미한다.

연구에 따르면, '성장 마인드셋'을 가진 사람들은 그렇지 않은 사람보다 실패 경험으로부터 회복하는 속도가 빠르며, 도전을 두려워하지 않고, 결과보다는 과정을 중시한다. 결국, 마이클 조던에게 전설이라는 칭호를 만들어준 것은 그의 타고난 능력이 아니라 실패를 두려워하지 않는 '마음가짐'이었던 것이다.

또 다른 예를 한 가지 더 들어보자. 어떤 사람들은 자신의 부족한 집중력을 탓하고, 끈기 없음을 자책하곤 한다. 강한 정신력과 의지력으로 성공한 사람들의 이야기를 들으며 '나는 왜 저렇게 하지 못할까' 생각하며 스스로에 대해 한심하다는 기분이 들기도 한다. 그러나 심리학의 안경을 쓰고 자신을 바라보면 정신력과 의지력의 부족 또한 타고난 것이 아니라 '자아 고갈'이라는 심리적 상태에서 유발된 것임을 알게 된다. '자아 고갈'이란 우리의 정신력에는 정해진 양이 있으며, 그것을 넘어서는 일을 하게 되면 비합리적인 선택을 하게 되거나, 번아웃 현상을 겪게 될 수 있다는 것을 의미한다.

심리학자들의 연구에 따르면 내가 하기 싫은 일, 나에게 익숙지 않은 일일수록 정신적 자원을 더 많이 소모하며, 긴장되는 상황, 불편한 상황에 놓여 있을수록 더 빠르게 자아 고갈 현상에 빠지게 된다.

이러한 사실을 알고 내 자신을 다시 바라본다면, 단순히 나의 의지력이 약했던 것이 아니라 그 일이 나에게 맞지 않았던 것임을, 혹은 내가 아직 그 일을 할 준비가 제대로 되지 않았던 것임을 발견하게 될 수 있고, 그에 맞춰 올바른 대처 방법 또한 강구할 수 있다.

이처럼 심리학이라는 안경은 우리가 오해하고 있던 세상을 올바르게 바라볼 수 있도록 도움을 준다. 그러니 삶이 잘 풀리지 않는 것 같고, 답답한 기분이 든다면, 자책하고 괴로워하기 전에 이 책에 담긴 심리학의 똑똑한 법칙들로 당신의 삶을 다시 바라보자. 심리학의 안경으로 세상과 인생을 바라보기 시작할 때, 당신의 삶은 더 나아질 것이고 미래는 더 분명해질 것이다.

차례

프롤로그 004

1장 생각과 기분이 홀가분해지는 방법

음악 감상이 수면에 미치는 영향 | 귀벌레 증후군 013
충분히 쉰 것 같은데 피곤한 까닭 | 여가강박 019
월요일도 토요일만큼 즐겁게 보낼 수 있다 | 먼데이블루스 025
부정적인 생각을 휴지통에 넣는 방법 | 의도적 망각 031
혼자서도 잘 노는 사람들의 비결 | 자기오락화 037
사람들이 칭찬을 부담스러워하는 이유 | 완벽주의 043
불행의 기세를 꺾어버리는 방법 | 비합리적 신념 049
거절당하는 걸 두려워하는 사람들의 심리 | 거절민감성 055
모든 행복은 주관적이다 | 행복메타인지 061
왜 어떤 사람들은 화를 참지 못할까 | 분노조절장애 067

2장 인간관계에서 편안해지는 방법

'아니', '근데', '진짜' 없이는 말을 못 하는 이유 | 습관어 075
우리가 서로에게 조언을 아끼게 되는 이유 | 피드백 기술 081
왠지 모르게 끌리는 사람들의 특징 | 독자성과 융화성 087
'밀당', '어장관리' 속에 숨은 심리 법칙 | 성인애착 093
헤어지지 못하는 여자, 떠나가지 못하는 남자의 심리 | 투자모델 099
심리학자가 타인의 생각을 간파하는 방법 | 거짓말의 단서 105

가만히 누워서도 낯선 타인과 친해지는 기술 | 상상 접촉 111
사공이 많으면 배가 산으로 가는 이유 | 집단사고의 함정 117
어제의 적을 오늘의 아군으로 만드는 방법 | 공공 재화 게임 123
얼음장 같은 마음까지 녹이는 설득 기술 | 도덕적 점화 128

3장 나도 몰랐던 나를 알아내는 방법

야심 차게 세운 계획이 실패하는 이유 | 자기연속성 135
타인이 아닌 나에게 먼저 자비로워야 한다 | 자기자비 141
'기쁜 것 같은' 순간에 주목하기 | 정서인식명확성 146
내가 알고 있는 나 VS 남들이 알고 있는 나 | 조하리의 창 152
성공적인 '덕업일치'를 꿈꾼다면 | 자기결정성 158
좌우명을 꼭 하나쯤 만들어야 하는 이유 | 정신적 부유 163
MBTI만으로는 나를 설명할 수 없다 | 내러티브 정체성 169
장고 끝에 악수를 두게 되는 이유 | 자아고갈 175
몸이 변해야 마음도 변한다 | 신체 편향성 180
마음은 나도 모르게 실패를 의도한다 | 자기불구화 186

4장 숨겨진 능력을 찾아내는 방법

인생을 내 맘대로 이끄는 자동화 기술 | 행위 의도 193
상상을 현실로 이루어내는 방법 | 정신적 대조 198

일단 해보면 별것 아니다 | 자기효능감 203
초집중력을 발휘하게 만드는 기술 | 몰입 209
단점을 탓하지 말고 장점에 집중하라 | 강점 개발 215
머리로 풀지 말고 손짓으로 풀어라 | 제스처의 심리학 221
끊임없이 도전하는 사람들의 심리 법칙 | 성장 마인드셋 226
창의적이지 못한 것은 나의 책임이 아니다 | 창의성 232
심리검사를 가장 똑똑하게 활용하는 방법 | 심리검사 238
일단 '선택'하면 무엇이든 재밌어진다 | 복권 선택 실험 244

5장 세상살이에 똑똑해지는 방법

아는 것만 자꾸 들리고 보이는 이유 | 바더-마인호프 현상 253
왜 놀부는 심술궂고, 흥부는 착할까 | 보상적 고정관념 258
쓰지도 않을 걸 자꾸 사 모으는 사람들의 심리 | 강박구매 264
내 귓가의 '천사'와 '악마' 사이에서 균형 잡기 | 조절 초점 성향 270
같은 별을 보고도 다른 감동을 느끼는 이유 | 낙관주의 276
부정적인 평가에 나를 가두지 않는 법 | 낙인 효과 282
죽음과의 거리감이 인생관을 바꾼다 | 심리적 시간관 288
훈수 잘 두는 사람이 주식엔 실패하는 이유 | 사후확신 편향 294
자발적 고독이 나를 성장시킨다 | 자기결정적 고독 300
생각의 그릇을 넓히는 심리 전략 | 경외감 306

1장

생각과 기분이 홀가분해지는 방법

귀벌레 증후군

음악 감상이 수면에 미치는 영향

여러분은 잠자리에서 음악을 듣는가? 한때 필자는 불면 증상을 경험한 적이 있다. 잠을 자려고 누웠으나 1시간 이상 잠들지 못하고 뒤척이는 일이 반복됐다. 간신히 잠들었다 해도 원체 잠귀가 밝은 편인지라 조그마한 주변 소음에도 금방 잠에서 깨기 일쑤였고, 다시 잠들기 위해서는 또다시 오래도록 지루한 기다림을 견뎌야만 했다. 뒤척이는 일이 반복되자 더는 그 지루함을 견디기 어려웠고, 잠이 오지 않으면 어느새 이어폰을 착용하고 음악을 들으며 잠을 청하는 일이 습관처럼 굳어졌다.

사실 음악을 들으며 수면을 취하는 사람들이 적지 않다. 그 이유를 물으면, 음악을 들으면 하루의 피로나 스트레스가 해소되며 즐겁고 편안한 기분을 느낄 수 있기 때문이라는 답변을 듣게 된다. 밤에 불을 끈 뒤, 침대에 누우면 깊은 적막감을 느낄 수 있다. 눈을 감으면 시야가 깊게 차단되고 내 마음은 오롯이 음악에만 집중할 수 있는 상태가 되는데, 이때의 만족스러운 경험 또한 잠을 자며 음악을 듣는 습관을 만드는 데 기여하는 듯싶다. 정리하면 음악은 편안하고 만족스러운 기분을 주고, 이는 기분 좋은 수면으로 이어진다고 할 수 있다. 실제로 한 심리학 연구에서는 음악을 듣지 않고 잠드는 사람들에 비해 음악을 들으며 잠드는 사람들이 더 수면이 만족스러웠다고 응답한 것으로 나타나기도 했다.

하지만 자기 전에 음악을 듣는 것이 오히려 수면 활동에 방해가 된다고 생각하는 사람들도 많다. 깊게 잠들기 위해서는 심신이 이완되고, 조용한 상태가 유지되어야 하는데 음악이 이를 방해한다는 것이다. 특히 템포가 빠르고 리듬감이 있는, 소위 '중독성 있는' 음악을 계속 듣다 보면 더 이상 음악을 듣지 않는 상태에서도 선율이 계속 귓가를 맴도는 경험을 하게 되는데, 한번 귓가에 음악이 맴돌기 시작하면 이를 의식적으로 억제하는 것이 무척이나 어렵다.

실제로 음악이 귓가에 맴도는 현상을 가리켜 "비자발적인 음악적 형상화involuntary musical imagery", 혹은 "귀벌레 증후군earworm syndrome"이라고 부른다. 이러한 현상은 억제도 힘들뿐더러 지속력도 매우 길다. 심리학자들은 심지어 8시간 가까이 머릿속에서 음악이 맴도는 현상이 이어진 사례를 보고하기도 했다. 특히 공부를 하면서 듣거나 집안일을 하면서 듣는 등 음악에 대한 주의 집중이 낮은 상황에서는, 여러 번 들은 적이 있어서 이미 익숙한 음악일수록 귓가에 더 오래 맴도는 것으로 나타났다.

즉, 맴도는 음악에 의해 심신의 각성 상태가 계속 유지되고, 결과적으로 수면을 방해할 수 있다는 것이 소위 음악의 '수면무용론'을 주장하는 심리학자들의 견해이다. 설사 음악을 들으며 더 잘 잔 것 같은 '느낌'은 받을 수 있어도 그것은 주관적인 입장일 뿐, 객관적으로 수면의 질에는 별다른 도움이 되지 않는다는 것이다.

과연 음악은 실제로 수면에 도움이 될까, 방해가 될까? 심리학자 스컬린Scullin과 동료들은 귓가에 음악이 맴도는 현상이 수면에 어떤 영향을 미치는지 확인하고자 연구에 나섰다. 실험 참가자들이 주관적으로 보고한 수면의 질뿐만 아니라, 실제 수면의 질에도 어떤 변화가 있는지 확인하기 위해 수면다원검사polysomnography 기반 측정은 물론, 수면 도중 전두엽 부위의 진동 반응 등을 조사하였고, 연구 결과는 다음과 같았다.

첫째, 평소 음악을 자주 듣는 사람일수록 잠자리에서 음악이 귓가에 맴도는 현상을 더 자주 경험하였으며, 이것이 수면의 질을 실제로 악화시킨다는 점이 밝혀졌다. 둘째, 가사가 있는 음악을 들은 참여자들보다 멜로디만 있는 음악을 들은 참여자들이 더 나쁜 수면의 질을 보였다. 이 놀라운 결과는 음악의 '성질'이 수면에 미치는 영향을 알아보고자 추가로 진행한 연구에서 밝혀졌다. 실험에서 참여자들은 임의의 두 집단으로 분리되었는데, 한 집단은 가사가 포함된 음악을 듣게 했고, 다른 집단은 동일한 가수의 노래를 듣되 가사가 빠진, 멜로디만 남은 음악을 듣게 했다. 참여자들은 저녁 10시 30분부터 아침 7시 30분까지 약 9시간 동안 자신에게 배정된 음악을 들으며 잠을 잤고, 연구자들은 각 참가자들의 수면 상황을 모니터링했다. 그 결과, 가사가 있는 음악을 들은 참여자들보다 멜로디만 들은 조건의 참여자들이 더 나쁜 수면의 질을 보였다.

왜 이런 일이 일어났을까? 앞서 설명했듯 대체로 빠르고 반복적인 템포를 가진 음악이 더 오래 귓가를 맴도는 경향이 있는데, 연구자들은 음악에서 가사가 빠졌을 때 음악이 보다 더 단순하고 반복적인 형태로 변했고, 이것이 귓가에 맴도는 경향을 심화시켰다고 지적했다.

종합해보면, 잠을 자는 동안 우리의 뇌 역시도 정보 처리를 중단하고 휴식을 취해야만 하는데, 음악이 귓가에 계속 맴돌자 뇌가 미처 휴식에 들어가지 못하고 계속 음악 정보를 처리하고 있었기 때문에 수면의 질이 떨어졌다고 해석할 수 있다.

결론적으로 밤에 음악을 들으며 자는 습관, 특히 귓가에 맴도는 종류의 음악들이 우리의 숙면을 실제로 방해한다는 것이 해당 연구의 결론이었다. 한편, 또 한 가지 흥미로운 것은 밤뿐만 아니라 낮에 들었던 음악 또한 수면에 영향을 줄 수 있다는 점이다. 연구자들은 '귓가에 맴도는 현상을 전혀 겪지 않는 경우 > 낮에 이 같은 현상을 겪은 경우 > 잠자리에서 이 같은 현상을 겪은 경우'

순으로 수면의 질이 높았다는 사실을 발견했던 것이다.

그런데 수면의 질에 직접적으로 영향을 미치는 것이 '음악' 그 자체가 아니라 '귓가에 맴도는 현상'이라면 우리는 숙면을 취하기 위해 '경계 대상'을 더욱 확대할 필요가 있다.

사실 침대에 누웠을 때 귓가를 맴도는 많은 생각들이 우리의 수면을 방해한다. 낮에 회사에서 상사로부터 혼이 났던 기억, 혹은 최근 반복해서 고민하는 일들이 계속 머릿속을 떠돌아다니며 수면 시간을 어지럽게 만든다. 반드시 부정적인 기억이 아니더라도 잠들기 몇 시간 전, 몇 분 전에 시청했던 웃긴 영상의 장면이나 대사가 자꾸 머릿속에서 반복 재생되기도 한다. 필자는 무서운 이야기를 좋아하는 편인데, 특히 깜깜한 밤에 불을 끄고 무서운 콘텐츠를 즐기곤 한다. 어쩌다 정말 무서운 이야기를 보게 된 날에는 계속 무서운 장면이 생각이 나서 도무지 잠이 오지 않는 일도 있다. 가끔은 꿈에 무서운 것이 등장하여 잠을 설치기도 한다.

최근 유튜브 등에서는 수면을 돕는 목적의 'ASMR' 영상들을 쉽게 찾아볼 수 있다. 물체가 바스락거리는 소리나 장작 타는 소리, 비가 오는 소리 등이 대표적인데 소리를 가만히 듣고 있자면 마음이 편안해지는 듯하고, 수면에도 도움되는 듯한 것이 사실이다. 하지만 ASMR 영상들도 비록 자극적이지는 않아도 잠재적인 위험성을 내포하고 있음을 간과할 수 없다. 상당수의 ASMR 영상 자극들은 일정한 리듬감을 가졌으며, 지속적으로 반복된다는 특성을 갖고 있어서 계속 재생하지 않아도 의도치 않게 머릿속에 맴도는 느낌을 유발할 수 있기 때문이다.

불을 끄자마자 금세 잠이 드는 사람들은 축복받았다는 우스갯소리가 있는데, 이는 그만큼 사람들이 일상의 피곤함이나 자극적인 음악, 영상 등으로 인해 쉽게 잠들지 못하며, '잠들기까지의 그 지루함'을 견디기 어려워함을 방증하는 것이 아닐까 싶다. 하지만 인식의 전환이 필요하지 않을까? 어쩌면 그 지루함이야말로 그 어떤 자극도 사라진, 오로지 세상 속에 나 혼자서만 고요하게 휴식을 취할 수 있는 귀중한 순간일지도 모른다.

여가강박

충분히 쉰 것 같은데 피곤한 까닭

오랜만에 칼퇴근을 하게 되어 신이 난 A양은 서둘러 퇴근길에 올랐다. 집에 와서 씻고, 저녁 식사를 마치고 나니 어느덧 저녁 7시 30분. 해야 할 일을 다 마쳤다는 안도감, 그리고 하루 업무에 대한 피곤함이 밀려와 A양은 일단 휴대전화를 들고 침대에 누웠다.

유튜브를 켜고 평소 구독하던 채널에서 올라 온 동영상들을 재미있게 보던 A양, 문득 이렇게 유튜브나 보며 늘 하던 대로 시간을 보내고 있다는 게 '억울하다'는 기분이 들었다. 모처럼의 칼퇴근이었기에 산책 다녀오기, 여행 계획 세우기, 인테리어 소품 검색하기, 블로그 포스팅하기, 평소 관심 있던 요가학원 등록하기 등 여러 가지 할 일들을 메모하며 집에 왔건만, 이 소중한 시간에 고작 누워서 휴대전화만 보고 있다니.

초조한 기분으로 보던 동영상을 끈 A양은 남은 시간에라도 무엇을 하면 좋을지 고민해보기 시작했다. 하지만 이미 시간이 제법 흘러서 퇴근길에 적어두었던 일들을 하기는 어려울 것 같았다. 휴대전화로도 그나마 쉽게 할 수 있는 인테리어 소품 검색을 조금이라도 해보자 싶어서 잠시 검색해봤지만, 왠지 성에 차지 않는 기분이 들어 이내 그만두고 말았다.

'주말에 카페에 노트북 들고 가서 본격적으로 해야겠어. 생각보다 오래 걸릴 것 같아.' 검색을 마치고 시계를 보니 어느덧 시간은 저녁 9시 30분. 이제 조금 있으면 자야 한다는 생각에 더욱 초조해졌다.

평소에 시간이 없어 못 봤던 명작 영화라도 감상하고 자야겠다 싶어서 넷플릭스를 켠 A양은 평단의 호평을 받았다는 영화 목록을 훑어보기 시작했다. 그렇게 볼 영화를 고르느라 한참 시간을 썼지만 결국 영화를 선택하지 못했다. 재밌어 보이는 영화를 찾을 때마다 인터넷에 제목을 검색해보고 평론가 평점, 관람객 평점이나 리뷰를 보면서 '검증'하느라 시간만 다 쓰고 말았다.

어느덧 시간은 11시에 가까워졌고 A양은 아쉬운 마음을 뒤로 한 채 잠을 청하기로 했다. '모처럼 만의 칼퇴근인데 퇴근 후에 한 일이 아무것도 없구나.'

A양처럼, 직장인은 누구나 여가에 관한 그럴싸한 계획을 갖고 있다. 하지만 시간과 비용의 문제, 그리고 알 수 없는 부담감과 피

로감으로 인해 의도한 만큼의 여가 생활을 누리지 못하는 이들이 많다. 무엇을 하면 좋을지 신나게 고민하다가도 막상 퇴근하고 나면 누워서 휴대전화만 만지작거리다 잠드는 것이 일상이다.

왜 여가 활동은 마음대로 되지 않을까? 낮에 열심히 일했다면 저녁에는 잘 놀기라도 해야 하는데 왜 무기력감에 빠져들고 마는 것일까?

심리학자 바넷Barnett은 여가 활동에 관한 우리의 고정관념을 지적한다. 여가 활동이라고 하면 왠지 즐겁고 재미있을 것 같고, 언제 해도 좋을 것 같고, 삶을 행복하게 만들어주는 등 좋은 면만 있는 것 같지만 사실은 그렇지 않다는 것이다. 바넷은 막상 계획에 없던 자유 시간이 주어지거나 주말, 휴일에 무엇을 할지 구체적으로 생각해보지 않은 사람들이 일종의 스트레스와 불안감을 경험한다는 사실을 발견했고, 이를 가리켜 "여가불안leisure anxiety"이라고 명명했다.

사실 그렇다. 여가 활동도 부담스러울 수 있는 활동이다. 여가에 관한 최근의 국가 통계 자료를 보면 '자유 시간 증가에 따른 심리적 부담', '여가 활동 증가로 피곤함 경험' 등 사람들은 자신이 여가와 관련하여 부정적인 경험을 한다고 응답하기도 했다.*

많은 사람들이 자신이 좋아하는 여가 활동으로 여행을 말한

* 한국문화관광연구원 (2022). 2022 여가백서. 문화체육관광부.

다. 휴식을 위해, 일상생활의 무료함을 달래기 위해, 새로운 풍경과 사람들을 만나기 위해, 자유를 만끽하기 위해 등등 여러 가지 이유로 연휴나 명절 등을 활용해 여행을 다녀오곤 한다.

'여행'이라고 하면 여러분은 어떤 이미지가 그려지는가? 가깝게는 공항이나 터미널의 풍경이 그려질 수 있고, 관광지에서 즐겁게 지내는 내 모습, 근사한 숙소에서 야경을 만끽하며 휴식을 취하는 모습, 가족이나 친구와 사진을 남기는 모습 등 여러 가지 긍정적인 이미지가 그려질지 모르겠다. 하지만 '여행'이라고 하면 부담감, 스트레스, 불안, 위축 등을 경험하는 이들도 있다. 여가로 인한 소비 지출의 부담감, 여행 계획을 세우는 일의 어려움, 심지어 다른 사람들의 여행 계획과 자신의 계획을 비교할 때의 스트레스까지, 막상 여행을 가려고 마음을 먹으면 여러 부정적인 생각이 따라온다는 것이다.

여가로 인해 고통받는 사람들을 관찰한 국내의 여러 심리학자들은 여가불안에서 한 걸음 더 나아가 "여가강박leisure obsession"이라는 개념을 제안하였다. 여가에 대한 강박적인 생각은 크게 '여가에 대한 집착'과 '여가에 관한 고정관념'으로 나뉜다.

첫째, 여가에 대한 집착은 여가 활동 자체에 과몰입하(려)는 과정에서 발생하는 부담감과 스트레스다. 여가 활동에 과한 시간과 비용을 투자한다거나, 남들보다 더 잘 보내야 한다는 생각에 시달린다거나, 여가 시간을 더 잘 보내지 못한 것에 대해 크게 후회한다거나, 여가를 준비하는 데 스트레스를 받는다거나 하는 심리가 이에 해당한다.

둘째, 여가에 대한 고정관념이란 여가가 꼭 가치 있고 의미 있어야만 한다는 생각, 여가 활동은 경제성이 있어야 한다는 생각, 여가 시간에는 반드시 움직여야 한다는 생각, 아무래도 여가 활동은 재미있어야 한다는 생각 등을 말한다.

심리학자들은 이러한 여가에 관한 고정관념을 강하게 가진 사람들일수록, '더 나은' 여가를 위해 여러 정보 검색도 더 많이 하고, 여가에 들이는 시간도 늘리고, 여가 활동의 가짓수도 더 늘리지만 역설적으로 여가 활동으로 인한 만족도는 낮다는 점을 발견했다.** 더 재밌게, 더 잘 놀수록 마냥 좋을 것이라 생각할지 모르지만 사실 여가 활동조차도 과유불급인 셈이다.

또한 관련 연구에서 여가강박은 일중독이나 강박적 사고와도 높은 상관관계가 있는 것으로 조사되었다. 어쩌면 일을 열심히 하는 사람들은 여가에 들이는 시간과 노력마저도 일의 연장선상으로 이해하고 있는 것인지도 모른다. 여가마저도 일종의 문제 해결 대상, 정복 대상으로 여기기 때문에, 여가를 분석하고 합리적인 '방안'을 찾으려 노력한다는 것이다.

여가 활동으로 인해 스트레스를 받고 있는 사람에게 필자는 3가지 제안을 해주고 싶다. 첫째, 여가의 본질에 대해 고민해보

** 윤지연, 최승혁, 허태균 (2013). 여가강박 척도의 개발 및 타당화 연구. 한국심리학회지: 문화 및 사회문제, 19(2), 235-257.

자. 만약 여가 활동을 계획하면서 알게 모르게 부담감을 느낀다면 '휴식을 위한 여가'가 아닌, '여가를 위한 여가'를 준비하고 있는 것은 아닌지 되돌아볼 필요가 있다.

둘째, 다른 사람과 자신의 여가 활동을 비교하지 않는 것이다. 직업, 연봉, 거주하는 집만이 비교의 대상은 아니다. 여가 활동 또한 사회적인 비교의 대상이다. 여가 활동을 두고 다른 사람들의 모습과 자신의 모습을 비교하는 일은 심리적 위축감, 상대적 박탈감을 불러온다. 여가의 마무리가 SNS용 사진 남기기로 귀결되어서는 안 된다는 의미이다.

셋째, 작고 소중한 나만의 여가를 만들고, 꾸준히 실천하는 습관을 들이는 것이다. 여가불안과 강박은 '아무것도 하지 않는 것 같다는 초조함'과 '가치 있게 보내야만 한다는 부담감'으로부터 나오므로, 이 두 가지 생각을 절충할 필요가 있다. 적당히 가치 있으면서, 적당히 쉬운 여가를 찾아보는 것은 어떨까? 부담 없이 시작했다가 만약 더욱 몰입된다면 투입 시간과 비용을 늘리면 된다. 반대로 시간이 갈수록 부담이 커지는 것 같다면 여가 비중을 줄이고 잠시 다른 활동에 몰두하는 것이 도움이 될 수 있다.

먼데이블루스

월요일도 토요일만큼 즐겁게 보낼 수 있다

필자가 고등학생이던 2000년대에, 일요일 밤 9시면 온 가족이 모여서 KBS 〈개그콘서트〉를 시청하던 추억이 있다. 그 당시에는 개그콘서트가 최고 전성기를 구가하고 있었고, 다음 날 학교에 가면 친구들과 전날 본 개그 코너 이야기를 나누고 유행어를 따라 하는 게 일상이었다. 약 1시간 가까이 시간 가는 줄 모르고 시청하다 보면 마지막 〈봉숭아학당〉 코너가 나왔다. 그리고 이때부터 슬슬 조짐이 나타나기 시작한다. 끝나가는 것에 대한 아쉬움, 또한 끝난 이후 닥칠 미래에 대한 '우울함'이 엄습하는 것이다.

이윽고 〈봉숭아학당〉마저 끝이 나면 너무나 친숙한 엔딩 송이 신나게 흘러나온다. 이때야말로 그 '우울함'이 정점에 달하는 때다. '아, 일요일이 끝났구나', '내일 월요일이네. 또 학교 가야 하네.' 아쉽고 우울한 마음 때문이었는지 일요일 밤에는 왠지 일찍 잠들 수가 없었다. 1분이라도 더 놀아야만 덜 억울할 것 같았달까.

"월요병"은 학교나 직장 등에서 반복적이고 의무적인 생활을 하는 사람들이 일요일-월요일 사이에 경험하는 부정적인 감정이나 느낌을 지칭하는 단어다. 이때 경험되는 기분은 우울함, 슬픔, 무기력, 스트레스 등 개인에 따라 다양하게 나타날 수 있으며 신기하게도 월요일로부터 멀어져갈수록 관련 증상이 감소하는 경향을 보인다.

그런데 월요병은 우리나라 사람만 경험하는 현상은 아니다. 영어권에서도 이른바 "먼데이블루스monday blues"라는 개념이 존재하니 말이다. 심지어는 월요병을 다룬 심리학 연구들도 존재하는데, 몇몇 연구 결과에 따르면 사람들의 기분은 다른 주중에 비해 월요일에 실제로 더 낮은 패턴을 보였다.

월요병은 왜 생기는 것일까? 세상일이 으레 그렇듯 월요병을 만드는 원인에는 여러 가지가 있으며 개인마다 주요 원인이 다를 수 있다.

먼저 '예상되는 스트레스anticipatory stress' 수준에 따라 월요병의 강도가 달라진다. 가령 다음 주에 해야 할 공부/업무가 매우 부담스럽게 느껴진다거나, 분량 자체가 많다거나, 혹은 학교/직장에 가기 싫은 어떤 원인이 존재한다면 월요병이 심각하게 나타날 수 있다. 특히 직장인에게 있어서는 자신의 직업에 대한 만족도나 일에서의 성취감 부족 등이 월요병을 더욱 심화시키는 요인으로 알려져 있다.

이뿐만 아니라 공부/업무를 해야 하는 평일과 주말의 생활 패턴이 얼마나 상이한지 여부가 월요병에 영향을 주기도 한다. 만약 평일에도 열심히 일하고, 주말에도 나름대로 일하는 사람이 있다면 그 사람은 월요일이라고 해서 딱히 우울함을 더 느낄 이유가 없다. 월요병을 해결하기 위한 좋은 방법은 바로 일요일에 출근하는 것이라던 언론 보도가 나갔던 적이 있는데, 아마 이를 염두에 둔 것이 아닐까 싶다.*

반면 평일에는 야근을 밥먹듯이 하며 일에만 빠져 있다가, 주말 휴일이 되면 휴대전화조차 꺼 놓고 아무 곳에도 외출하지 않으며 그저 누워만 있는 사람이라면, 평일과 주말 간의 '괴리'로 인해 월요병을 크게 경험할 가능성이 높다.

그러므로 만약 월요병을 심하게 경험하고 있어서 고민이 된다면 평일과 주말의 생활 패턴을 어느 정도 공유하는 방식으로 계획을 변경하는 것이 도움이 될 수 있다. 물론 일요일에 출근하라는 의미는 아니지만(실제로 그렇게 한다면 이번에는 월요병이 아니라 '일요병'이 생길 가능성이 높다!), 평일에도 일하는 만큼 충분히 쉬고 놀아야 하며, 주말이라 해도 마냥 가만히 누워만 있는 대신 산책이

* 연합뉴스 (2013), "일요일 오후 엄습하는 '월요병'… 해결방법은?", https://www.yna.co.kr/view/MYH20131124007400038에서 2023.03.08. 가져옴

든, 독서든 무엇인가 생각하고 움직이는 시간을 가질 필요가 있다.

추가로 월요병을 극복할 수 있는 팁을 한 가지 더 소개하고자 한다. 여러분의 요즘 삶의 낙은 무엇인가? 누가 시키지 않더라도 자발적으로 얼마든지 할 수 있는, 여러분만의 소중한 취미 생활이 있는가?

월요병이 발생하는 이유는 '평일의 즐거움과 주말 휴일의 즐거움 간의 불균형'으로도 이해할 수 있다. 월요병을 경험하는 많은 사람들은 일주일 동안 할 수 있는 재미있는 활동들, 경험들을 주말과 휴일에 집중적으로 배치한다. 반면 평일에는 일을 해야 해서, 퇴근 후에는 너무 피곤해서, 무엇인가 벌여 볼 엄두가 나지 않아서 등의 이유로 재미있는 활동을 배분하지 않는다. 그렇게 평일은 그저 그런 하루들이 되어 버리고, 그럴수록 주말과 휴일은 더더욱 신나고 기다려지고 즐거운 순간들이 되어 간다.

하지만, 주말에 즐길 수 있는 재미있는 일을 평일에도 하면 안 되는 것인가? 내 인생의 면적을 따지자면 '월~금'이 차지하는 비중이 '토~일'보다 압도적으로 높은데 그 긴 평일 동안 그저 그런 하루를 보내야만 한다니, 뭔가 억울한 기분이 들지 않는가?

그래서 월요병을 호소하는 사람들에게 필자는 이렇게 조언한다. 주말이나 휴일에 즐기던 재미있는 활동들을 월요일, 화요일에 배치하라고 말이다. 만약 생업 등의 이유로 온전히 시간을 확보하기 어렵다면 퇴근 이후에 즐길 수 있을 만큼의 시간이라도 재미있는 활동을 구상하고 배치해보라고 말이다.

여가의 사이클을 '월~금'에 고조되고, '토~일'에 낮아지는 식으로 설계하는 것이 월요병 극복에 도움이 될 수 있다. 예를 들어 월요일, 화요일에 가장 재미있는 활동들을 계획하고 수요일, 목요일, 금요일로 갈수록 여가 활동에 대한 투자를 조금씩 줄이는 것이다. 왜 뒤로 갈수록 투자를 줄여도 되는가? 그건 월요일, 화요일에 비해 다른 평일들이 주말과 휴일에 보다 가깝기 때문이다. 여가에 대한 투자를 줄인 만큼 그 빈 자리를 주말과 휴일의 '기대감'이 채워줄 수 있기 때문이다.

여기까지는 평일 퇴근 이후, 그래도 여가를 즐길 수 있는 시간을 낼 수 있는 사람들에게 해당하는 조언이다. 늘 야근이 기다리고 있는 사람들은 이렇게 호소할지도 모르겠다. "그럼 저는 어떻게 하죠? 평일에 도저히 업무 말고 다른 걸 할 시간이 없는데요."

월요병을 극복하기 위해서는 자기 자신과 관련된 환경을 능동적으로 통제하려는 시도 또한 필요하다. 아무리 긍정적인 마음가짐으로 무장한다 해도, 현재의 업무 환경이 자신에게 유독 맞지 않는다거나 큰 스트레스와 부담을 주는 상황이라면 근본적인 월요병 해결에 도달할 수는 없다는 의미이다.

이는 동기와 자율성의 문제로, 자신이 맡은 일을 자율적으로 조절하고 의사결정을 내릴 수 없다면 매주 일터와 집을 오고가기만 하는 '수동적인 삶'이 된다. 여러 거창한 명분들이 있다지만 결국 업무는 미래를 위해 '억지로라도', '참으면서라도' 해야만 하는 활동으로 인식되고, 결과적으로 당장의 월요병을 피하는 데에는 한계가 있다는 것이다. 따라서 월요병을 극복하기 위해서는 일하는 환경에도 변화를 줄 필요가 있다.

자신이 해야 할 업무와 범위를 능동적으로 조절하는 잡크래프팅job crafting 전략은 무기력감의 개선 및 월요병 극복에 도움이 된다. 만약 그마저도 여의치 않은 폐쇄적인 업무 환경이라면 부서, 팀 이동이나 이직 등 과감한 수단의 선택이 장기적으로 볼 때 월요병의 근본 대책일 수 있다. 물론 생활 패턴의 큰 변화는 새로운 적응 노력 및 스트레스를 동반하기 때문에 계획적인 고민과 실천이 필요할 것이다.

의도적 망각

부정적인 생각을 휴지통에 넣는 방법

최근에 필자는 약 반년 만에 휴지통을 비웠다. 그런데 비우자는 결정을 내리기까지는 무척 고민이 많았다. 안 버리고 가지고 있으면 언젠가 쓸지도 모르는데, 괜히 비우는 것은 아닌가 하는 미련이 컸다. 당장 안 비워도 크게 불편할 일도 없는데 굳이 비워야 할까 싶은 마음도 있었다. 그렇게 한참을 고민했지만 역시 비우는 것이 낫다는 생각이 들어 실행에 옮겼다. 어차피 버릴 것들은 더 쌓일 테고 내 마음의 여유상 더 가지고 있기도 어려웠다. 그리고 무엇보다 한 번 버리고 나면 다시 꺼내어 쓰는 경우가 무척 드물었기에 쌓아둬 봤자 별 소용이 없을 것이라는 냉철한 판단도 한몫했다.

그런데 무슨 휴지통이기에 반년씩이나 놔둬도 꽉 차지 않는지 의문을 갖는 독자분도 계실 것 같다. 혹은 위생에 신경을 쓰지 않는 필자의 게으른 습성을 문제 삼으시는 분도 있으리라 생각한다. 하지만 오해를 막고자 부연하려 한다. 집이나 사무실에 있는 휴지통 이야기는 아니었다. 컴퓨터 바탕화면에 있는 '휴지통' 말이다.

여러분의 휴지통은 어떠한가? 주기적으로 비우고 있는가, 아니면 필자처럼 기약 없이 쌓아두고 있는가? 또한 휴지통을 비운다는 것은 어떤 의미를 갖고 있는가? 그렇다. 이번에 이야기할 주제는 '망각'에 관한 것이다.

대부분의 사람들은 무언가를 기억하는 데 초점을 맞추며 살아간다. 수업을 듣거나 업무를 진행하며 알게 된 정보를 기억하려 애쓰는 것이 학생, 직장인의 생업이며 여가 시간에는 인터넷 서핑, 동영상 시청 등 흥미로운 소식이나 콘텐츠를 경험하며 끊임없이 머릿속에 담는다. 사교적인 사람들은 지속적으로 새로운 사람들을 사귀면서 추억을 만들고, 다른 사람들에 관한 정보들을 머릿속에 기록한다. 인생이 흘러감에 따라 과거의 기억들은 추억이 되고, 연륜이 되어 차곡차곡 우리들의 마음속에 담긴다.

이처럼 우리는 늘 무언가를 기억하는 데 익숙하다. 반면 상대적으로 무언가를 비우고 잊는 데에는 서툴다. 물론 기억했다가도 시간이 지나가며 자연스럽게 잊히는 것들은 많다. 하지만 생각을 비우는 일의 중요성을 인식하고 의도적으로 이를 실천하는 일은 드물다.

그런데 적절한 타이밍에, 적절히 잊히지 못한 생각과 감정들은 인생에 부정적인 영향을 미친다. 특히 슬픈 일, 우울한 일, 무서웠던 일 등 각종 부정적인 사건으로 인해 발생하는 생각과 감정 등을 다스리고 의도적으로 비우는 일은 정신 건강에 무척 중요하다.

심리학자들은 일찍이 "반추rumination"라는 인지적 습관을 주목해 왔다. 반추는 과거나 현재에 있었던 부정적인 사건에 관한 생각과 감정들을 반복적으로 떠올리는 과정을 의미한다. 그리고 심리학자들은 반추하는 습관이 우울증, 불안, 외상 후 스트레스 장애 등 여러 정신 건강의 문제와 관련이 있다는 점을 밝혀냈다.

물론 반추 과정이 무조건적으로 불리한 것은 아니다. 만약 반추를 통해 자신의 행동상 문제점을 복기하고 두 번 실수하지 않도록 대처 방법을 찾아내, 그것으로 끝낼 수 있다면 괜찮다. 하지만 대부분의 부정적 반추 과정은 의도적으로 끝맺음을 하기 어렵다는 것이 문제다. 대부분 자신이 의도치 않았음에도 일상생활 중이든, 밤에 자기 위해 누웠든 시간과 장소를 가리지 않고 계속 부정적인 생각들이 머릿속을 침범하고 혼란스럽게 만든다.

만약 부정적인 생각들이 예상보다 오랫동안 머릿속을 맴돌면 어떻게 될까? 망각되지 못한 생각은 마음속에 고착화되고, 내면화된다. 심리학자들은 이를 "비합리적 신념irrational belief"(혹은 "역기능적 신념dysfunctional belief")이라 부르기도 하는데, 비합리적 신념이 가진 큰 문제점은 바로 그것이 자동적인 사고라는 데 있다.

부정적인 생각이나 감정은 끊임없이 촉발된다. 하지만 당사자는 불편감만을 느낄 뿐, 그런 생각과 감정들이 어디에서 왔는지, 왜 왔는지 알아차리지 못한다. 따라서 비합리적 신념을 제거하거나 맞서는 등 대처를 하지 못한다. 비슷한 종류로는 고정관념이나 편견 등도 있는데 이들 역시 내면에 뿌리 깊게 자리 잡은 생각들이기 때문에 비워내기가 어렵고, 우리가 눈치채지 못하는 사이에 지속적으로 부정적인 감정을 생산해낸다.

부정적인 생각을 비우려면 어떻게 해야 할까? 필자가 앞서 휴지통을 비운 것처럼 생각을 일부러 비우려 노력하는 것을 "의도적 망각intentional forgetting"이라고 하는데, 이를 위한 가장 기본적인 대처 방법은 '내적 동기화'다. 내적 동기화란 개인이 의도적으로 망각할 동기를 갖고 생각을 억제하려 노력하는 일련의 과정을 가리킨다.

입사를 위한 면접에서 탈락하고 울적한 기분이 들 때, '그냥 다 잊어버리고 오늘은 마음 편히 쉬자', '면접 내용은 더 이상 생각하지 말자' 등과 같이 마음먹는 것이 내적 동기화의 흔한 사례이다.

이외에도 부정적 사건과 관계가 없는, 다른 일들을 억지로 상상하는 노력도 해볼 수 있다. 만약 성공적으로 다른 일로 자신의 관심을 옮겨갈 수 있다면 이 노력은 부정적인 생각을 잊는 데 도움이 된다.

하지만 생각을 억제한다는 것이 결코 쉬운 일은 아니다. 심리학자들은 생각 억제를 위한 노력 과정에서 "반향효과rebound effect"가 나타날 수 있음을 지적한다. 가장 대표적인 사례가 바로 심리학자 웨그너Wegner의 '흰 곰 실험'이다. 실험 참가자들에게 '흰 곰을 생각하지 말 것'을 주문했더니 오히려 평소보다 흰 곰을 생각하는 비중이 늘었다는 것이 실험의 요지다. 어떤 대상에 관한 생각을 억제하려면 그 대상을 계속 의식해야 한다는 모순적 상황에 빠지게 되기 때문이다.

하지만 의도적 망각에 관한 후속 연구들에서는 지속적 훈련을 통해 어느 정도 생각을 억누르는 것이 가능하다는 점을 입증해 보이기도 했다. 실험 참가자에게 기억하지 않아도 된다고 직접 지시하는 방법, 부정적인 생각이 들 때 긍정적인 내용을 즉각적으로 연상하도록 반복적으로 훈련하는 방법(예를 들어, 내가 바보같다는 생각이 들 때면, 가족과 주변 친구들이 날 얼마나 믿고 응원해주고 있는지 떠올리기), 새로운 과제를 계속 부여하여 주의를 돌리는 방법 등 여러 가지 방법들이 동원된 바 있다.

그런데 의도적 망각을 유발하기 전에 고려해야 할 것은, 부정적인 사건에 대한 반추와 비합리적 신념은 자동적으로 일어나기 때문에 우리가 그것을 알아차리기 어렵다는 점이다. 억제해야 할 대상이 표면화되지 않는다면 생각을 억누르는 시도조차 할 수 없다. 따라서 최근에는 마음챙김mindfulness, 수용전념 치료acceptance commitment therapy 등의 접근 방법이 각광을 받고 있다. 이 접근법들은 우리에게 자신의 생각과 감정을 '있는 그대로 알아차리는' 방법을 알려준다.

이들 치료에서는 부정적인 생각이나 감정에 관해 아무런 판단을 내리지 않아야 하며, 그 자체로 최대한 느끼고 알아차리려는 노력이 더 중요하다고 설명한다. 왜냐하면 대부분의 심리적 문제나 고통은 인위적으로 생각을 억누르거나 바꾸려고 애쓸 때 수반되는 것이기 때문이다. 따라서 명상 등의 절차를 통해 흘러가는 생각이나 감정을 깨닫고, 이를 무조건적으로 받아들이는 연습이 필요하다.

마음챙김이나 수용전념 치료의 효과를 보기 위해서는 상담심리 전문가와 같은 전문적인 인력의 도움을 받는 것이 가장 좋겠지만, 일상에서도 스스로 연습해볼 수 있다. 눈을 감고, 지금 떠오르는 생각이나 감정 하나하나에 천천히 주목해보면 된다. 그리고 손과 발의 감각, 호흡의 흐름 등 자신의 몸과 마음에 일어나는 일을 순수하게 관찰하고 느껴보면 된다.

자기오락화

혼자서도 잘 노는 사람들의 비결

잠에서 깼다.

1. 씻는다. 2. 다시 잔다.

2015년 11월 16일 아침 여섯 시, 한 인터넷 커뮤니티에 위와 같은 선택지가 올라왔다.

다시 자려 했으나 잠이 오지 않는다.

1. 씻는다. 2. 잠들 때까지 누워 있는다.

이 글을 보고 흥미를 느낀 누리꾼들이 댓글을 통해 선택지를 고르기 시작했다.

터미널까지는 걸어서 35분 거리이다.

1. 무조건 걷는다. 2. 택시를 탄다.

누리꾼들이 골라주는 선택지대로 행동하며 계속 새로운 선택지를 제시하는 작성자. 이 기묘한 교류에 점차 많은 사람들이 관심을 갖기 시작했을 무렵, 어느 누리꾼이 다음과 같은 댓글을 올렸다.

'무안을 가서 무안하게 무안단물을 먹고 온다.'

이에 답하듯 작성자는 '무안행 티켓을 얻었다. 5시간이나 걸린다. 1. 먹을 것을 찾아본다. 2. 그냥 굶는다.'라는 선택지와 티켓 사진을 올렸고 이를 계기로 누리꾼들과 작성자가 함께 즐기는 장장 3일 간의 '아바타 여행'이 시작되었다.

아바타 여행을 함께 지켜보고 선택지를 고르며 참여했던 누리꾼들은 비록 직접 자신이 여행을 간 것은 아니었지만 충분한 대리만족이 되었다는 반응, 마치 게임을 즐기듯 무작위로 여행이 이뤄진 방식이 무척 신선하고 즐거웠다는 반응 등을 보였다.

아바타 여행은 심리학자 만넬Mannell이 제안한 "자기오락화self-as-entertainment"의 훌륭한 예시라 할 수 있다. 자기오락화, 정확히 자기오락화 역량이란 재량 시간이 주어질 때 놀이를 직접 창조하거나 흥미로울 만한 활동들을 찾아내서 즐길 줄 아는 개인의 능력 수준을 일컫는다. 흔히 인간의 본질을 논할 때, 놀이를 향유하는 특성을 강조하기 위해 호모 루덴스homo ludens, 즉 유희하는 인간이라는 개념을 거론하곤 하는데, 자기오락화 역량 역시 즐거운 일을 추구하는 인간의 특성에 주목한다.

자기오락화 역량이 높은 사람들은 단지 주어진 활동들을 즐기는 것에 만족하지 않는다. 적극적으로 새로운 활동을 찾아 나서는 것은 물론이요, 익숙한 활동 속에서도 기존에 없던 룰을 추가하거나 개량하면서 새로운 재미를 가꿔 나갈 줄 아는 사람들이다. 더 나아가 이들은 자신만의 새로운 놀이를 직접 창조하며 그 과정에서 보람과 성취감을 경험하기도 한다.

자기오락화 역량을 개발하면 어떤 점에서 이로울까? 심리학자들은 자기오락화를 즐기는 사람들이 일상에서 "몰입flow" 경험을 더 자주, 깊게 경험한다는 사실을 발견했다(몰입 경험에 관한 더 자세한 이야기는 이 책의 4장에서 확인할 수 있다). 시공간의 개념이 사라지고, 특정 일에만 몰두하게 되는 상태인 몰입은 즉각적으로 만족감과 기분 좋은 느낌을 선사하는 한편, 장기적으로 과업에서의 성취와 삶의 전반적인 행복감으로 연결된다는 다양한 연구 결과가 있다. 따라서 자기오락화 역량을 높이면 인생이 보다 행복해질 수 있다. 실제로 자기오락화 역량을 연구했던 심리학자들은 자기오락화 역량이 높은 사람들이 학교 생활의 만족도, 직장 생활의 만족도, 여가 생활의 만족도 등 일상의 여러 측면에 걸쳐 높은 만족감을 경험한다는 점을 밝혀냈다.

또한, 자기오락화 역량을 가진 사람들은 활동의 결과나 보상에 휘둘리지 않는다는 특징이 있다. 스스로 놀이를 창조하는 과정,

놀이 속에서 재미를 발견하는 과정 자체를 즐기기 때문에 설사 특정 활동이 경제적 보상이나 대외적 평판, 입상 등 명확한 보상을 주지 않더라도 크게 괘념치 않는다.

자기오락화 역량은 비단 현실 세계에서 직접할 수 있는 놀이에만 국한되지 않는다. 심리학자들에 따르면 자기오락화 역량은 다시 세 개의 하위 요소로 세분화되기도 한다. 바로 "자기 양식self mode", "환경 양식environment mode", 그리고 "놀이화 양식mind-play mode"인데, 이중에서 '놀이화 양식'이 현실 세계를 뛰어넘는 차원의 자기오락화 역량과 관련이 있다.

놀이화 양식이란 환상이나 상상력 등을 활용하여 즐거움을 경험하는 방식을 가리킨다. 예를 들어 우리는 복권을 구매할 때 놀이화 양식을 활용한다. 사실 복권 구매의 효용은 당첨 가능성이나 그에 따른 금전적 이득이 아니다. 까마득히 낮은 확률 때문에 그 일이 일어날 가능성이 거의 없다는 것을 우리는 잘 알고 있다. 그럼에도 사람들이 복권을 구매하게 되는 심리 과정에 주목한 심리학자들은 복권의 진정한 효용이 놀이화 양식, 즉 복권이 당첨됐을 때 어떻게 할 것인지 즐겁게 상상해보는 그 만족감에 있다고 설명한다. 그런 면에서 복권을 사는 행위는 곧 자기오락화 역량, 특히 놀이화 양식을 위한 비용을 지불하는 것과 마찬가지로 볼 수 있다.

소설이나 만화 등을 창작하는 작가는 기본적으로 자기오락화 역량이 높다. 이야기를 창조하는 과정에서 상상력을 발휘해야 하기 때문이다. 필자는 중학생일 때, 인터넷의 한 문학 사이트에서 주최하는 소설 공모전에서 입상했던 기억이 있다. 상금과 부상인 MP3 플레이어를 받았을 때 물론 기분이 좋았지만, 사실 필자 입장에서 소설 공모전은 계기에 불과했다. 공모전을 위해 이야기를 지어 보는 경험을 처음으로 하게 되었고 그 과정에서 놀이화 양식, 즉 무언가를 자유롭게 상상하고, 스스로 창조한 상상의 세계 속에 들어가 주인공의 대리로 체험해보는 일련의 과정들이 충분히 즐거울 수 있다는 점을 깨달았기 때문이다. 비록 현실에 존재하지는 않지만 그럴듯한 세계관과 설정을 만들어 보고, 인물을 창조하고, 인물의 성격과 배경을 상상하며, 인물과 인물 간의 사건을 상상해내는 즐거움은 무척 각별했다.

유명 OTT 서비스인 넷플릭스의 〈기묘한 이야기Stranger Things〉를 보면 주인공과 그의 친구들이 '던전 앤 드래곤'이라는 보드게임을 즐기는 묘사가 등장하는데, 이들은 보드게임 속에 등장하는 존재들을 직접 연기하고, 서사를 만들어 가며 더욱 몰입해 간다. 이 또한 놀이화 역량의 대표적인 사례라 할 수 있는데, 우리는 현실에 이미 존재하는 재료를 토대로 마치 증강 현실과도 같이, 또 하나의 새로운 세계를 창조해낼 수도 있다.

자기오락화 역량을 개발하기 위해서는 어떤 노력이 필요할까? 무엇보다 현실에서의 경제 논리로부터 탈피하는 것이 자기오락화 역량 발휘의 선결 요건이다. '이 활동이 합리적일까?', '이 활동이 가성비가 있을까?', '이렇게 논다고 해서 누가 인정해주나?', '더 효율적이고 빠르게 즐길 수 있는 방법은 없을까?' 등의 의문을 내려놓고 그저 마음이 시키는 대로 움직이는 연습이 필요하다. 앞서 언급했듯 자기오락화 역량의 발휘는 결과나 보상에서 기인하지 않는다. 그보다는 직접 만들거나 상상해보는 과정 자체가 더없는 만족감과 보람을 준다는 것을 신뢰하는 자세가 필요하다.

세상에는 다양한 여가 활동이 존재한다. 산책이나 걷기 등 돈이 들지 않는 소소한 취미도 있고 자동차, 오디오, 쇼핑, 여행 등 마음먹기에 따라 큰돈을 들일 수 있는 활동도 있다. 그런데 큰돈이 드는 활동을 선택한다면 자신도 모르게 돈의 값어치를 의식하게 되기 마련이다. 이 정도 돈을 들일 만했는지, 가성비가 있는 일인지, 효율적이었는지 등을 따지기 시작하는 순간, 가격에 의해 취미 활동의 가치와 즐거움이 어느 정도 제약되는 것을 감수해야만 한다.

그렇다면 '저렴한' 취미를 하나 가져 보는 것은 어떨까? 돈이 드는 취미에는 여백이 별로 없다. 하지만 '저렴한' 취미에는 여백이 한가득하다. 스스로 어떤 의미를 부여하든, 어떤 가치를 경험하든 그것은 자유이다. 여백을 채워 나가는 재미를 느껴 보자.

완벽주의

사람들이 칭찬을 부담스러워 하는 이유

"자네는 일단 뭐든 시켜놓으면 알아서 잘해 와서 걱정할 일이 없어", "제안서를 정말 잘 쓰시네요", "분석해주신 결과 보고서가 엄청 멋지네요." 필자가 그동안 대학원에서, 직장에서 실제로 들었던 칭찬들이다. 하지만 오해는 하지 않으셨으면 좋겠다. 자랑하려고 이 이야기를 꺼낸 것은 아니다.

당시에는 이런 칭찬을 들으면 기분이 무척 좋았다. 주변 사람들의 인정과 칭찬을 받는 것은 사회적 동물인 인간이 누릴 수 있는 가장 큰 보람이자 성취 아니겠는가. 하지만 안타깝게도 지금은 위와 같은 칭찬들이 양날의 검이라는 것을 이해한다. 필자에게 칭찬을 건넨 당사자는 분명 순수하게 좋은 의도로 한 말이었을 것이다

(그래서 늘 그분들께 감사한 마음을 갖고 있다). 하지만 완벽주의 성향이 강한 필자에게 이런 칭찬은 성취와 만족감이기도 했지만, 동시에 부담감이기도 했다.

완벽주의란 지나칠 정도로 일에 완벽을 기하려는 성향을 의미하는 심리학 개념이다. 일이 진행되는 '과정'에 한 치의 오차가 없는, 그런 완벽성을 추구하는 사람들도 있지만(사실 이 경우에는 강박적 사고에 더 가까울 수 있다), 완벽주의 성향을 가진 대부분의 사람들은 완벽한 '결과'에 초점을 맞추는 경향이 있다.

즉, 과정이야 어떠하든 최고의 결과물을 만들어 내는 것이 완벽주의자가 가지고 있는 기본적인 목표라 할 수 있다. 그리고 완벽주의자들은 그 단 하나의 목표, 최고의 결과물을 위해서라면 온갖 부담감, 스트레스, 불안, 거듭되는 야근과 만성 피로 등을 '어쩔 수 없이' 감당하며 일할 수 있는 사람들이다.

실제로 완벽주의자들은 대체로 더 나은 성취를 이룰 가능성이 높다. 학교에서는 성적도 좋고 품행도 단정한 모범생이 될 가능성이 높고, 직장에서는 근무 태도가 성실하고 인사 고과 점수를 잘 받아 빠른 승진을 이루고 높은 연봉을 받는 사람들이 많을 것이다.

요컨대 완벽주의 성향이 무조건 나쁜 것만은 아니다. 어쨌든 시간과 노력, 심리적 부담감을 감내한 결과 더 나은 성취를 거두게 되고 주변 사람들의 인정을 받기도 수월하다. 개인적으로 성취를 이루는 과정에서 성장을 경험하기도 한다.

심리학자들은 완벽주의를 가진 사람들을 관찰하고 연구하여, 완벽주의 성향에도 여러 종류가 있다는 사실을 발견하였다. 그 중 대표적인 것이 "자기지향적self-oriented 완벽주의", "타인지향적other-oriented 완벽주의", "사회적으로 부과된socially prescribed 완벽주의", "평가염려evaluation apprehensive 완벽주의"라는 4가지 구분이다.

첫째, 자기지향적 완벽주의자는 자신에게 높은 기준을 설정하고, 자신의 행동과 성과에 대해 끊임없이 완벽함을 추구한다. 즉, 자기지향적 완벽주의자들은 완벽함을 두고, 자기 자신과의 싸움을 지속하는 이들이다. 주변에서 아무리 결과물을 칭찬하더라도 스스로 납득할 수 없다면 이들은 자신의 성과를 '완벽'이라 칭하지 않는다. 물론 그 반대도 가능하다. 다른 사람들이 혹평하더라도 자신이 만족할 만한 성과를 거뒀다고 지각한다면 충분히 만족감을 느끼기도 한다.

둘째, 타인지향적 완벽주의자는 자신이 아닌 주변 사람들에게 높은 기준을 요구하고, 이들의 행동과 성과에 대해 완벽함을 기대한다. 이러한 사람들은 다른 사람의 실수를 쉽게 비판하고, 그들의 불완전함을 인정하는 것을 어려워한다.

셋째, 사회적으로 부과된 완벽주의자는 사회나 주변 사람들로부터 높은 기대를 받는다고 느끼며, 이러한 기대에 부응하기 위해 완벽함을 추구하는 유형이다. 이러한 사람들은 사회적으로 인정받기 위해 끊임없이 노력하며, 자신의 부족한 능력이 드러날까 전전긍긍하는 경향이 있다.

마지막으로 평가염려 완벽주의자는 자신의 능력이 평가되는 상황에 불안함을 느끼고, 이에 대한 두려움 때문에 완벽을 추구하는 이들이다.

그런데 사회적으로 부과된 완벽주의와 평가염려 완벽주의는 여러 면에서 공통점을 갖고 있다. 완벽의 기준이 외부에서 주어진다는 점, 타인의 시선이나 인정, 평가에 민감하다는 점 등이다. 하지만 두 완벽주의는 구체적인 원인이나 주된 관심사 면에서 차이점이 있다. 사회적으로 부과된 완벽주의자는 주변 환경이 부여하는 기대와 압박에 초점을 두는 반면, 평가염려 완벽주의자는 평가 상황에서의 불안과 두려움에 집중한다. 그래서 사회적으로 부과된 완벽주의자가 부담감을 지속적으로 느끼는 것에 비해, 평가염려 완벽주의자는 부담감을 보다 간헐적으로 느끼는 편이다.

여러분도 평소에는 괜찮다가 유독 시험을 볼 때, 면접을 볼 때 과도하게 긴장하고 염려하는 사람들을 본 일이 있을 것이다. 이들이 바로 평가염려 완벽주의자에 속하는데, 이들은 다른 유형의 완벽주의자들처럼 좋은 평가를 받기 위해 평소보다 더 노력하지만, 평가에 대한 중압감을 크게 느낀 나머지 오히려 부정적인 결과를 초래하기도 한다.

심리학자들은 사회적으로 부과된 완벽주의와 평가염려 완벽주의를 특히 경계해야 한다고 조언한다. 앞서 설명했듯 이들 완벽주의는 완벽함의 기준이 외부로부터 기인한 것이기 때문이다. 당사자는 필요 이상의 과도한 기대와 부담을 느끼게 되고, 이것이 완벽주의를 부추긴다. 이렇게 완벽을 추구하는 과정에서 당사자는 큰 스트레스와 부담을 경험한다.

완벽을 향해 가는 과정에서 어느 정도 성취를 경험하기도 하겠지만, 언제까지 감당하기 어려운 그 기대에 부응하며 전전긍긍해야 하는가? 이들 완벽주의는 심리적 건강에 무척 위협적인데, 관련 연구들은 완벽주의의 부담에 시달리는 사람들이 불안, 우울, 자존감 저하, 만성 피로, 번아웃burn-out 등 다양한 부정적 증상을 경험한다는 사실을 입증해 왔다.

잘해야 한다는 생각 때문에 부담스러운가? 그렇다면 주도권을 자기 자신에게 가져오는 일이 무엇보다 중요하다. 완벽의 기준을 사회에, 타인에 맡겨서는 안 된다. 자기 자신이 주체적으로 합리적인 기준을 세우는 것이 중요하다.

물론 쉬운 일은 아니다. 그동안 우리는 무척 오랜 시간 동안 학교로부터, 사회로부터 '좋은 대학에 들어가야 한다', '대기업에 가야 한다', '적어도 연봉이 이 정도는 되어야 한다', '차를 구매하려면 이 정도 '급'은 되어야 한다' 등 수많은 타의적 기준들에 노출되어 왔고, 이 기준들을 우리 자신의 마음속에 내면화했다. 그래서 자신이 떠올릴 수 있는 학업적 목표, 직업적 목표, 인생의 목표조차 과연 나 스스로 세운 것이 맞는지, 주변의 시선이나 분위기에 이끌려 세워진 것은 아닌지 헷갈리는 상황에 이르고 만 것이다.

상투적이지만 일의 결과보다는 과정에 집중하는 것이 완벽주의의 부담을 덜 수 있는 심리적 마음가짐이다. 결과가 어떻든 과정

속에서 무언가를 얻고 배웠으며 즐거웠는지를 따져 가며 일하는 자세가 도움이 된다는 것이다.

과정을 즐기느라 막상 결과가 좋지 않으면 어쩌지, 하고 두려워하는 이들도 있을 것이다. 하지만 우리가 일상에서 '일생일대의 단 한 번의 기회'를 마주하는 경험은 그리 자주 일어나지 않는다. 한 번 실패하더라도, 좌절하더라도 다음 기회, 또 다른 기회는 반드시 찾아오게 되어 있다. 과정을 즐길 줄 아는 사람들은 결과에 연연하지 않으며 실패하더라도 금방 일어선다. 그리고 다음 기회가 있음을 상기한다. 여러 번 시도하고 복기하는 과정 속에서 성장과 배움이 일어나고, 이로 인해 성공 가능성이 높아지는 것은 너무나 자연스러운 수순이다.

비합리적 신념

불행의 기세를 꺾어버리는 방법

'생각만 해도 머리가 아파', '왜인지 모르겠지만 그때의 행동만 떠올리면 우울해', '이번에도 실패한 것을 보니, 앞으로도 아마 나는 잘 안될 것 같아서 슬퍼.'

세상을 살다 보면 크든 작든 누구나 불행을 경험하게 되어 있다. 여기까지는 아마 그 누구라도 인정할 수 있는, 인생의 이치와도 같을 것이다.

'왜 나만 자꾸 불행한 걸까? 다른 사람들은 행복하게 사는 것 같은데 억울해', '계속 불행한 일이 생길 것만 같은 기분이 들어', '이번에는 실패해서는 안 됐는데, 왜 이렇게 되어 버린 걸까.'

하지만 불행을 타인과 비교하거나 불행에 필요 이상의 의미를 부여하기 시작하는 순간, 불행으로부터 벗어나는 길은 점점 멀어져만 간다. 문제는 현재 자신이 처한 객관적인 현실이 아니다. 그보다는 스스로 부정적인 생각과 감정에 갇혀, 불행한 결과를 자초하는 것이 우리가 경계해야 할 모습이다.

'슬퍼도 기운 내야 해', '긍정적으로 생각해', '왜 실패할 것부터 걱정해.' 흔히 심리적 고통을 경험하는 사람들에게 우리가 하는 조언들이다. 여러분은 누군가에게 조언을 건넨 경험이 있는가? 만약 그러했다면 이 조언들은 얼마나 효과적이었는가? 어쩌면 일시적인 위안을 주는 데에는 성공했을지 모르겠다. 하지만 높은 확률로, 당사자가 경험하는 심리적 고통을 제거하거나 삶의 긍정적인 변화를 이끌어 내기 쉽지 않았을 것이다.

왜 우리의 조언은 그리 효과적이지 못할까? 조언의 내용이 적절하지 못했기 때문인 걸까? 심리학자들에 따르면, 만약 조언이 효과적이지 않았다면 이는 당사자조차도 자신이 무엇 때문에 심리적 고통을 경험하는지 '인지'하지 못하고 있기 때문일 가능성이 높다. 무엇 때문에 괴로운지 명확히 알 수 없으니, 어떤 도움이 필요한지 알 수 없고, 따라서 적절한 조언과 도움을 요청하기 어렵다는 것이다.

사실 대부분의 문제 원인은 다름 아닌 우리들 마음속에 있다. 물론 가난한 환경, 대입 실패, 친구와의 다툼, 취업 실패, 이별, 교통사고 등 불행의 계기가 되는 선행 사건은 존재한다. 하지만 같은 종류의 사건을 겪었다고 해서 누구나 지속적인 불행을 겪는 것은 아니다. 어떤 사람은 금방 털고 일어나서 다시 행복한 삶을 찾아가는 반면, 다른 사람들은 불행한 사건으로 인해 얻은 부정적인 생각과 감정에 갇혀 헤어 나오지 못한다. 이 차이는 어디서 유래하는 것일까? 심리학의 인지치료cognitive therapy에서는 우리의 '비합리적 신념(역기능적 도식이라고도 한다)'에 근본적인 원인이 있다고 설명한다.

비합리적 신념은 객관적인 근거나 논리적 귀결이 없는, 여러 부정적인 생각의 '습관'들을 말한다. 예를 들어 '내가 이 시험에 합격하지 못하면 내 인생은 끝장이야'처럼 일어날 수 있는 최악의 시나리오를 상상하는 파국화catastrophic reaction, '지금 내 모습을 보면 앞으로 뭘 해도 안될 거야'와 같은 과도한 일반화, '내 친구가 속상해하는 것도 결국 다 내 잘못이야'와 같이 자신이 통제할 수 없는 사건에 대해 과도한 책임을 갖는 개인화, '나는 항상 완벽해야 해', '사람들을 실망시킬 수는 없어' 등과 같이 자신이 어떻게 행동해야 하는지에 대한 엄격하고 융통성 없는 믿음들이 비합리적 사고에 해당한다고 볼 수 있다.

문제는 비합리적 신념에 관한 우리 자신의 무지이다. 비합리적 신념은 명시적으로 그 모습을 드러내지 않는다. 눈치채지 못하는 사이에 머릿속에서 계속 맴돌다가 나중에는 비슷한 사건만 일어나도 자동적으로 머릿속에 떠올라 우리를 괴롭히는 존재가 바로 비합리적 신념이다(그래서 비합리적 사고는 일종의 자동적 사고이다. 비록 정신분석학자 프로이트Freud가 제안했던 무의식unconsciousness과 같이 '심오한' 것은 아니지만 의식적으로 눈치채기 어렵고 자동적으로 떠오른다는 점에서 비슷한 면이 있다). 또한 비합리적 사고는 방치하면 계속 강화되는 특징이 있다. 여러 부정적인 생각들이 지속될수록 일종의 '피드백-신념 강화'의 악순환이 반복된다. 자신의 신념에 부합하는 결과만 선택적으로 받아들이며(확증 편향), 이로써 스스로에게 자신의 그 신념이 옳았노라고 끊임없이 납득시키는 것이다.

그런 이유로 인지치료 분야에서는 심리적 고통을 경험하는 당사자가 무엇보다 자신이 지금 어떤 비합리적 신념을 가지고 있는지, 머릿속에 어떤 생각들이 스쳐 지나가는지 의식적으로 알아차리도록 하는 데 주안점을 둔다. 꼭꼭 숨어 있는 비합리적 신념을 일단 표면으로 끄집어낸 이후에야 당사자도, 치료를 진행하는 전문가도 구체적인 대처를 취할 수 있기 때문이다. 비합리적 신념을 명확하게 인식하고 알아차리는 과정을 가리켜 심리학에서는 '명료화'라고 부른다. 어떤 부정적인 생각들이 반복되는지 명료화하는 작업이 성공적으로 마무리되었다면 이제 '논박' 단계에 접어들 차례이다.

'이 믿음을 뒷받침하는 증거가 있는가?', '내 생각을 대체할 수 있는 다른 설명이 있는가?', '이 믿음이 정녕 나에게 도움이 되는 것이 맞는가? 오히려 해가 되지는 않는가?', '객관적인 현실에 비해 내가 너무 과대/과소 평가하고 있는 것은 아닌가?', '만약 제삼자가 나와 동일한 상황에 놓였을 때도 나와 같은 생각을 할까?' 이와 같은 질문을 스스로에게 던지며 비합리적인 신념에 도전하는 작업이 필요하다. 기존의 비합리적 신념을 제거하고 대안적인 설명이나 신념으로 바꿨을 때 얻을 수 있는 잠재적 이점들을 따져, 보다 합리적이고 적응적인 신념으로 발전시켜 보는 것이 좋다. 예를 들어 '이런 것도 해결하지 못하다니 나는 실패자야'라고 생각하는 대신에 '누구나 실수를 하기 마련이고, 비록 해결하지는 못했지만 나는 이 경험을 토대로 다음에는 어떻게 행동하면 좋을지 교훈을 얻었어'와 같이 생각하도록 스스로를 단련하는 것이다.

비합리적인 신념은 앞서 설명했듯 지속적인 '피드백-강화'의 과정을 거쳐 굳어진 것이다. 따라서 합리적 신념으로 대체하려는 노력이 처음에는 낯설고 어색하며, 어렵게 느껴질 가능성이 높다. 그럼에도 합리적인 신념을 마련해 두고, 비슷한 상황이 생길 때마다 새로운 신념에 따라 생각하고 대응하는 연습을 반복하는 자세가 중요하다. 비합리적 신념을 만드는 데 시간과 비용을 들였던 만큼, 마찬가지로 합리적인 신념의 정착을 위해서도 그만한 노력이 뒤따라야 한다는 의미이다.

한편 생각 변화에 머무르는 대신, 행동 계획을 수립하고 실천하는 것 또한 도움이 된다. 심호흡이나 스트레칭, 마사지 등을 통해 심신을 이완하면 비합리적 신념을 가라앉히는 데 도움이 된다. 또한 "노출 기법"이 효과적일 수 있는데, 예를 들어 '내가 사람들 앞에 나가서 발표를 하면 비웃음을 당할 거야'와 같은 비합리적 신념이 있을 경우, 다른 사람들 앞에 나가서 발표를 직접 해보고 '실제로 어떤 일이 일어나는지' 경험해보는 것이 도움이 된다. '막상 해보니 별것 아니었네'와 같은 생각이 든다면, 비합리적 신념이 깨지고 합리적 신념으로 대체될 가능성이 높아진다.

하지만 비합리적 신념을 논박하고 더 나은 개선 효과를 보기 위해서는 혼자서 고군분투하는 대신 심리치료 분야 전문가의 도움을 받는 것이 더 나은 선택이다. 만약 혼자 시도하기 여의치 않거나, 지속적으로 떠오르는 부정적인 생각이나 감정으로 고통을 경험하고 있다면 전문가의 도움을 받아 자신의 생각 습관을 점검하는 시간을 가져 보는 것은 어떨까?

거절민감성

거절당하는 걸 두려워하는 사람들의 심리

'미안하지만 그 부탁을 들어줄 수 없어', '나는 너의 생각에 동의하지 않아', '아니, 그건 조금 어려울 것 같은데.' 누구나 타인에게 부탁을 했을 때 거절을 당해 본 경험이 있을 것이다. 한번 생각해보자. 여러분의 마음속에 가장 먼저 떠오르는 거절 경험은 무엇인가? 당시 누구에게, 어떤 내용으로 요청을 했는가? 상대방의 반응은 어땠는가? 거절의 의사를 알고 나서 어떤 생각이 들었는가?

사람들에게 거절에 관한 경험을 물으면 매우 다양한 반응을 관찰할 수 있다. 그다지 기억이 안 난다는 듯 대수롭지 않게 자기 경험을 말하는 사람도 있는 반면, 오래전 일임에도 불구하고 마치 어제 겪은 일인 것처럼 생생하게 거절 경험을 이야기할 수 있는 사람도 있다. 그리고 거절에 관한 경험을 이야기하기 유독 어려워하는 사람들도 있다. 거절당했던 기억을 떠올리려 하니 식은땀이 흐르고 입안이 바싹 마른다. 이미 지나간 일인데도 방금 거절을 당한 듯 우울한 감정이 재현되기도 한다.

심리학자들은 이렇듯 타인의 거절에 유독 민감한 사람들이 있다는 사실을 알게 되었다. 그렇게 해서 제안된 심리학 개념이 바로 "거절민감성rejection sensitivity"이다. 혹시 이 글을 읽고 있는 여러분이 거절에 대한 두려움을 크게 갖고 있다고 한다면, 거절민감성에 관한 심리학자들의 연구 결과 및 조언에 귀를 기울여야 할 필요가 있을 것이다.

먼저 거절민감성이 높은 사람들에게는 어떤 특징이 있을까? 첫째, 예기불안 증상이다. 거절민감성이 높은 이들은 그렇지 않은 사람들에 비해 자신이 타인으로부터 거절당할 가능성을 과대평가하는 경우가 있다. 이때 "확증편향confirmation bias"이 작용하기도 하는데, 자신의 부탁이 승낙될 수 있다는 긍정적인 신호를 애써 무시하고 거절당할 것 같은 이유만을 선택적으로 받아들이는 경향을 보인다. 긍정적으로도, 부정적으로도 해석되지 않는 모호한 신호들을 가급적 부정적인 방향으로 해석하기도 한다. 상대방이 다른 의도로 고개를 저었어도(스트레칭이라든지, 모종의 이유로 머리를 굴리고 있다든지 여러 해석 가능성이 있다), 이를 자신에 대한 명백한 거절로 해석하는 편향성을 보인다는 것이다.

심지어 거절 가능성을 판단할 마땅할 단서가 없다면 거절당할 만한 이유를 스스로 만들기도 한다. 이는 부지불식간에 상대방이 거절할 만한 그럴듯한 핑계, 이유를 만들어서 거절로 인한 부담을 짊어지지 않으려는 사전 작업으로 해석될 수 있다.

예를 들어 10만 원이 급히 필요해서 상대방에게 빌려달라고 요청할 때, 상대방에게 거절하기 좋은 '구실'을 일부러 만들어줄 수 있다. '근데 너도 요즘 돈이 별로 없지 않아?', '당장 나한테 빌려주면 오늘 쓸 돈은 있고?', '나한테 한 번도 빌려준 적 없는데 나를 믿을 수 있겠어?' 등과 같이 말이다.

둘째, 거절민감성이 높은 사람들은 거절을 경험할 시 부정적인 반응을 과하게 느끼는 모습을 보이기도 한다. 거절당한 장면이 머릿속에서 도무지 떠나지를 않으며, 지속적인 심리적 고통과 위축, 스트레스를 경험한다. 슬프고 우울한 기분을 떨치기 어려워하며 심각한 경우 거절의 원인을 자기 자신에게 돌리는, 자기 비난의 태도를 보이기도 한다. 거절을 두려워하는 사람들에게 거절은 두 번 다시 겪고 싶지 않은 끔찍한 재난 그 자체다. 그래서 거절민감성이 높은 사람들은 거절을 당한 뒤, 거절당할 가능성을 줄이기 위해 큰 노력을 기울이게 된다. 그럼 이들은 거절의 가능성을 줄이기 위해 어떤 노력을 할까? 크게 두 가지 유형으로 나눠 볼 수 있다. 첫째는 타인의 비위 과도하게 맞추기, 둘째는 홀로서기이다.

상대방에게 자신을 맞춰 가기로 마음먹은 사람은 거절당하지 않기 위해 우선 자신의 솔직한 생각이나 감정 등을 털어놓지 못하고 억제한다. 상대방으로부터 무례한 일을 당하더라도 정정당당히 항의하지 못하고 혼자 울분을 삭이기도 한다. 상대방과의 관계를 중시한 나머지 차라리 자신을 희생하겠다는 태도를 보이기도 한다. 문제는 이와 같은 '거절 가능성을 줄이려는 노력'이 심화되면 상대방에 대한 과도한 의존으로까지 발전하게 된다는 점이다. 상대방의 말과 행동에 특별한 의미를 부여하기 시작하고, 극단적인 사례이지만 '그가 없이는 나는 살 수 없을 것 같다'는 생각에 이르게 되는 등 의존성 성격장애와 비슷한 특징을 보이기도 한다.

한편 거절의 고통을 겪지 않기 위해, 홀로서기를 택하는 이들도 있다. 거절당하지 않으려면 애초에 부탁할 일조차 만들지 않으면 된다는 생각이다. 이들은 타인에게 가벼운 부탁이나 요청조차 하기 어려워하는 모습을 보인다. 그보다는 혼자서 무엇이든 해내려 고군분투하는 것이 차라리 낫다고 믿으며, 타인에 대해 방어적인 태도를 취하기도 한다. 얼마 간은 스스로 해낼 수 있는 부분도 있겠지만 인간은 모름지기 사회적 동물이고, 다른 사람의 도움을 필요로 하는 존재이다. 따라서 이와 같은 홀로서기 전략이 지속될 경우 스스로 금방 지치는 것은 물론이요, 타인들로부터 고립되는 등 더욱 악순환에 빠질 가능성이 있다.

그런데 거절민감성이 높은 사람들의 바람처럼 만약 상대방이 흔쾌히 승낙한다면, 그걸로 괜찮은 걸까? 안타깝게도 거절민감성이 높으면 상대방의 그 어떠한 승낙이라도 '흔쾌하다'고 여기지 못할 수 있다. 당연히 거절당할 것이라 생각했다 보니 부탁이 승낙된 현실을 받아들이기 어려워하는 것이다. 그래서 거절민감성이 높은 사람들은 이 상황에 대해 끊임없이 확인을 받고 싶어하는 모습을 보인다. 상대방이 혹여 장난으로 나의 요청을 수락한 것은 아닌지, 진심으로 그런 결정을 내린 것이 맞는지 지속적으로 의심한다는 것이다.

어떤 사람들이 거절민감성이 높을까? 심리학자들은 신경증 neuroticism, 불안정 애착 등이 거절민감성과 관련될 수 있다고 설명한다. 신경증이 높은 사람들은 불안, 분노, 우울과 같은 부정적인 감정을 더 자주 그리고 더 강하게 경험하는 경향이 있는데, 이러한 정서적 취약성은 모호한 상대방의 신호를 위협 또는 거부로 해석하는 편향성을 만들 수 있다는 것이다. 애착은 생애 초기에 양육자 사이에서 학습하는 인간적 신뢰, 유대감을 뜻하는 것인데 만약 양육자가 아이 양육 시 양가적인 태도를 보인다거나 거부, 강압, 회피하는 자세로 대하게 되면 아동의 입장에서는 나 이외 다른 사람을 믿을 줄 아는 능력을 학습할 기회를 잃게 된다. 성인이 되어서도 상대방에 대한 신뢰를 형성할 수 없다면, 자신의 요구사항을 들어주리라는 기대를 할 수 없게 되고, 따라서 거절에 대해 민감한 반응을 보이게 되는 것이다.

'이 거절은 무엇을 향한 것일까?' 거절이 두려운 사람들은, 상대방의 거절이 곧 자신의 인격체를 부정하는 것과 동일하다고 여긴다. 하지만 그런 기분이 들수록, 상대방의 거절이 무엇에 관한 거절이었는지 천천히 복기해볼 필요가 있다.

거절은 생각보다 꽤 일상적인 행위이다. 상대방이 여러분을 향해 거절의 의사를 표시할 수도 있지만, 반대로 여러분들도 상대방을 향해 거절의 의사를 밝힐 수도 있다.

거절이 오고 갔다고 해서 그동안 구축해놓은 인연의 무게가 쉽게 흔들리지 않는다는 점을 기억하자. 역설적으로 거절이 오고 갈 수 있는 관계야말로 한쪽이 다른 한쪽에 일방적으로 종속되지 않는, 더욱 건강한 관계라는 점을 유념할 필요가 있다. 그런 이유로, 거절이란 곧 상대방과의 인연을 더 깊게 다지기 위한 과정이기도 하다.

행복메타인지

모든 행복은 주관적이다

1990년대 후반 긍정심리학이 탄생하고, 행복이 심리학자들의 본격적인 연구 대상이 된 지는 이제 겨우 이십여 년 남짓이다. 행복에 관한 연구가 진행되면서 '소득과 행복 간의 관계는 무엇일까?', '세계에서 행복도가 가장 높은 나라, 낮은 나라는 어디일까?', '신체적 건강과 행복 간에는 어떤 관련성이 있을까?', '행복한 사람들은 타고나는가?' 등 흥미로운 주제들이 학계를 넘어 대중사회를 흔들었고 많은 사람들이 '행복'을 궁금해하기 시작했다.

그리고 긍정심리학자들의 헌신적인 노력을 통해 행복에 관한 매우 흥미로운 사실들이 많이 규명되었다. 가령 일정 수준까지의 소득 상승은 행복도 상승과 연결되지만, 특정 소득 기준을 넘기고

부터는 소득이 행복도에 미치는 영향이 극도로 둔화된다는 사실, 경쟁적이지 않으며 다양성과 자유를 존중하는 사회 분위기, 일과 삶의 균형, 사회적 신뢰, 평등 등 행복한 사회의 근간을 이루는 중요한 조건들이 있다는 사실, 행복감이 심리적 적응이나 개인적 성장에도 기여함은 물론, 나아가 신체적 건강 증진에도 긍정적 영향을 미친다는 메타분석 연구 결과 등 행복에 관한 의미 있는 연구 성과가 누적되었다.

'행복이란 무엇인가?' 행복의 기원과 본질을 밝히기 위한 심리학자들의 노력 또한 치열했다. 그리고 심리학자들은 행복을 이해하기 위한 몇 가지 중요한 단서들을 발견했다. 먼저 많은 심리학자들이 행복을 "쾌락주의hedonism"와 "의미주의eudaimonism", 두 가지 관점으로 이해할 수 있음에 동의한다.

쾌락주의 관점에 따르면 행복은 최대의 쾌락과 최소의 고통을 지향하는 삶의 태도와 관련된다. 맛있는 음식을 먹었을 때의 만족감이나, 불행한 일을 회피했을 때의 안도와 평온감 등 즉각적인 만족감, 기분의 고양 등이 쾌락주의 행복이 가진 특징이다.

한편, 의미주의 관점에 따르면 학습, 성장, 자아실현, 의미 추구, 성숙, 잠재력 발휘 등의 키워드가 행복과 밀접한 관련이 있다. 의미주의 행복은 지속적인 노력과 성찰이 요구되는 행복이다. 지혜, 용기, 관용 등 소위 '미덕'이라 일컬어지는 덕목을 함양하고, 삶의 목적을 성찰하는 자세를 갖출 때, 일시적인 쾌락 경험으로는 도달할 수 없는 보다 궁극적인 행복에 다가설 수 있다고 본다.

하지만 행복에는 본질적으로 명확한 정답이 없다는 것이 긍정 심리학자들의 공통된 의견이다. 행복은 본래 주관적이다. 누군가에게는 행복한 경험이더라도, 다른 누군가에게는 그저 그런 경험일 수 있다. 물론 그 반대도 가능하다. 나에게는 별것 아닌 그 무엇이, 다른 사람에게는 행복의 이유가 될 수 있다.

그래서 심리학자들은 행복을 "주관적 안녕감subjective well-being"이라는 개념으로 주로 연구한다. 가정환경, 직장, 소득 등 객관적 요건보다는 스스로 지각하기에 자신의 인생이 만족스러운지에 대한 주관적인 평가가 행복을 이루는 중요한 근간이라는 것이다. 물론 주관적 안녕감을 높이는 데 기여하는 많은 일반적인 요소들이 검증된 것도 사실이다. 예를 들자면 건강, 주거나 소득 등 생활의 안정성, 가족이나 친구 등 마음을 터놓을 수 있는 친밀한 대인관계, 능력을 발휘할 수 있는 환경 등이 주관적 안녕감에 긍정적인 영향을 준다고 알려져 있다.

하지만 이러한 연구 결과들은 통계적 검증에 따라 '경향성'을 입증하는 것일 뿐, 절대적인 조건이라고 할 수는 없다. 대부분의 심리학 연구가 그렇듯 경향성과 반대되는 사례, 즉 개인차는 있게 마련이다.

'돈으로 행복을 살 수 있다', '행복에도 노력과 연습이 필요하다', '행복은 실체가 없고 공허하다', '행복은 자기수양과 성찰로 만들어진다', '일상의 즐거움이 곧 행복이다', '행복한 사람은 타고나는 것이다' 등 여기 행복과 관련된 다양한 표현들이 있다. 여러분은 위와 같은 내용들에 얼마나 동의하는가? 만약 동의하지 않는 부분이 있다면 무엇이며, 그 이유는 무엇인가?

"행복메타인지happiness meta-cognition"를 연구하는 심리학자들은 사람들이 가지고 있는 행복에 관한 사고방식에 주목한다. 본래 메타인지란 생각에 대한 생각, 즉 자신의 생각을 스스로 지각하고, 모니터링하며, 조절할 수 있는 능력을 가리키는데 이를 행복 연구에 적용한 것이 바로 행복메타인지라는 개념이다.

그렇다면 구체적으로 행복메타인지는 어떤 의미일까? 행복메타인지에서는 행복의 요건을 파악할 때 현재의 기분이나 상태, 만족감 등에 초점을 맞추지 않는다. 그보다는 '행복'이라는 개념을 얼마나 잘 이해하고 있는지, 행복해지기 위한 구체적인 방법을 숙지하고 있는지, 행복해지기 위한 목표, 방법을 직접 설계하고 추구해 나갈 수 있는지를 살핀다. 여기에는 행복을 잘 이해하고 실천할 수 있는 사람이 행복한 사람이라는 가정이 내포되어 있다.

결국 행복이란 다름 아닌 우리들 자신의 마음에 달려 있는 문제이다. 행복의 주관성을 강조하는 심리학자들은 행복에 관한 개개인의 인식을 들여다볼 필요가 있다고 설명한다. 예를 들어 '행복을 무엇으로 정의할 것인가?' 학술적 정의와는 별개로 사람마다 그 사람 고유의 행복에 관한 정의를 가질 수 있다. 실제로 심리학자들은 행복을 어떻게 정의하느냐에 따라 심리적 적응의 차이가 나타난다는 점을 실증 연구를 통해 밝혀낸 바 있다. 예를 들어 물질의 소유, 획득 등을 행복의 중요한 요건으로 생각하는 사람일수록 주관적 안녕감이 낮았다. 반면 친밀한 사람들과의 지속적인 교류, 개인의 강점 실현, 자아 탐구 등을 중요하게 생각하는 사람들은 주관적 안녕감 수준이 비교적 높았다.

한편 앞서 설명했듯 행복을 정의하는 두 측면으로 쾌락주의와 의미주의가 자주 언급되는데, 연구 결과에 따르면 쾌락주의나 의미주의 중 한 가지를 선택한 사람들보다 두 가지 관점을 모두 채택한, '균형 잡힌 행복관'을 가진 사람들이 더 높은 주관적 안녕감을 보유하고 있다는 사실이 밝혀지기도 했다.

행복메타인지가 높은 사람들은 부지런한 탐구자이다. 행복이 주관적인 것인 만큼, 그들은 누군가 자신의 행복을 대신 정의 내려 줄 수 없다는 것을 잘 알고 있다. 그들은 자신만의 행복 경로를 만들기 위해 끊임없이 성찰한다. '내가 행복을 느끼는 순간은 언제일까?', '나는 언제 가장 행복했을까?', '내가 앞으로 행복해지려면 어떻게 행동하는 것이 좋을까?' 등 자기 자신을 세상의 중심에 두고 행복을 탐구하는 것이다.

예를 들어, 필자가 기억하는 지극히 주관적으로 행복했던 순간이 하나 있다. 초등학교에 다니던 때로 기억하는데 평소보다 수업이 빨리 끝나는 토요일 오후, 집에 와서 어머니가 해주신 오므라이스를 먹은 후, 얼음잔에 콜라를 부어 마시며 집에서 만화책을 보던 그날은 무척 행복했다. '토요일', '이른 점심', '오므라이스', '얼음잔에 콜라', '만화책'은 그렇게 나만의 행복을 정의하는 중요한 키워드로 남게 되었다.

여러분에게는 어떤 구체적인 순간이 행복한 기억으로 남아 있는가? 다른 사람에게는 없는, 여러분만의 각별한 행복이 있다면 무엇인지 한번 고민해보자.

분노조절장애

왜 어떤 사람들은 화를 참지 못할까

A씨는 35세의 사무직 종사자로, 직장에서 친절하고 다정하며 전반적으로 쾌활한 사람으로 알려져 있었다. 그의 동료들은 스트레스를 받는 상황에서도 긍정적인 자세를 유지하는 A씨의 능력을 칭찬하기도 했다. 그러나 A씨의 이면에는 거의 알려지지 않았지만 한 번 목격하면 잊기 어려운 또 다른 모습도 있었다.

어느 평범한 날, A씨는 일을 마치고 집으로 가는 길에 좋아하는 노래를 흥얼거리며 운전하고 있었다. 그때 갑자기 한 대의 차량이 가까이 붙더니 아슬아슬하게 앞질러 가는 것이 아닌가. 그 순간 A씨는 가슴속에서 무언가가 터져 나오는 듯한 기분이 들었다. 얼굴이 빨개지고, 핸들을 꽉 쥐게 되고, 입에서는 욕설이 쏟아져 나왔다. 분노가 치솟자, 그는 공격적으로 그 차를 추격하여 끝없이 뒤쫓고 경적을 계속 울리기까지 했다. 몇 분 동안의 발작이 지나자 A씨는 갑자기 정신을 차렸고, 도대체 왜 자신이 이런 행동들을 저지른 건지 알 수 없어서 혼란스러웠다.

위 내용은 분노조절장애, 정확히는 "간헐적 폭발성 장애 intermittent explosive disorder"의 전형적인 사례로 분류된다. '홧김에 집에 불 지른 40대 입건', '홧김에 때려 숨지게 한 ○○', '상대방의 말에 격분해 돌발 행동', '다투다가 홧김에 흉기를 휘둘러 피해' 등 뉴스를 조금만 검색해보면 분노 조절의 문제로 인해 비극적인 사건들이 자주 일어나고 있고, 그것이 의외로 흔히 벌어지는 일이라는 점을 알 수 있다. 분노 조절의 실패로 인한 비극을 보고 있자면 자연스럽게 마음속에 의문이 피어오른다. '도대체 왜 화를 조절하지 못할까?', '화가 좀 났더라도 고작 저런 일로 극단적인 행동을 저지르다니 어리석군' 등 이성적으로 사건을 바라보면 분노 조절에 실패하는 이유를 납득하기 어려운 것이 사실이다.

분노 조절을 잘 못하는 사람들은 어떤 특징을 갖고 있을까? 분노 조절 문제를 이해하기 위해 이와 관련된 몇 가지 오해를 다뤄보고자 한다.

첫째, 분노 조절의 어려움을 겪는 사람들이 항상 화가 나 있는 것은 아니다. 그보다는 자극을 받은 순간 걷잡을 수 없는 분노와 함께 극단적인 행동을 저지르게 되며, 일정 시간이 지난 후에는 평소 상태로 돌아간다.

둘째, 분노 조절에 어려움을 겪는 사람들은 어딘지 드세고, 무책임하며, 속 편하게 살 것 같다는 고정관념이 있지만(당사자보다는 주변 사람들이 더 힘들 것 같다는 인식), 사실 평범한 사람들보다 더 걱정이 많고 위축되어 있는 경우가 많다. 분노에 휩싸이는 순간은 잠시뿐, '현실'로 돌아오고 나면 자신이 저지른 행위의 대가를 감당해야 하기 때문이다. 실제로 연구 결과에 따르면 분노 조절의 실패는 신체적인 피해나 우울, 불안, 자존감 저하 등 정신적인 손상을 야기함은 물론, 대인 관계의 파괴, 고립, 사회적 평판의 하락, 생계 위협 등 여러 가지 부정적인 영향을 미친다. 이렇게 마음의 여유를 잃을수록 분노 조절의 어려움과, 그에 따른 대가 역시 더더욱 커져만 가는 악순환이 반복되고 만다.

셋째, 일부 사람들은 소위 '분노조절잘해(선택적 분노조절장애)', 즉 분노 조절을 하지 못하는 사람들이 만만한 사람에게는 거리낌 없이 분노를 표출하지만 정작 자신보다 더 강해 보이는 사람 앞에서는 수그리는 모습을 보인다고 생각한다. 하지만 이는 계획적인 범죄를 저지른 사람들이 감형을 위해 분노 조절 장애라는 병명을 악용하는 데서 비롯된 오해다. 실제 분노 조절 장애를 앓고 있는 이들에게 분노라는 감정은 개인의 의도나 '의지력'에 따라 그리 쉽게 조절될 수 있는 성질의 것이 아니다. 간헐적인 폭발은 상대를 가리지 않고 일어난다. 제어할 수 없는 분노와 충동이 평소라면 절대로 함부로 하지 못했을 대상을 향하는 순간, 분노 이후 치러야 할 대가는 기하급수적으로 커진다. 그래서 분노 조절의 실패는 피해자뿐만 아니라 '가해자' 역시 불행해지도록 만든다. 때문에 분노 조절 문제에 관심이 있는 심리학자들은 분노 조절 실패에 따른 심각성을 이해하고, 그들의 분노 조절을 돕기 위한 여러 심리치료 프로그램들을 지속적으로 개발해 오고 있다.

정확히 '분노 조절'이란 무엇을 의미하는가? 막연히 사람들은 분노를 억제하려는 노력을 떠올린다. 하지만 마음속에서 일어나는 분노를 마냥 억누르는 시도는 그리 바람직하지 않다. '참으면 병이 된다'는 말을 한 번쯤 들어봤을 것이다. 이를 반영하는 한국적인 현상이 바로 '화병'인데, 이는 스트레스나 분노 등을 제대로 표출하고 해결하지 못해서 발생하는 일종의 증후군이며 가슴의 답답함, 치밀어 오르는 기분, 몸의 열기, 불안함, 초조함, 우울, 후회, 무기력 등의 특징을 갖고 있다.

《정신장애의 진단 및 통계 편람》에도 문화 관련 증후군의 일종으로 등록된 전례가 있을 정도로 화병은 국내외 많은 심리학자들의 주목을 받았다. 결론적으로 분노를 억제시키려는 시도는 예상치 못한 부작용을 초래할 수 있다. 그래서 분노 조절 심리 프로그램의 목표는 분노의 에너지를 감당 가능한 범위로 축소시키는 한편, 유머나 승화(예술 행위, 에세이 작성하기, 영화나 독서 등 매체를 활용한 해소 등)와 같이 사회적으로 용인되며 개인의 자아 성장에도 도움이 될 수 있는 방향으로 표출, 해소하도록 돕는 것에 있다.

만약 여러분이 때때로 치밀어오르는 분노를 어찌할 줄 몰라 어려움을 겪고 있다면 다음의 방법들을 참고하는 것이 도움이 된다.

우선 심신의 이완을 위한 노력이 중요하다. 평소에 꾸준히 명상, 스트레칭, 심호흡을 하는 습관을 가져 보는 것이 좋다. 신체를 편안하게 하면서 마음챙김에서 이야기하듯, 생각과 감정의 흐름에 집중해보는 훈련이 도움이 된다. 화가 날 만한 일이 생겼다면 무엇에 관해 화가 났는지, 왜 화를 내게 된 것 같은지, 화를 낼 때 내 모습은 어떤 것 같은지 등을 곰곰이 생각해보는 연습을 추천한다. 자신의 분노 경험을 의식적으로 알아차리고 원인을 규명해보는 과정은, 분노의 감정을 나 자신이 감당하고 통제할 수 있는 범위로 조정하는 데 도움을 준다.

한편 분노 경험을 줄일 수 있도록 일상 생활을 안정감 있게 재구성하는 작업도 필요하다. 첫째, 업무나 여가 등에서 일정을 계획할 때 여유 있게 수립할 필요가 있다. 기왕이면 전체 일정도 길게 잡고 각 세부 단계마다 넉넉하게 실행할 수 있도록 시간이나 자원 등을 편성하는 것이 예상 외의 변수나 당혹감을 줄이는 데 도움이 된다. 둘째, 규칙적인 생활 패턴을 만드는 것이 중요하다. 기상-취침 시간은 물론, 식사하는 시간, 업무를 보는 시간, 휴식을 취하는 시간 등을 일정하게 유지하며 안정감을 느낄 수 있는 환경을 조성할 필요가 있다.

2장

인간관계에서 편안해지는 방법

습관어

'아니', '근데', '진짜' 없이는 말을 못 하는 이유

'음, 어, 그게 말이야…', '그러니까, 내 말은….' 대화 과정에서 우리는 자신도 모르는 새에 '음', '어' 등과 같은 표현을 쓰게 된다. 물론 개인차는 있다. 깔끔하고 군더더기 없이 하고자 하는 말을 전하는 사람이 있는 반면, 습관적으로 '음', '어' 등으로 말을 시작하는 사람도 있다. 이와 같은 "습관어"는 화자가 처한 상황에 따라 활용 빈도가 달라질 수 있다. 예를 들어 직장 상사, 집안 어른 등 윗사람과의 대화에서는 유독 긴장하게 되어, 자신도 모르게 습관어를 남발하게 될 때가 많다. 그밖에 진학, 취업을 위한 면접 등 평가받는 상황에서도 긴장과 부담 때문에 평소보다 더 습관어를 많이 사용하게 되기도 한다.

그렇다면 습관어는 심리학적으로 어떤 의미가 있을까? 심리학자들의 연구 결과에 따르면 '음', '어', '저기', '그러니까' 등 습관어의 활용은 화자의 애매모호한, 자신감 없는 태도를 반영하는 것으로 알려져 있다. 따라서 청자는 화자가 내뱉는 습관어를 통해, 그에 관한 부정적인 인상을 받기 쉽다.

예를 들어, 심리학자 크리스텐펠드Christenfeld의 연구에 따르면 아무 의미 없이 나타나는 잦은 습관어의 사용이 우리의 예상보다 훨씬 넓은 범위의, 부정적인 인상을 만드는 데 기여하는 것으로 나타났다. 습관적으로 '음', '어', '에' 등을 활용하는 사람들의 인상이 어떤지를 묻는 간단한 설문 조사를 시행했는데, 그 결과 실험 참여자들은 습관어를 자주 쓰는 사람을 덜 편안해 보이고, 모호하며, 준비가 덜 된 듯하고, 불안해 보이고, 덜 유창하고, 덜 매력적이며, 더 단조롭고, 덜 정교하며, 자신감이 낮아 보인다고 판단했다는 것이다.

흥미로운 것은 해야 할 말이 잘 떠오르지 않는 경우, 침묵하기보다는 그래도 습관어라도 활용하는 게 낫다는 점이다. 이어지는 실험에서는 발화 조건을 세분화하여 대화의 공백이 발생했을 때 습관어로 채우는 '습관어 조건', 아무 말도 하지 않는 '침묵 조건', 새로운 주제로 말을 이어가는 '계속 발화 조건'별로 청자들이 어떻게 인상을 평가하는지 살폈다. 분석 결과, 습관어와 침묵 모두 없이 계속 발화했을 경우 청자들이 가장 인상 평가를 후하게 했으며, 침묵 조건에서의 평가가 가장 부정적이었다. 그리고 습관어 조건에서의 인상 평가 결과는 계속 발화 조건보다는 좋지 못했으나 침묵 조건보다는 나은 것으로 나타났다. 우리가 할 말이 마땅치 않을 때, 과도한 긴장으로 말이 꼬일 때, 침묵을 택하기보다 습관어라도 써 가며 대화를 이어나가려는 데에 나름의 이유가 있는 셈이다.

그런데 습관어는 과연 몇 종류나 될까? 앞서 '음', '어', '에'를 주로 다뤘지만 사실 '그러니까', '그리고', '다시 말하자면', '그', '저', '그런데', '있잖아', '근데', '아니', '기다려 봐', '내 말은' 등등 모두 나열하기가 불가능할 정도로 정말 다양한 습관어가 존재한다. 심리학자들은 이 많은 습관어들을 조사하면서, 과연 이 습관어들이 모두 같은 기능을 하는지에 대해 의문을 가졌다. 만약 모든 습관어의 역할과 기능이 동일하다면 이렇게나 복잡한 구성의 각 습관어가 나름의 생명력을 갖고 살아남아 온 이유를 설명하기가 어렵기 때문이다.

이러한 문제의식을 바탕으로 저명한 언어심리학자 펜네베이커Pennebaker는 책, 신문, SNS 게시글, 블로그 등 방대한 언어 자료를 수집한 뒤, 전문적인 통계 분석 기법을 토대로 습관어를 크게 두 가지 범주로 분류하는 데 성공했다. 그의 연구에 따르면 습관어는 크게 "공백을 채우는 말filled pause"과 "담화 표지discourse marker"로 구분되었다. 여기서 공백을 채우는 말은 별다른 의미 없이, 단지 대화할 때의 공백을 채우기 위해 쓰이는 '음', '어'와 같은 표현을 지칭한다. 담화 표지는 비록 큰 의미는 갖지 못하지만 문장과 문장이 매끄럽게 이어질 수 있도록 돕는 역할을 수행하는 '그러니까', '요약하면', '제 말은', '아시겠지만', '정리하면' 등의 표현을 지칭한다.

이러한 습관어 범주들은 '누가 즐겨 사용하는가' 측면에서 유의미한 차이를 드러냈다. 가령 담화 표지의 경우, 남성보다 여성이 조금 더 자주 사용하는 경향성이 나타났으며 나이가 들수록 담화 표지의 사용 빈도가 감소하는 현상이 관찰되기도 했다. 놀라운 것은 담화 표지의 활용은 화자의 일부 성격과도 연관성이 있다는 점이었다. 분석 결과, 성격검사에서 성실성 점수가 높았던 사람들이 담화 표지를 더 빈번하게 활용하는 것으로 나타났던 것이다.

다른 연구에서는 '발화가 이루어지는 상황'에 따라 습관어의 활용이 인상 평가에 어떤 영향을 미치는지를 살폈다. 업무 목적으로 대화하는 '업무 맥락'과 단순한 친교 목적으로 대화하는 '사교 맥락'을 비교했는데, 연구자들은 업무 맥락에서는 습관어를 활용하는 사람들이 그렇지 않은 사람들에 비해 덜 똑똑하게 보이고, 낮은 호감도를 받는 것으로 나타났으나, 업무와 무관한 사교 맥락에서는 습관어 활용 유무가 똑똑함 지각과 호감 평가에 별다른 영향을 미치지 않는다는 사실을 발견하기도 했다. 이러한 연구 결과들은 습관어의 활용이 상황에 따라서는 중립적, 혹은 긍정적인 신호로 비춰질 수 있음을 암시한다.

한번 생각해보자. 우리는 왜 습관어를 쓰는 것일까? 많은 언어학자, 심리학자들이 지적하는 이유 중 하나는 바로 습관어의 활용을 통한 '시간 벌기'의 이점이다. 우리가 경험적으로 짐작하듯, 습관어는 당장 해야 할 말이 마땅치 않을 때 열심히 말을 만드는 과정에서 활용되는 경우가 많다.

면접관이 "우리 회사에서 요구하는 업무 내용과 당신의 경력이 잘 부합하지 않는 것 같은데 어떻게 생각하십니까?"라고 예상치 못한 질문을 하면 우리는 높은 확률로 당황하게 될 것이다. 그리고 면접관의 말을 논리적으로 반박하면서도 자신의 강점을 적극적으로 어필하기 위해 짧은 시간 동안 빠르게 할 말을 만들어내야 한다. 하지만 잘해야 한다는 생각, 여러 명의 면접관이 나만 쳐다보고 있는 듯한 부담감, 시간이 많지 않다는 데서 오는 혼란 등을 떨쳐내고, 질문을 받자마자 유창하게 답변하기란 아마도 불가능에 가까울 것이다. 이럴 때 우리는 습관어를 사용한다. 자신도 모르게 '음', '그러니까', '제가 드리고 싶은 말씀은,' 하면서 머릿속에서 빠르게 답변을 만들어내는 것이다. 그런데 왜 굳이 습관어가 끼어야 할까? 그냥 아무 말도 하지 않은 채 답변을 준비하면 안 되는 것인가?

사실 습관어를 많이 쓰는 사람들 중에는 '오디오가 비는 상황'을 두려워하는 이들이 있다. 대화하다 보면 바로 답변이 준비되지 않는 경우도 얼마든지 있고, 이 점을 잘 아는 상대방은 기꺼이 답변이 준비되기까지 기다려줄 수 있다. 하지만 대화가 끊긴 이후의 짧은 침묵과 어색함을 견디기 어려워하는 사람들은 습관어를 남발하며 중언부언 어떻게든 이야기를 이어가고자 초조해하는 모습을 보인다.

하지만 이러한 어색함을 견디기 어려워하는 사람들을 위한 훌륭한 연구 결과가 있다. 바로 침묵의 '전략적인' 기능에 주목하는 것이다.

심리학자들은 침묵을 단순한 것과 전략적인 것으로 나눠 접근하기도 한다. 단순한 침묵은 아무런 목적, 기능도 없이 마냥 길게 이어지는 침묵이다. 이 경우에는 상대방도 어색함과 당황을 느끼기 쉽고, 습관어를 남발하는 것보다도 더 좋지 못한 인상 평가로 이어질 가능성이 크다. 하지만 전략적인 침묵은 다르다. 유창하게 말하는 사람들, 자신의 말을 통해 상대방의 주의를 끌어들일 줄 아는 사람들은 침묵조차도 전략적으로 활용할 줄 안다. 심리학자들의 연구 결과에 따르면 처음부터 끝까지 줄곧 쉬지 않고 말을 하는 경우보다는 중간에 적절히 침묵하고 다시 힘주어 말하는 등 강조점을 넣어가며 말을 하는 경우에 청자는 화자의 말을 더 유창하게 느끼고, 화자가 주장하는 내용 또한 더욱 설득력이 있다고 여겼다.

피드백 기술

우리가 서로에게 조언을 아끼게 되는 이유

"너무 놀지만 말고 책을 읽는 것은 어떠니", "8시까지만 TV 보고 숙제해라." 어렸을 때는 부모님의 잔소리가 그다지 내키지 않았다. 부모님 말씀이니 시키는 대로 하지만, 가끔은 투덜거렸다. 굳이 뭐라 말씀 안 하셔도 알아서 잘했을 텐데, 하는 생각에 억울하기도 했다. 그래서 필자는 빨리 어른이 되고 싶었다. 잔소리를 듣지 않고 내 마음대로 할 수 있을 것 같았기 때문이다. 하지만 정작 어른이 된 지금은 그때의 그 잔소리들을 그리워하고 있다.

점점 나이가 들며 느끼게 되는 사실 중 하나는 주변 사람들이 필자에게 더 이상 쓴소리를 하지 않는다는 것이었다. "너도 이제 성인인데 알아서 잘 하겠지"라고 말씀하실 뿐, 부모님의 잔소리는 예전 같지 않다. 학교를 졸업한 지도 오래되어서 더 이상 건설적인 조언을 해주실 선생님도 곁에 없다. 친구들도 이제는 서로에게 조심스럽다. 각자 가정이 생기고, 서로 다른 진로를 걷다 보니 서로의 삶에 이래라저래라 말하기가 어려워졌다. 남은 것은 직장뿐인데, 정말 운이 좋아 괜찮은 사수, 부사수를 만나지 않는 이상 양질의 피드백을 듣기는 쉽지 않은 것이 현실이다. 만약 성과가 시원치 않다면 따뜻한 격려와 조언보다는 냉정한 인사평가 결과와 연봉 동결, 혹은 삭감이 기다리고 있을 뿐이다.

그런데 관점을 바꿔서, 정작 나 자신은 누군가에게 좋은 쓴소리를 하는가? 따져 보면 딱히 그렇지도 않다. 괜히 오지랖 같아서 주저하게 되고, 어차피 사람은 변하지 않는다며 지레 포기하게 된다. 혹은 나 아니어도 누군가는 지적하겠지, 하는 마음이 들어서 가만히 있기도 한다. 이래저래 피드백을 들을 일도, 피드백을 할 일도 적어지고 있는 것 같다.

하지만 여러분도 알다시피 피드백은 이로운 기능을 많이 가지고 있다. 무엇보다 피드백은 앞으로 나아가야 할 길을 알려 주며 동기부여의 역할을 한다. 우리는 주변 사람들의 피드백을 통해 목표 상태와 현 상태 간의 차이를 객관적으로 점검할 수 있다. 그리고 현재 가고 있는 방향이 옳은지를 점검하여, 만약 어긋나 있다면 올바른 길을 향하도록 방향을 조정할 수 있다.

피드백은 긍정적일 수도 있고 부정적일 수도 있는데, 둘 다 각자의 역할을 한다. 긍정적인 피드백인 칭찬은 듣는 사람으로 하여

금 즐거운 기분은 물론, 인정받고 있다는 뿌듯함과 자기 가치에 대한 확신을 얻게 한다. 반면 부정적인 피드백은 정신을 바짝 들게 하며, 개선해야 할 점이 무엇인지 일깨워 줌으로써 우리의 성장과 발전을 돕는 역할을 한다.

일찍부터 피드백의 중요성을 눈여겨보았던 심리학자들은 피드백을 잘 주고받을 수 있는 다음의 방법들을 제시한 바 있다.

첫째, 우리는 흔히 피드백이라 하면 무엇이든 상대에게 말해야 한다고 생각하지만 사실은 공감을 유도하는 것이야말로 효과적인 피드백을 위한 중요한 수단이다. 즉 조언을 주기 전에 먼저 서로의 의견을 적극적으로 경청하고 공감하고자 하는 '분위기'를 형성하는 과정이 필요하다.

이를 고려하여 피드백을 하고자 한다면 "나-전달법I-Message"이 유용할 수 있다. "나-전달법"은 하고자 하는 말이 있을 때, 주어를 '나'로 설정하여 전달자 자신의 생각과 감정을 진솔하게 표현하는 기법을 가리킨다. 예를 들어 '너는 왜 약속 시간에 맨날 늦니?'라고 주어를 '너'로 설정하는 것보다, '나는 네가 약속 시간에 늦을 때마다 우리가 오늘 계획한 즐거운 일들을 다 못 할 것 같아서 걱정되고, 아쉬워'와 같이 상대방의 행동 및 그로 인한 영향과 자신의 감정 상태를 차분하게 전달하고 이해와 공감을 유도하는 것이다.

둘째, 긍정적인 피드백의 경우에는 결과나 능력보다는 구체적 행위나 노력을 칭찬하는 것이 더 효과적이다. 예를 들어 학습에 관한 칭찬을 할 때에는 '성적이 좋구나', '머리가 똑똑하구나'보다는 '열심히 공부하고 있구나', '노력하는 자세가 보기 좋다' 등과 같이 칭찬해야 학습자의 과제 몰입이나 성장 동기, 장기적 수행 성과 등에 더 긍정적인 영향을 미친다.

셋째, 피드백은 상대방이 무엇을 원하는지를 고려하여 진행해야 한다. 예를 들어 '정서적인 피드백'과 '목적적인 피드백'의 구분이 있다. 슬픈 일을 겪은 상대방이 과연 이해와 공감 등 정서적인 위로를 바라고 있는지, 아니면 문제 해결을 바라고 있는지를 구분하여 그에 맞는 피드백을 주는 것이 좋다.

또한 과업 장면에서 상대방이 추구하는 목적이 무엇인지에 따라서도 피드백의 종류가 달라져야 한다. "성취 목표 지향성 achievement goal orientation"을 연구하는 심리학자들은 사람들의 과업 목표를 '숙달 지향 목표'와 '수행 지향 목표'로 구분한다. 간단히 설명하면, 숙달 지향 목표를 추구하는 사람들은 일의 결과보다는 수행해 나가는 과정과 개인적 성장을 중시한다. 반면 수행 지향 목표를 추구하는 사람들은 과정보다는 가시적 결과에 더욱 치중하는 편이다. 심리학자들은 숙달 지향 목표을 가진 사람들이 정보 피드백, 즉 문제 해결에 도움이 되는 유용한 정보들에 더 반응하는 반면, 수행 지향 목표를 가진 사람들은 보상 피드백, 즉 과업에 대한 평가 결과와 그에 따른 금전적 보상이나 명예 등에 더 많은 관심을 보인다는 점을 밝혀냈다.

심리학자들이 이제껏 피드백의 여러 긍정적인 기능과 효과적이고 구체적인 피드백 방식을 연구하고 제안해 왔더라도, 정작 실제 현실에서 피드백이 잘 일어나지 않는다면 피드백 기법들은 별다른 소용이 없을 것이다. 사람들은 왜 피드백을 잘 하지 않을까? 왜 우리는 서로에게 조심스러운가?

심리학자 아비 에스버Abi-Esber와 동료들은 연구를 통해 얼굴에 잘못 묻은 음식이나 립스틱 흔적과 같이, 뭐가 묻었다는 것을 알려주기만 하면 되는 간단한 피드백 과제에서조차 불과 2.6%의 참여자들만이 상대방에게 피드백을 할 정도로 우리가 피드백에 무척 인색하다는 점을 발견했다. 그리고 이들은 그 이유로, 사람들이 피드백에 관한 상대방의 니즈needs를 과소평가하는 경향이 있음을 이어지는 실험을 통해 입증한 바 있다.

피드백을 하는 '전달자' 역할을 맡은 사람들과 피드백을 받는 '수용자' 역할을 맡은 사람들에게 '피드백의 필요성을 얼마나 강하게 느끼는가'라는 공통된 질문을 제시했을 때, 수용자 역할을 맡은 사람들보다 전달자 역할을 맡은 사람들이 그 질문에 동의하는 정도가 훨씬 낮았던 것이다. 그리고 왜 피드백을 꺼리는가에 대해 구체적인 인터뷰를 진행했을 때 전달자들은 '상대방이 별로 원하지 않을 것 같아서', '상대방에게 내가 자신을 평가한다는 인상을 주고 싶지 않기 때문에', '피드백을 건네면 자칫 무례해 보일 것 같아서', '상대방이 부끄러워하거나 불쾌한 기분을 가질 것 같아서' 등과 같은 답변을 하기도 했다.

그렇다면 어떻게 해야 피드백을 유도할 수 있을까? 연구자들은 전달자들로 하여금 피드백 수용자의 관점을 취해보게 하는 전략이 피드백 유도에 효과적이라는 사실을 발견했다. 실제로 전달자들에게 만약 자신이 실수나 잘못을 저질러서 피드백을 필요로 하는 상황에 처한다면 어떤 기분이 들지 상상해보도록 관점을 바꿨을 때, 피드백을 하려는 욕구가 더 고취되는 결과가 나타났던 것이다.

"피드백 추구 행동feedback seeking behavior"을 연구하는 심리학자들은 피드백을 대하는 사람들의 욕구와 관련된 전제를 바꿨다. 과거에는 사람들이 수동적으로 피드백을 받는 존재라고 정의했지만, 최근에는 어떤 방식으로든 적극적으로 피드백을 갈구하는 것이 인간의 특성이라고 간주하고 있다.

앞서 소개한 연구가 우리에게 들려주는 교훈은 명확하다. 피드백 기술은 중요하다. 하지만 그보다 더 중요한 것은 기꺼이 피드백을 주고받고자 하는 자신감과 기대이다. 상대방은 여러분의 피드백을 기다리고 있다는 것을 기억하자.

독자성과
융화성

왠지 모르게 끌리는 사람들의 특징

호감이 가는 사람은 어떤 성격을 갖고 있을까? 대인 관계를 연구하는 심리학자들이 자주 관심을 갖는 주제이다. 이 질문에 답하기 위해서는 먼저 심리학자 바칸Bakan의 '성격 이론'을 소개할 필요가 있겠다. 정직한, 사려 깊은, 끈질긴, 카리스마 있는, 믿을 만한, 완고한, 자유분방한, 자기중심적인, 감정적인, 신경질적인 등등 성격을 가리키는 표현들은 많지만 바칸은 이 수많은 표현들 속에 숨어 있는 근본적인 두 가지 성격 요인을 찾아냈다. 바로 "독자성agency"과 "융화성communion"이다.

독자성은 자기주장적이고 능동적인 성격과 관련이 있다. 독자성이 강한 사람들은 자신감에 차 있고, 경쟁적이며, 성취를 중시하며, 리더십을 중시하는 특성을 보인다. 반면 융화성이 높은 사람들은 자신을 독립된 개인이라기보다는 공동체 속의 한 구성원으로 여기며 협력과 상호 의존의 중요성을 강조한다. 이들은 온화하고, 감수성이 풍부하며, 타인에 대한 배려와 유대감을 중요하게 여기는 특성을 보인다. 독자성과 융화성은 흔히 전통적인 성 역할인 '남성성', '여성성'과 유사한 면이 있지만 성별에 관계없이 나타날 수 있다는 점에서 심리학자들 사이에서는 개인차이자 성격의 일종으로 간주되고 있다.

흥미로운 점은 바칸이 언급한 독자성과 융화성이 대인 관계에서 서로의 호감을 평가하고 받아들이는 중요 기준으로 작용한다는 점이다. 예를 들면 사람들은 위축되고 소극적인 사람보다는 자신감이 넘치고 활발한 사람에게 더 호감을 표현하는 경향이 있다. 독자성의 특징을 평가 기준으로 삼았기 때문이다. 이뿐만 아니라 사람들은 냉정하고 자기중심적인 사람보다는 온화하며, 이타적인 사람에게 더 호감을 보인다. 짐작하겠지만 이러한 평가 경향성은 융화성과 밀접한 관련이 있다. 이제 글의 서두에서 제시했던 질문에 답해보자. 우리가 호감을 느끼는 사람은 어떤 성격을 가지고 있을까? 바로 독자성이나 융화성을 갖춘 사람이다.

그렇다면 다른 사람으로부터 호감을 사기 위해서는 어떻게 행동해야 하는가? 심리학자들의 연구에 따르면 융화성은 타인의 호감을 얻을 수 있는 가장 확실한 방법 중 하나다. 따뜻하고, 자상한 태도로 접근하면 사람들은 쉽게 경계심을 푼다. 자신에게 지속적으로 도움을 주며, 친절하게 행동하는 사람을 마다할 이는 아마도 없을 것이다. 그렇다면 독자성은 어떨까? 사실 독자성은 융화성만큼 기대효과가 명확하지는 않다. 일각에서는 독자성 특성을 갖추는 것이 호감 형성에 유리하다고 설명한다. 독자성이 높은 사람들은 자신만만하며 호쾌한 인상을 주기 때문이다. 막힘없이 자신의 생각을 피력하며 당당하게 행동하는 그들의 모습은 사람들에게 매력적으로 보일 소지가 있는 것이 분명하다. 여러분의 학창시절을 한번 떠올려보자. 반에서 인기가 있는, 소위 '잘 나가는' 학생들의 특징이 어땠는지 기억나는가? 적어도 필자의 경험상 반에서 인기가 있는 학생들은 독자성 성격이 강했다. 늘 씩씩했고, 목소리도 시원시원했으며, 쉽게 주눅들지 않았다.

그러나 독자성이 호감을 얻는 데 언제나 도움이 되는 것은 아니다. 심리학자들의 설명에 따르면 독자성이 높은 사람들은 타인에 대한 비교우위, 지배력, 영향력을 갈구하는 특성을 보인다. 과감히 자기 주장을 펴고, 타인과 경쟁하면서 자신의 이득을 취하는 데 관심을 두는 이들이다. 이 과정에서 본의 아니게 타인과의 마찰이나 갈등이 빚어질 가능성이 있다. 그래서 융화성이 높은 이들에 비해 독자성이 높은 이들은 누구에게나 환영받는 존재는 아니다. 때로 자기 주장에만 몰두하며 경쟁적으로 나서는 모습이 다른 사람들로 하여금 경계심을 느끼도록 할 수 있음을 염두에 두어야 한다.

독자성에 이와 같이 잠재적 리스크가 있음을 감안한다면, 결국 융화성이 최선의 선택인 것일까? 사실 융화성보다 독자성이 더 효과적인 경우도 존재한다. 자상하고 친절한 사람들은 본인뿐 아니라 주변 사람들의 걱정과 우려의 대상이 될 수 있다. 배려심이 많고 이타적인 그들에게 감사한 마음을 느끼기보다 오히려 좋지 않은 의도를 품고 기만하거나 이용하려 하는 등 소위 '호구' 삼으려는 이들도 있기 때문이다. 그리고 융화성이 높은 사람들은 독자성이 높은 사람들만큼 목소리가 크지 않다. 자기 생각을 분명히 말하고 관철시키는 데 어려움을 느낄 수 있기 때문에 자칫 주변 사람들로 하여금 답답하다는 느낌을 줄 수도 있다.

정리해보자. 독자성과 융화성은 대인 관계에서 호감 형성에 기여하는 중요한 두 축으로 기능한다. 하지만 독자성이든, 융화성이든 언제나 호감만 불러일으키는 특성은 없다. 그렇다면 독자성과 융화성의 정확한 역할과 쓰임새는 무엇일까? 각자의 특성이 잘 발휘될 수 있는 조건은 없는 것일까?

이 문제에 대해 독일의 심리학자 더프너Dufner와 크라우제Krause는 대인관계에서의 '호감'을 좀 더 세분화하여 접근해야 한다고 주장한다. 그들에 따르면 '호감'은 크게 "인기popularity"와 "특별한 호감unique like"으로 나눠지는데 인기는 여러 사람으로부터 받는 호감, 특별한 호감은 한 사람과의 일대일 관계에서 형성되는 호감으로 정리할 수 있다. 더프너와 크라우제는 독자성의 성격이 인기를 얻는 데 기여하고, 융화성의 성격은 특별한 호감을 얻는 것과 관련이 있으리라는 가설을 세웠고 관련된 실험을 진행하였다.

이들은 실험을 위해 139명의 초면인 성인 남녀들을 모집했고, 이들을 소규모 여러 집단으로 나눠 각 소속 집단 내에서 일대일 방식의 짧은 대화를 서로 돌아가면서 나누도록 했다. 각 대화가 끝나면 방금 만났던 사람에게 얼마나 호감이 있었는지, 더 알아가보고 싶은 마음이 있는지, 앞으로 친구로 지낼 의향이 있는지를 질문하고 응답을 기록하는 과정이 반복됐다. 한편 실험 참여자들이 짝을 지어 대화하는 모든 장면은 비디오 녹화되었고, 연구자들이 섭외한 여러 명의 전문가가 비디오를 보면서 대화하는 사람들의 모습을 관찰하고 그들의 성격을 평가하는 절차가 이어졌다. 구체적으로 전문가들은 독자성, 융화성에 해당하는 행동 패턴들을 기록했는데 가령 자신감이 있는, 목소리가 큰, 뽐내는, 분위기를 리드하는 모습을 보이면 독자성에 점수를 부여하고 자애로운, 공손한, 따뜻한, 친절한 모습을 보이면 융화성에 점수를 부여했다.

연구자들은 이러한 과정을 통해 독자성, 융화성 행동 전략을 보이는 사람들이 얼마나 인기가 있었으며, 특별한 호감을 쌓을 수 있었는지를 분석했다. 연구 결과, 호감 중 '인기'의 측면에서는 독자성과 융화성 모두 긍정적인 영향을 미친 것으로 나타났다. 즉, 독자성이 높거나 융화성이 높은 사람들은 모두 여러 사람들로부터 호감을 받는 경향이 있었다. 그러나 호감 중 또 다른 지표인 '특별한 호감' 측면에서는 독자성과 융화성의 영향력이 서로 달랐다. 사람들은 융화성이 높은 사람과의 일대일 만남에서 특별한 호감을 느꼈다고 보고했지만, 반대로 독자성이 높은 사람에게서는 그런 경향성이 나타나지 않았던 것이다.

이 연구 결과가 의미하는 바는 무엇일까? 독자성과 융화성은 상대의 호감을 얻기 위한 수단이지만 각자의 역할은 사뭇 다르다는 것을 염두에 둘 필요가 있다. 독자성은 다수의 호감(인기)을 얻는 데 유리하다. 하지만 융화성과 달리, 일대일 관계에서의 특별한 호감을 싹트게 하는 데 독자성에 기반한 행동들은 그다지 효과적이지 않은 것으로 나타났다.

요컨대 우리는 일상에서 대인관계의 종류, 목적에 따라 행동 전략을 다르게 해야 함을 짐작할 수 있다. 만약 프레젠테이션이나 연설 등 여러 사람의 이목과 호감을 얻어야 하는 상황이라면 융화성과 독자성을 고르게 어필하는 것이 도움이 될 수 있다. 하지만 연인 관계에서처럼 한 사람의 마음을 얻고자 한다면 독자성보다는 융화성, 즉 따뜻하고 자상한 모습을 보이는 것이 더 유리할 것이다.

성인애착

'밀당', '어장관리' 속에 숨은 심리 법칙

여러분은 연애를 시작하는 방법을 알고 있는가? 먼저 상대방을 처음 만났을 때, 좋은 인상을 남기는 것이 중요하다. 밝은 표정을 짓고 예의 바르게 행동하며 상대의 이야기를 경청해야 한다. 대화를 나누다 서로의 공통 관심사를 알게 된다면 더 빠르게 친해질 수 있다. 상대가 마음에 들었다면 연락처를 교환하고 다음 약속을 잡아 만남을 이어 간다. 다행히 상대도 나를 마음에 들어 하는 것 같다면 분위기를 봐서 깊은 관계로 발전하고 싶다는 취지의 고백을 한다. 상대의 마음도 나와 같다는 것을 확인했다면 정식으로 연인 관계가 되어 데이트를 하고, 더 많은 이야기를 나누며 서로에 대한 믿음을 만들어 간다.

사실 이런 이론적인 내용을 모르는 사람은 없다. 하지만 이론은 이론일 뿐, 막상 타인과 친밀감을 쌓아가는 과정은 은근한 스트레스 및 고민의 연속이다. 이때 주된 문제는 상대방에 대한 신뢰이다. 본격적인 연애가 이뤄지기 전, 소위 '썸'을 타는 단계에서는 무수한 '시그널'이 오고간다. '그도 나를 마음에 들어 할까?', '어제 내게 한 말의 의미는 뭐였을까?', '나만 너무 좋아하는 것 아닌가?', '쉬운 사람으로 오해받으면 어떻게 하지?', '이 사람을 믿어도 될까?' 등 상대의 마음을 확인하기 위한 고민이 반복된다. 만약 이 과정을 극복하고 연인이 된다면 모든 고민은 끝난 것일까? 예상하다시피 그렇지 않다. '아직도 이 사람이 나를 좋아하고 있을까?', '혹시 변한 건 아닐까?', '앞으로도 계속 서로를 믿을 수 있을까?', '이 사람과의 미래는 어떨까?', '상처받는 일이 생기면 어떻게 하지?' 등 고민과 재확신의 과정이 필요하다.

"성인 애착adult attachment"을 연구하는 심리학자들은 성인들의 연애를 관찰하면서 상대방과 신뢰를 쌓아가는 과정을 유독 어려워하는 사람들이 있다는 사실을 발견했다. 심리학자들은 분석을 위해 성인 애착의 유형을 크게 세 가지, "안정형 애착 스타일", "불안형 애착 스타일", "회피형 애착 스타일"로 분류하였으며, 두 사람 간 애착 유형의 차이에 따라 관계의 만족도가 어떻게 다르게 나타나는지를 연구했다.

각 유형을 살펴보면 첫째, '안정형 애착 스타일'을 가진 사람들은 솔직한 자기 표현이 특징이다. 상대에 대한 호감, 신뢰의 말, 혹은 어떤 사안에 대한 거절 의사를 솔직히 밝힐 줄 안다. 새로운 관계를 맺는 데 두려움이 없으며 관계의 중요성을 과대평가하지도, 과소평가하지도 않는 것이 이들의 특징이다. 이들은 기본적으로 연인에 대한 신뢰감을 갖고 있다. 그래서 상대방이 자신에게 화를 내거나 부정적 반응을 보일 경우, 이를 자기 자신의 존재에 대한 본질적인 거절로 과대 해석하지 않는다. 오히려 '그럴 만한 이유가 있겠지'라고 상대를 이해하는 모습도 보인다. 안정형 애착 유형의 경우, 상대방을 잘 신뢰하기도 하지만 상대가 자신에게 보내는 신뢰에 대해서도 크게 의심하지 않는다. 그래서 힘든 일이 생기면 기꺼이 상대방에게 의존하는 모습을 보인다.

둘째, '불안형 애착 스타일'을 가진 사람들의 경우, 두 사람 사이 신뢰를 지속적으로 염려하며, 상대가 자신에게 주는 애정을 검증하고자 하는 욕구를 가진 것이 주된 특징이다. 이들은 근본적으로 자신을 과소평가하고, 타인을 과대평가하는 성향을 보인다. 그래서 혹시 상대방이 (자신의 부족한 모습 때문에 실망하여) 떠나갈지 모른다는 두려움을 보인다.

관계에 지나치게 몰입하는 한편, 상대방이 자신에게 보내는 신뢰를 쉽게 받아들일 수 없기 때문에 잦은 연락이나 관심, 선물, 애정 공세, 혹은 '만약 내가 ○○○한다면 어떻게 할 거야?', '이래도 날 좋아할 수 있겠어?' 등과 같이 상대방의 마음을 계속 확인하고, 시험하려 한다. 만약 이러한 노력에도 불구하고 상대가 자신이 원하는 만큼의 애정이나 신뢰를 보여주지 않는다고 느끼면, 불안형 애착 유형을 가진 사람들은 심지어 상대방의 관심을 얻을 목적으로 거짓말을 하거나 이야기를 부풀리는 등 과장된 행동까지 저지를 수 있다.

셋째, '회피형 애착 스타일'을 가진 사람들은 그들의 예상 수준을 벗어난 정도의 깊은 관계를 맺는 것을 불편해한다. 그래서 이들은 상대방과의 일정한 거리 유지를 매우 중요하게 생각한다. 타인의 애정이나 신뢰를 애써 갈구하지 않으며 관계에 대한 투자 역시 안정형이나 불안형 대비 적은 수준이다. 이들은 친밀한 관계의 중요성을 과소평가하며, 그래서 힘든 일이 있어도 상대방에게 잘 의존하려 하지 않는다. 오히려 혼자서 문제 해결에 골몰하느라 평소보다 더 상대방과의 관계 유지에 소홀한 모습을 보일 가능성이 높다.

그런데 겉으로 보기에 회피형 애착 스타일을 가진 사람들은 의젓하고 독립심도 강해 보이지만 실제로 그들의 자존감은 안정형 애착 유형에 비해 상대적으로 낮다는 것이 심리학자들의 설명이다. 그들이 상대방과 거리를 두는 이유가 정말 상대방에게 큰 관심이 없어서라기보다는 상대방으로부터 거절을 당하거나 신뢰가 깨어지는 상황을 두려워하고, 따라서 일정한 거리 두기를 통해 거절당하는 상황 자체를 미연에 방지하고자 한다는 것이다. 그에 따라 회피형 애착 유형의 사람들 중에는 불안형 애착 유형의 특징을 동시에 가진 경우도 있다. 상대방에게 애정을 갈구하다가도 막상 상대방이 사소한 거절의 시그널이라도 보내게 된다면(혹은 그런 예감이 들 때), 순식간에 태도를 전환하여 상대방과 거리를 두려는 모습을 보이는 것이다.

성인 애착 유형은 어떻게 결정되는 것일까? 심리학자들은 생애 초기의 대인 관계에 주목해야 한다고 말한다. 사실 애착은 심리학자 보울비Bowlby가 제안한 것으로, 영유아기에 부모와 같은 가장 가까운 사람과의 관계에서 나타나는 지속적이며 강력한 유대 관계를 지칭하는 심리학 용어이다. 심리학자 에인스워스Ainsworth는 실험을 통해 아기들의 애착을 안정형, 양가형, 회피형, 혼돈형 등 여러 유형으로 분류할 수 있다는 것을 발견한 바 있다.

세상에 태어난 아기들은 부모처럼 자신에게 헌신적인 양육자를 통해 사람과 관계를 맺는 방법을 연습해야 한다. 타인에게 호감을 보이는 법, 상대의 시그널을 읽고 해석하는 법은 물론, 상대방과 신뢰를 교류하는 방법을 깨우쳐야 한다. 이때의 경험이 양육자 외 친구나 동료 관계, 성인이 되었을 때의 연인 관계 등 다양한 대인관계에 지속적으로 영향을 미치기 때문에, 생애 초기 아기들의 애착 형성은 무엇보다 중요한 발달 과업이다. 만약 양육자의 강압, 학대, 방치, 비일관적인 양육 태도 등의 변수가 있다면 아기는 세상과 타인을 신뢰하고 받아들이는 법을 제대로 배우지 못하게 되며, 그때 마음속에 뿌리깊게 박혀 버린 불신감이 성인기의 애착 형성에도 영향을 미친다.

하지만 만약 불안정한 애착 유형을 갖고 있다고 해도 지나치게 염려할 필요는 없다. 생애 초기 애착의 영향력은 분명 강력하지만 자기 자신 및 주변 사람의 노력과 도움을 통해 자신의 애착 유형을 안정형 애착 유형으로 바꾼 사례도 많이 있기 때문이다. 이를 위해서는 먼저 자기 자신과 상대방의 애착 유형을 이해하고, 애착 유형의 관점에서 서로의 생각이나 감정에 관해 깊은 대화를 나누는 것이 중요하다. 상대의 애착 유형을 이해하면, 서로를 더 잘 이해하고 서로의 유형에 더 잘 맞춰 갈 수 있는 요령을 얻게 된다.

예를 들어, 상대방이 회피형 애착 유형을 갖고 있다면, 상대방의 거리 두기를 존중해보는 게 어떨까? 상대방이 비로소 거리 유지를 풀고 가까이 다가왔을 때 아낌없는 애정과 신뢰를 보여줌으로써, 그의 애착 유형은 서서히 안정적으로 변화해 나갈 수 있을 것이다.

투자모델

헤어지지 못하는 여자, 떠나가지 못하는 남자의 심리

앞서 연애의 시작에 대한 심리학의 지혜를 알아보았으니, 이번에는 연애의 끝에 대한 이야기를 해보려고 한다. 과연 연애의 끝을 예측할 수 있는 방법은 없을까? 커플이 이별을 준비하고 있음을, 혹은 아직은 헤어지고 싶지 않음을 나타내는 시그널은 무엇일까?

연애 관계를 연구하는 심리학자들은 관계의 지속, 종료를 예측하는 변수가 무엇인지 알고 싶어했다. 이를 위해 가장 먼저 고려했던 변수는 당연히 '만족도'였다. '지금의 관계에 얼마나 만족하십니까?', '연인과의 관계 속에서 얼마나 행복을 느끼고 계십니까?' 등의 질문을 하고, 이 질문에 대해 긍정적인 답변을 하는 사람들이 연인 관계를 더 오래 지속하며, 반대로 그렇지 않다고 응답한 사람들이 곧 관계를 종료하게 될 것이라 생각했다. 하지만 곧 심리학자들은 벽에 부딪치게 되었다. 현실은 그리 만만하지 않았기 때문이다.

가끔 이런 사례들이 있다. A와 B는 처음 알아 가는 단계에서부터 상대방이 자신의 이상형이라고 느꼈고 금방 서로에게 빠져들었다. 배경이나 취미, 삶의 목표, 신념, 가치관 등 일치하는 부분이 많았고 사람들은 그들에게 무척 잘 어울리는 한 쌍이라며, '천생연분'이라 부르길 주저하지 않았다. 그리고 A와 B의 관계가 오래 지속될 것이라 생각했다. A와 B의 생각 또한 이와 크게 다르지 않았고 그들의 관계에 크게 만족했다. 하지만 이게 웬일인가? A와 B를 아는 사람들은, 그들이 만난 지 불과 두 달 만에 헤어졌다는 소식을 접하게 되었다. 도무지 이유를 알 수 없는 사람들은 그저 어리둥절할 뿐이었다.

다른 사례도 보자. C와 D는 비록 연인 사이이지만 서로 맞는 것이 별로 없다고 느낀다. 연애 초기에는 맞지 않는 부분이 있다 해도 내색하지 않고 기왕이면 서로 맞춰 가려 노력했지만, 연애 기간이 오래된 지금은 C도, D도 자신의 솔직한 본심을 드러내는 것을 마다하지 않게 됐다. 처음부터 C와 D의 연애를 지켜 본 사람들은 그들이 연애 초기 때의 모습과 같지 않다고 느끼게 됐다. 예전과 달리 다른 사람들이 지켜보는 앞에서 종종 다투질 않나, 서로 안 맞는다고 상대방이 없는 사이에 은근슬쩍 뒷담화를 하기도 했다. 그런데 C와 D는 서로에 대해 불만을 표현하고 연인 관계가 그다지 만족스럽지 않음을, 주변 사람들에게도 숨기지 않으면서도 사람들의 예상과는 달리 헤어지지 않고 계속 만남을 지속하고 있었다. 왜 만족하지 않는 관계임에도 이들의 연애는 끝나지 않는 것일까?

심리학자 러즈벌트Rusbult는 커플, 부부 등 연인 관계의 지속, 종료 여부를 결정하는 요소가 '만족도'에 국한되지 않는다는 점을 잘 이해하고 있었다. 분명히 관계에 만족하는 사람들이 관계를 더 오래 지속할 가능성이 높았지만 위의 사례와 같이 만족도는 절대적이지 않을 수 있었다. 왜 만족한다면서 이내 헤어지는 걸까? 왜 서로에게 불만이 있다면서도 계속 만나게 되는 걸까? 이를 체계적으로 설명하기 위해 러즈벌트가 제안한 것이 바로 "투자모델 이론investment model theory"이었다.

투자모델 이론에서는 비용cost과 보상reward의 관점에서 연애 관계를 분석한다. 거칠게 표현하면 연애 관계에 돌입하는 사람들은 누구나 마음속에서 '계산기'를 두드린다고 가정한다. 관계의 시작, 지속을 통해 얻게 될 물질적, 심리적 이득이 있는지, 얼마나 되는지를 암묵적으로 따져 본다. 그리고 상대의 만족과 관계의 유지를 위해 내가 투자해야 할 시간, 노력, 비용 등은 얼마나 되는지도 알아본다. 연애 관계를 맺고 싶어하는 사람들은 관계를 통해 보상을 최대화하고 비용을 최소화하길 원한다. 그래서 관계가 가져다줄 이득을 따져봄과 동시에, '만약 이 사람과 헤어진다면?', '다른 사람을 만난다면?', '차라리 헤어지고 혼자 지낸다면?' 등과 같은 대안적 가능성을 생각해보고 현재 상태와 계속 저울질을 하게 된다는 것이 연애 관계에 대한 러즈벌트의 사고방식이었다.

결과적으로 투자모델 이론은 관계에 대한 만족 여부를 예측하지 않는다. 지속적인 헌신commitment, 즉 관계가 실제로 계속 이어지는지, 종료될 것인지를 예측하기 위해 등장한 이론이며, 헌신을 예측하기 위한 공식은 **'만족도**satisfaction **+ 투자**investment **- 대안의 질**quality of alternatives'로 정리된다.

투자모델 이론에 따르면 만족도 외에 고려할 것이 바로 '투자'라는 개념이다. 여기서 투자란, 지금의 연애 관계를 유지하기 위해 과거, 그리고 현재 투자하고 있는 시간, 노력, 비용 및 그로 인해 획득된 '부산물'들을 말한다. 연인을 위해 얼마나 시간을 내어 통화를 하는지, 데이트를 몇 번 하는지, 데이트 비용은 얼마쯤 내고 있는지, 기념일에 어떤 선물을 준비하는지 등이 모두 관계에 대한 투자로 정의된다. 만약 연인과의 사이에 자녀가 있거나, 주거나 취미 등 공유하는 부분이 많아질수록 투자의 양이 많다고 가정할 수 있다. 그 외 투자 행동으로 인해 만들어진 두 사람 사이의 공통적 경험, 추억 등도 모두 투자에 들어간다.

한편, 연인 관계의 존속을 결정하는 또 다른 요소는 바로 '대안의 질'이다. 만약 주변에 매력적인 이성이 있다면 그만큼 연애 관계가 지속될 가능성은 낮아진다. 혹은 연애하지 않아도 잘 사는 사람의 이야기를 접하거나, 사회문화적으로 연애, 결혼이 필수가 아니라는 인식이 확산될수록, '연애하는 대신 혼자 산다'는 대안이 더 부각되고, 이 또한 연애 관계의 지속을 방해하는 요소로 기능할 수 있다.

이렇게 연애 관계에 '투자'와 '대안의 질' 개념을 적용하면 왜 관계에 대한 만족도가 높은데도 헤어지는지, 반대로 만족도가 낮은데도 헤어지지 않는지를 체계적으로 설명할 수 있다. 먼저, 당장의 관계에 만족한다 하더라도 관계에 투자한 것이 적고, 다른 매력적인 대안을 고려할 수 있는 경우라면 연애 관계가 지속되지 않을 수 있다. 정들기엔 적은 시간이었고, 그다지 손해 본 것도 없는 기분이라 상대적으로 빠르게 관계를 정리할 수 있는 것이다. 반대로 지금까지 사귄 기간이 길고 함께 쌓아온 추억이 많다면, 더군다나 지금의 연인보다 더 나은 사람을 만나리라는 확신을 가질 수 없다면, 비록 현재 관계에 그다지 만족하지 않더라도 관계를 지속한다는 결정을 내릴 수 있다.

'사랑하지도 않는데 왜 만나는 거야? 당장 헤어져.' 우리는 흔히 연애 관계의 지속 여부가 '만족도'에 의해 결정되어야 한다고 믿으며 서슴없이 위와 같은 훈수를 둘 때가 있다. 하지만 정작 당사자가 생각하기에는 사정이 다를 수 있다. 지금까지 지내 온 시간이 아까워서, 간직해 온 추억들이 모조리 부정되는 기분이 들어서, 그래도 이 사람만한 좋은 연인도 없다는 생각 때문에 관계를 정리하기가 어려운 것이다.

투자모델은 데이트폭력, 가정폭력에 대한 심리학적 설명으로도 주목을 받고 있다. 물리적 폭력, 정서적 학대 등이 횡행하는데도 왜 헤어지기를 거부하는 피해자들이 있는 걸까? 심리학자들의 연구에 따르면, 이와 같은 피해자들은 관계에 대한 투자의 양을 높게 지각하고 있으며, 지금의 관계 대신 선택할 수 있는 대안의 가능성을 무척 낮게 평가하는 것으로 나타났다. 심지어 데이트폭력의 피해자들은 낮은 만족감과 높은 투자, 관계 지속 의지 간의 괴리감, 인지부조화를 해소하고자 '내가 더 잘하면 언젠가 내 진심을 알아줄 거야', '처음에 내게 잘 해줬던 그 모습은 분명 진심이었어. 지금의 모습은 일시적인 것에 불과해. 언젠가 분명 좋아질 거야' 등과 같은 '이타적 망상'을 발전시키기도 한다는 것이 심리학자들의 설명이다.

거짓말의 단서

심리학자가 타인의 생각을 간파하는 방법

'내가 지금 무슨 생각하는지 알아맞혀 볼 수 있어?' 심리학을 둘러싼 수많은 오해가 있지만 그중 가장 잘 알려진 것이 바로 독심술에 대한 오해가 아닐까 싶다. 일전에 필자가 중고등학생 대상으로 심리학 강연을 하면서, 어떻게 심리학에 관심을 갖게 되었는지 물었던 적이 있다. "호감 가는 애가 무슨 생각하는지 궁금해서요", "심리학을 배우면 친구가 하는 말이 거짓말인지 아닌지 알 수 있지 않을까요"와 같은 답변이 가장 먼저 나왔던 것으로 기억하는데, 늘 그렇듯 심리학 전공자 입장에서는 그와 같은 생각들이 왜 '오해'인지, 실제로 심리학과에 들어오면 어떤 것들을 배우게 되는지 설명하는 데 많은 시간을 들여야 했다.

현대 심리학은 엄연히 과학의 한 분야이고, 실증적인 자료와 근거를 바탕으로 가설을 입증하고 이론을 만들어 나간다. 그런 면에서 보자면, 어떤 신비한 직관이나 통찰에 근거한 독심술은 분명 심리학이 다룰 수 있는 영역은 아니다. 하지만 정신분석학자 프로이트나 융이 활동하던 과거부터 독심술을 다루는 오컬트 학문과 심리학이 나름 밀접한 관련을 맺고 있었고, 사람들은 여전히 심리학에 독심술에 관한 환상과 기대를 투영하고 있다.

그래서일까, 심리학자들은 비록 독심술은 아니지만 마치 독심술처럼 상대의 진의를 간파할 수 있는 단서가 실제로 존재하는지에 대해 많은 관심을 가져 왔다. 예를 들어 범죄심리학 분야에서는 일찍부터 폴리그래프(거짓말 탐지기)가 활용되고 있었고, 심리학자들은 화자의 진실/거짓 진술을 판별할 수 있는 언어적/비언어적 단서를 찾고자 여러 연구를 진행하고 있다. 그렇다면 심리학자들이 거짓말에 대해 밝혀낸 사실들은 무엇일까?

우선 거짓말의 조건을 따져볼 필요가 있겠다. 만약 사실과 달랐지만 속이려는 의도가 없었다면 거짓말인가? 적극적으로 속이는 대신, 의도적으로 함구하는 경우도 거짓말로 보아야 하는가? 심리학자들은 대체로 거짓말의 조건을 다음 세 가지로 제시한다. 첫째, 화자가 자신이 말하고자 하는 바가 거짓임을 인지하고 있어야 한다. 둘째, 화자가 자신이 하는 말이 거짓이라는 정보를 청자에게 알리지 않아야 한다. 셋째, 화자에게는 고의적으로 속이려는 의도가 있어야 한다.

사실 거짓말은 고도의 인지적 노력을 요구하는 고등 정신 과정의 산물이다. 먼저 화자에게는 거짓말을 지어내서라도 이루고 싶은 어떤 의도가 있다. 하지만 있는 그대로 의도를 표현하면 반대에 부딪칠 가능성이 높다는 점을 여러 정황과 근거들을 토대로 추론하고 예측한다. 예측이 완료되었다면 이제 그 의도를 그럴듯하게 감추기 위한 이야기를 창조해야 하며, 거짓말을 듣는 상대방의 반응을 실시간으로 감시하며 임기응변을 발휘해야 한다.

물론 화자뿐만 아니라 청자에게도 거짓말의 판단은 많은 노력을 필요로 한다. 화자의 진술을 들으면서 사실과 의견을 구분해야 하고, 더 확실한 진실/거짓 단서를 발견하기 위해 때로 추궁이나 떠보는 행위를 시도할 수 있다. 무엇보다 거짓말을 이해하기 위해서는 화자의 '의도'를 파악할 줄 아는 능력이 필수적으로 요구된다.

발달심리학자들은 사람이 가진 '누군가의 의도를 파악하는 능력'이 생애 초기, 매우 이른 시점에 형성된다는 점을 밝혀냈다. 예를 들어 인간은 생후 6개월만 되어도 본능적으로 타인의 선한/나쁜 의도를 구별할 수 있으며, 3세 정도가 되면 의도가 없는 말실수와 고의적인 거짓말을 구분하는 것이 가능해진다.

여러분은 다른 사람의 거짓말을 얼마나 잘 파악하는가? 그리고 상대의 말이 진실인지, 거짓인지를 판별하기 위해 어떤 단서들을 참고하는가? 거짓말을 연구하는 심리학자들은 실제 진실, 거짓 단서와 별개로 사람들이 거짓말 판별에 얼마나 유능한지, 그리고 거짓말 탐지와 관련된 어떤 믿음을 갖고 있는지를 조사하기도 한다.

사람들에게 '거짓말을 하는 사람들의 특징'을 물으면 대체로 다음과 같은 답변이 많이 등장한다. 시선 회피, 옷 매무새를 가다듬거나 머리를 만지는 등의 정돈 행동, 높아진 목소리 톤, 말 더듬기, 눈을 자주 깜박임, 자세나 태도 변경이 자주 이루어짐 등이다. 재미있는 것은 사람들이 답변한 이와 같은 특징들이 대개 '불안 정서'를 나타내는 신호들이라는 점이다.

하지만 안타깝게도 불안을 나타내는 단서들만으로는 상대방의 거짓말 여부를 온전히 알아내기 어렵다. 왜냐하면 사람마다 불안을 느끼게 된 이유가 다를 수 있기 때문이다. 사람들은 거짓말이 탄로날까 봐 불안해하는 모습을 기대한다. 하지만 실제로는 진실을 말하고 있음에도 단지 상대방과의 관계가 어색하고 초면이어서 불안해하는 사람도 있고, 자신이 말하고 있는 진실을 상대방이 믿어주지 않을까 봐 불안해하는 사람도 있다.

또 한 가지 놀라운 점은 경찰관처럼 직업적으로 사람들의 거짓말을 알아채야 하는 직업을 가진 '전문가'라고 해서 거짓말을 알아채는 능력이 일반인보다 더 뛰어나지는 않았다는 연구 결과였다. 관련 연구를 진행한 심리학자들은 일반인과 경찰관 모두 거짓말을 탐지하는 데 유사한 기법을 사용하기 때문이라고 지적했으며, 더 정확히 거짓말을 판별하기 위해서는 "진술 타당성 분석statement validity analysis"과 같은 보다 과학적인 분석 기법의 도움을 받아야 한다고 설명했다.

실제로 수사, 범죄심리 분야에서는 거짓말의 판별을 경찰관이나 법조인의 연륜, 직관 등에 의존하지 않는다. 그보다는 언어적 진술분석, 음성분석, 뇌 지문 분석, fMRI분석, 폴리그래프 등 고도화된 분석 도구를 활용하여 진술의 정확성을 분석하고 보고서를 작성한다. 이 중에 전문 장비를 활용하지 않고 '진술 내용'에 의존해 거짓말을 판별하는 언어적 진술분석 도구를 참고하면, 전문적인 도구 없이도 일상 속 사람들의 진실(거짓) 발화에 어떤 특징이 있는지 가늠해볼 수 있다.

전문가들은 말과 글 속에서 어떻게 진실과 거짓을 가려낼까? 본격적인 접근에 앞서 '100% 완전한 거짓말은 없다'는 점을 상기할 필요가 있다. 사실 무無에서 유有를 창조하는 거짓말은 화자 입장에서 큰 부담이다. 인지적 노력도 많이 들뿐더러, 지어내야 할 내용이 많다 보니 세부적인 부분이 상충되는 등 거짓말이 발각될 우려가 있다. 그래서 대부분의 거짓말은 약간의 과장, 혹은 고의적인 정보 누락 등을 포함하곤 한다. 그래서 언어적 진술분석 기법에서도 진술의 전체적인 윤곽보다는 개별 진술 하나하나를 분석하면서 거짓말이 나타나는 특정 구간들을 찾아내는 데 주안점을 둔다. 다음은 언어적 진술분석 과정에서 고려되는 몇 가지 단서들이다.

첫째, '구체성'은 그 발화가 진실임을 나타내는 중요한 준거다. 행위를 묘사하면서 그 행위가 일어난 시간이나 장소, 날짜 등 구체적인 시점을 언급한다면 해당 진술은 진실에 가까울 가능성이 높다. 그 외에 풍부한 감정, 느낌의 표현이나 비유 등 수사법을 활용하는 경우에도 구체적인 진술로 간주될 수 있다.

둘째, 대명사의 부적절한 활용에 주의할 필요가 있다. 심리학자들은 자신의 잘못을 감추려는 사람들이, 자신이 한 일이 아닌 것처럼 보이게 만들고 싶은 욕구 때문에 의도적으로 '나'와 같은 1인칭 주어를 생략한 채 발화하는 경향이 있다는 사실을 발견한 바 있다.

셋째, 발화의 비중에 주목한다. 특정 주제에 대해 지나치게 많은 시간을 할애하여 설명하는 경우, 의도적으로 별로 중요하지 않은 정보에 관심을 유도함으로써 정작 말하고 싶지 않은 중요한 정보를 감추려는 의도가 있지는 않은지 의심해볼 수 있다.

상상 접촉

가만히 누워서도 낯선 타인과 친해지는 기술

사회심리학자들은 인간의 '편 가르기' 습성이 본능이라고 말한다. 그 본능이 얼마나 강력한지 우리는 심리학의 일명 "최소 집단 패러다임minimal group paradigm" 실험을 통해 가늠해볼 수 있다. 연구자들이 동전 던지기를 통해 초면인 사람들을 집단으로 분류한 뒤, 자신이 속한 집단(내집단)과 다른 집단(외집단) 각각에 일정 액수의 돈을 분배하도록 지시했을 때 사람들은 외집단보다는 내집단에 더 많은 돈을 배분하는 경향성을 보였다. 조금 전에 처음 만났고 아직 제대로 인사조차 못 해본 사이인데도 어느새 우리 편, 남의 편 인식이 만들어지고 만 것이다.

그런데 문제는 사람들의 본능이 단순히 편을 가르는 데 그치지 않는다는 점이다. 편을 가른 뒤 사람들은 크게 두 가지의 편향을 발동시킨다. 첫째, 앞서 최소 집단 패러다임 실험에서 살펴봤던 "내집단 선호in-group favoritism 현상"이다. 내집단 선호 현상은 자신과 집단의 정체성을 동일시하고, 집단의 가치 및 소속 구성원들을 긍정적으로 평가하려는 경향성을 말한다. 다른 하나의 현상은 "외집단 편향out-group bias"이다. 이는 내집단보다 외집단을 보다 단순하게 보며, 부정적인 방향으로 낮잡아보려는 태도를 말한다. 결과적으로 내집단 선호 현상과 외집단 편향 현상에 의거하여 집단 간 반목, 차별, 경쟁이 생겨난다. 우리가 흔히 이야기하는 고정관념과 편견 또한 여기에서 만들어진다.

실제로 '노인들은 지루하며 고리타분하다', '무슬림은 잠재적 테러리스트이다', '여성은 수학을 못한다', '남성은 섬세한 일을 못한다', '외모가 떨어지는 사람은 성격도 나쁠 것이다', '부유한 사람은 교활하다' 등 범주화된 집단에 대한 고정관념, 편견의 사례는 어렵지 않게 찾을 수 있다. 그리고 안타깝게도 여러분이 의식적으로 노력한다 하더라도 고정관념이나 편견의 영향력으로부터 자유로워지기는 힘들다. 처음 낯선 사람을 만났을 때, 우리가 그에게서 얻을 수 있는 단서는 제한적이며 주로 성별, 체격, 외모, 옷차림 등 외적 특성에 대한 정보가 두드러지는데, 이때 자신도 모르는 사이에 고정관념이나 편견의 영향을 받을 가능성이 있다.

고정관념, 편견은 중요한 사회적 문제로 취급된다. 당연하게도 모든 남성이, 모든 여성이, 모든 노인이, 모든 특정 지역 사람들이다 그런 것이 아님에도 사람들은 쉽게 고정관념과 편견에 휘둘리고 자신과 다른 집단을 미워하며 배척하려 든다. 우리나라에서도 세대 간 갈등, 지역 갈등, 성별 갈등 등 온갖 집단 간 갈등이 만연하지만, 고정관념과 편견에 대한 연구는 특히 미국 심리학자들 사이에서 매우 중요하게 다뤄지고 있는 주제이다. 다양한 인종과 민족적 정체성을 지닌 사람들이 어울려 살아가는 나라이다 보니 고정관념, 편견의 작동이 더 자주 일어나고 그로 인한 사회적 폐해도 더 클 수밖에 없기 때문이다. 심리학자들은 고정관념이나 편견이 왜 나타나는지, 어떻게 사람들의 판단 과정에 영향을 주는지, 나아가 고정관념이나 편견의 영향력을 줄이려면 어떻게 해야 하는지에 대해서도 많은 연구를 진행했다.

'막상 만나 보니까 괜찮던데?', '생각보다 사람 나쁘지 않더라', '내가 그동안 오해했었나 봐.' 처음 예상할 때는 부정적이었지만 막상 만나 보고 나니 그에 대한 선입견이 깨졌던 경험이 있을 것이다. 다른 예로 회사의 채용 과정을 한번 생각해보자. 이력서나 자기소개서 등 여러 단서들을 가지고 있음에도 '굳이' 면접이라는 절차를 두어 지원자를 직접 만나 보려는 이유는 무엇일까? 아마도 서류상으로는 화려해 보이거나 부족해 보이더라도 막상 만나 보면 다른 느낌을 받을지 모른다는 기대 때문일 것이다. 정리하면 누군가와 직접 만나 보는 행위는 고정관념과 편견을 깨는 중요한 열쇠가 될 수 있다. 어떻게 보면 정말 별것 아닌 것 같지만, 때로는 가장 단순한 것이 정답일 수 있다. 심리학자들이 "접촉 가설contact hypothesis"에 많은 관심을 보였던 이유이다. 접촉 가설이란 잘 알지 못했던 사람에 대해 가지고 있던 고정관념이나 편견이 직접 만나고 접촉하는 행위를 통해 긍정적으로 변화할 수 있다는 가설이다.

실제로 접촉 가설을 연구한 심리학자들은 고정관념과 편견의 대상이 되는 외집단 구성원과 직접 만난 뒤 대화를 나누거나, 공동의 목표를 이뤄가는 등 교류가 지속되면 그에 대한 긍정적인 평가가 높아지는 경향이 있음을 실험을 통해 밝혀냈다. 처음에는 편견의 대상이었지만 막상 교류를 하고 나니 상대방을 다시 보게 되었으며, 앞으로도 계속 알고 지내고 싶다고 응답한 사람들이 많았다.

그런데 흥미로운 점은 '간접적인 접촉'으로도 고정관념이나 편견을 허무는 효과가 나타난다는 점이다. 심리학자들은 이 개념을 가리켜 "확장된 접촉extended contact"이라고 하는데, 직접 만나지 않더라도, 예를 들어 외집단에 속한 상대방이 내집단의 우리 구성원과 친하다는 정보만을 들려줬음에도 외집단에 대한 긍정적인 평가가 향상되는 결과가 보고되었던 것이다. 어쨌든 직접 만나 보고, 아는 사람을 통해 알아보는 시도가 고정관념, 편견 해소에는 그만큼 강력한 효과를 발휘한다는 의미일 것이다.

노인, 장애인, 무슬림, 흑인 등등 다양한 배경의 사람들을 대상으로 심리학자들은 접촉 가설의 효과를 지속적으로 입증해 왔다. 하지만 접촉 가설이 갖고 있는 치명적인 한계점이 있었다. 접촉이 강력한 효과를 발휘하기 위한 중요한 전제 조건은 직접적이든,

간접적이든 일단 접촉이 성사되어야 한다는 것이다. 하지만 편견의 대상이 되는 사람들과 일상 속에서 직접 만나고 교류하는 경험을 갖기는 쉬운 일이 아니다. 생활 반경이나 직업적 제한의 영향도 있고, 무엇보다 고정관념, 편견의 대상이 되는 사람들은 그로 인한 차별과 피해를 두려워하기 때문에 적극적으로 자신의 모습을 외부에 드러내려 하지 않는다. 결과적으로 외집단과의 접촉은 고정관념이나 편견을 해소하는 강력한 수단이지만 접촉의 기회라는 현실적인 제약으로 인해 응용 가능성이 낮다는 문제가 있다. 그래서 심리학자 터너Turner와 동료들은 "상상 접촉imagined contact"을 제안하게 되었다.

상상 접촉이란, 외집단 구성원과의 직간접적 접촉 없이 단지 마음속으로 교류 과정을 상상해보는 전략을 의미한다. 실제적인 접촉이 없기 때문에 상상 접촉을 시도하는 사람의 입장에서는 평소 외집단에 대해 갖고 있던 고정관념이나 편견의 영향을 고스란히 받을 가능성이 높다. 하지만 놀랍게도 상상 접촉이 외집단에 대한 편견을 감소시키는 데 효과가 있다는 연구 결과들이 속속 발표되기 시작했다. 실험 연구에서, 상상 접촉을 실시한 사람들은 그렇지 않은 사람들에 비해 무슬림, 노인, 장애인, 다문화 가정 자녀 등에 대해 더 호의적인 평가를 내렸으며 실제로 만나 보겠다는 의사 역시 높았던 것이다. 상상 접촉이 효과를 발휘하기 위한 핵심이 되었던 부분은 상상의 구체성, 그리고 긍정적인 어조였다. 구체적으로 상상할수록, 그리고 교류 과정에서 예상되는 긍정적이고 흥미로운 부분들에 주목할수록 상상 접촉으로 인한 편견 감소의 효과가 더 커졌던 것이다.

상상 접촉의 효과가 입증되자 심리학자들은 더 다양한 종류의 편견을 가지고 실험했으며, 그중에는 외모에 대한 편견도 포함되어 있었다. 연구 결과, 재미있게도 상상 접촉은 신체적 매력에 대한 선호 또한 바꿀 수 있다는 사실이 밝혀지기도 했다. 즉, 상상 접촉을 시행한 경우, 그렇지 않은 조건에 비해 신체적 매력이 낮은 이성에 대해 호감을 표시하는 경향이 더 크게 나타났던 것이다.

사람들은 고정관념이나 편견이 평생을 가는 것이라 생각하지만, 이렇듯 생각보다 손쉬운 방법으로 세상을 향해 쌓아둔 벽을 무너뜨릴 수 있다. 아주 잠깐 시간을 내어 낯선 사람과의 친밀한 만남을 상상해보는 것만으로도 마음은 훨씬 유연해진다.

집단사고의 함정

사공이 많으면 배가 산으로 가는 이유

'반박 시 당신 말이 옳습니다', '반박 시 니 말이 맞음(줄여서 '니말맞').' 최근 인터넷에 주장, 설명하는 글을 읽다 보면 말미에 이와 같은 표현이 적혀 있는 사례를 종종 보게 된다. 인터넷상에서 빈번하게 진행되는 각종 논쟁이나 시비에 휘말리고 싶지 않은 이들이 논쟁을 원천 차단하기 위해 쓰는 표현이다. 여기에는 처음부터 논쟁을 거부했던 것은 아니지만, 아무리 객관적인 근거와 논리적 자세로 대응해도 사그라들지 않는 인터넷 속 논쟁에 염증을 느낀 사람들의 마음을 대변하는 듯한 뉘앙스가 담겨 있다.

그런데 왜 이와 같은 표현이 유행하게 된 것일까? '반박 시 당신 말이 옳습니다'라는 표현에 공감하는 사람들은 그 안에 어떤

'일침'이 담겨 있다고 말한다. 어차피 장황하게 팩트 체크해 가며 설명해도 보고 싶은 것만 보고, 듣고 싶은 것만 듣고, 하고 싶은 말만 할 거면서 구태여 논쟁을 하려는 이유가 무엇이냐는 문제 제기이다.

벌써 수십 년 전 일이지만 모뎀을 통해 PC통신에 접속하고, 야후나 라이코스, 한미르, 엠파스 등 포털 사이트를 구경하며 인터넷의 세계에 비로소 발을 내디뎠던 기억이 지금도 생생하다. 당시 인터넷은 사람들에게 새로운 가능성이자 희망이었다. 물리적 제약을 넘어 언제 어디에서든 인터넷에 접속해 자유롭게 정보를 공유하고 각종 의사결정에 참여하는 모습을 그리며 '정보 격차의 해소와 평등', '그 누구와도 소통하고 토론할 수 있는 자유로운 분위기', '진정한 직접 민주주의의 실현' 등을 꿈꿨다.

하지만 현실은 그렇게 녹록치 않았다. 익명의 힘을 빌려 온갖 외설적인 말, 남에게 상처를 주는 말, 근거 없는 말들이 쏟아졌고 이들은 실시간으로 인터넷 세상에 빠르게 퍼져 나갔다. 사람들은 저마다의 기호에 따라 소그룹을 만들었고, 커뮤니티를 만들어서 '우리 편'과 '남의 편'을 형성했다. 실체 없는 말들은 다수의 지지를 등에 업어 더욱 커졌고, 이렇게 극단화된 의견과 의견이 소모적으로 맞부딪치는 것이 인터넷 세상에서 흔히 볼 수 있는 광경이 되었다. 이기기도 어렵고, 이겨 봐야 얻을 것도 없는 논쟁들이 범람하는 환경에서 사람들이 '반박 시 당신 말이 옳습니다'라는 표현을 꺼내 든 것은 어찌 보면 자연스러운 수순이었을지도 모른다.

비단 인터넷에서만 한정되는 것은 아니다. 사람들은 토론이나 회의에 모종의 환상을 갖고 있다. 예를 들면 혼자 결정하는 것보다는 여럿이 모여 머리를 맞대는 것이 더 나은 결정을 이끈다는 착각이 있다. 하지만 '사공이 많으면 배가 산으로 간다'고 하듯, 다수에 의한 의사결정이 언제나 옳은 것은 아니다. 민주주의 제도의 단점으로 흔히 지적되는, 어리석은 다수의 의견에 따라 좌지우지되는 '중우정치' 또한 같은 맥락인데, 심리학자들은 집단의 의사결정을 맹신하는 현상을 가리켜 "무오류 환상"이라는 표현을 쓰기도 한다. 다음으로 "만장일치의 환상"이라는 것도 있다. 집단적 의사결정 과정에서 만장일치를 추구하는 경향이 있는데, 때로는 이 욕구가 너무 강한 나머지 구성원들의 침묵을 곧 암묵적 동의로 착각해 버리기도 한다는 것이다.

그 밖에 심리학자들은 집단 구성원들끼리 기호, 가치관, 태도, 신념 등이 동질적이거나, 동조 압력이 거세서 반대 의견을 쉽게 제기할 수 없는 환경 등의 조건이 갖춰지면 집단의 의견이 한쪽 방향으로 급격하게 기울어지며, 해당 의견을 지지하는 강도 역시 더욱 세진다는 점을 발견했고, 이 현상을 가리켜 "집단극화group polarization"라고 명명했다.

한번 의견이 편향되기 시작하면 이를 되돌리는 일은 점점 더 힘들어진다. 서로의 생각이 비슷하다는 것을 확인한 구성원들은 이제 거리낌 없이 마음속에 감춰뒀던, 그 의견에 동조하는 여러 가지 근거나 생각들을 내어놓게 된다. 마치 '스터디 그룹'처럼 서로가

서로의 생각을 듣고 학습하는 과정이 반복되고, 그러는 사이 집단의 의견은 더욱 한쪽으로 치우치는 결과를 낳게 된다. 집단의 의견에 부정적인 구성원도 있을 수 있지만 이쯤 되면 별다른 영향력을 발휘하기 어렵다. 굳이 누군가 나서서 요구하지 않더라도 알아서 눈치껏 반대 의견을 감추는 '자기검열' 행위가 나타나기 때문이다.

심리학자들은 집단극화를 설명하며 심리학자 타즈펠Tajfel과 터너Turner의 "사회 정체성 이론social identity theory"을 언급한다. 사회 정체성 이론에서는 인간의 내면에 편을 가르고, 내 편(내집단)을 선호하고, 다른 편(외집단)을 배척하고자 하는 본능이 있다고 말한다. 사람들은 자기소개를 할 때 가족, 학교, 회사 등 자신의 소속을 중심으로 설명하는 경향이 있는데, 이는 사람들이 자신의 소속 집단(내집단)을 토대로 자신의 정체성을 규정한다는 의미가 된다. 따라서 소속 집단을 찾고, 구성원으로서 인정을 받는 일은 자기 자신의 존재 의미를 확인하는 것과도 마찬가지이다.

그렇다면 사회 정체성 이론은 집단극화 현상과 어떤 연관이 있을까? 답은 간단하다. 집단에 대한 소속감은 의견의 편향을 더욱 심화시키는 역할을 한다. 소속 집단에 반기를 드는 일은 자신의 정체성이 부정당할지 모르는 위협을 감수하는 것과도 같다. 결국 동조압력을 느끼는 구성원들은 소속 집단의 의견에 반대하길 주저하게 되고 만다.

그렇다면 회의하는 것보다는 혼자 결정하는 것이 낫다는 말인가? 꼭 그렇지만은 않다. 사실 회의의 순기능도 만만치 않다. 여러

분도 짐작하겠지만 회의는 무엇보다 여러 사람들의 다양한 의견을 청취할 수 있다는 장점이 있다. 혼자서는 주관에 치우치기 쉽지만, 회의에서는 여러 사람의 생각을 고려하여 생각의 균형을 맞추고, 미처 예상하지 못했던 부분들을 보완할 수 있다. 하지만 회의의 장점을 발휘하기 위해서는 집단극화 현상을 예방하기 위한 대책 마련이 필요하다. 여러 사람이 모였음에도 생각보다 다양한 의견이 나오지 않을 때, 높으신 분의 의견에 따라 일방적으로 결론이 내려지는 일이 반복될 때, 서로 맞장구만 치다가 어느새 회의 내용이 산으로 가고 있다는 느낌이 들 때, 왜 이런 '편향성'이 발생하게 되는지 고민해볼 필요가 있다.

집단극화를 연구하는 심리학자들은 생산적인 회의를 위해 "악마의 대변인devil's advocate" 역할을 하는 구성원이 적어도 한 명은 있어야 한다고 조언한다. 악마의 대변인 역할을 맡은 사람은 시종일관 비판자 역할을 한다. 개별 의견은 물론, 다수의 합의 과정을 거친 결론에 대해서도 의도적으로 반기를 들고 다른 대안을 던지는 것이다.

그리고 회의에서 최대한 많은 의견을 수렴하길 원한다면, 구성원들에게 회의의 주제를 회의 전에 미리 공유하고, 각자 해당 주제에 대한 의견을 충분히 적어서 가지고 들어오도록 하는 전략이 도움이 될 수 있다. 회의 도중이라면 동조압력이나 상사-부하 관계 등 위계에 대한 부담으로 의견을 그저 속으로 삼키는 경우가 발생할 수 있지만, 회의 전 상황이라면 구성원들이 덜 부담을 가질 수 있다. 경우에 따라서는 동조압력을 더욱 줄이기 위해 익명으로 의견을 수집하는 절차를 거치기도 한다.

끝으로 만장일치의 부담감을 내려놓은 채 회의에 임하는 전략도 도움이 될 수 있다. 결론을 내리지 않아도 괜찮다는 심리적 여유를 주면, 사람들은 상대적으로 부담 없이 자신들의 의견을 개진할 수 있다. 프로젝트 여건상 결론을 내려야 하는 회의라 하더라도, 만약 여러 의견이 충분히 고려되지 못하거나 마라톤 회의로 인해 과열되는 경우에는 일단 결론을 내리지 않은 채, 다음 회의를 도모하는 식으로 편향된 집단 의사결정의 가능성을 줄일 수 있다.

공공 재화 게임

어제의 적을 오늘의 아군으로 만드는 방법

'우리는 이제 한 배를 탄 거야.' 영화나 드라마에서 자주 등장하는 표현으로, 이전에는 비록 서로 반목하던 사이였지만 외부의 적이나 이해관계 등 공동의 목적에 따라 협력하게 된 상황을 지칭한다. '배를 탔다'는 비유를 통해서 볼 때, 이 표현은 아마도 고사성어 오월동주吳越同舟에서 유래한 것일 가능성이 높아 보인다. 오월동주는 직역하면 '오나라 사람과 월나라 사람이 같은 배를 탔다'는 의미인데, 서로 적대시하던 두 사람일지라도, 배가 뒤집히려 하는 위기 상황에서는 서로에 대한 반감을 거두고 합심하여 위기를 타개하려 노력하기 마련이라는 뜻을 담고 있다. 실제로는 어떨까? 고사 속 오월동주와 같은 상황이 실제로 일어날 수 있을까?

위협 상황에서 동료를 찾고 힘을 합치는 것은 사람의 본능이다. 사람은 위기를 느끼면 본능적으로 움츠러든다. 그리고 적극적인 협력을 통해 문제 해결을 모색한다. 이는 비단 사람에게만 한정된 이야기는 아닌 것이, 군집 생활을 하는 여타 동물들도 위기 속에서 똘똘 뭉치는 모습을 보여준다.

심리학자들은 오래전부터 이렇게 위기를 통해 협력이 유도되는 현상에 관심을 가져 왔으며, 여러 방면으로 논의를 전개해 왔다. 구체적으로 크고 작은 위협 상황이 닥쳤을 때 사람들이 어떻게 행동하는지, 개인의 의사결정 방식이 어떻게 달라지는지 이해하고자 노력해 왔다. 예를 들어 심리학자 로요프스카Lojowska, 그로스Gross와 드류Dreu는 개개인에게 가해지는 위협이 어떻게 사람들을 뭉치게 하는지 실험적으로 검증하기 위한 연구를 수행했다. 이를 위해 연구자들이 채택한 위협은 다름 아닌 '전기충격'이었다. 진행자는 실험 집단 참여자들의 약지와 소지 끝에 작은 전극을 부착한 뒤, 살짝 불쾌감이 들 수 있지만 고통을 경험하지는 못할 정도의, 약한 전기충격을 가했다. 반면 통제 집단의 참여자들은 어떠한 전기충격도 받지 않았다.

각 조건의 참여자들은 이어 공통적으로 이익 분배에 관한 집단 과제에 참여하게 되었다. 일명 "공공 재화 게임public-goods game"이라 불리는 이 과제에서, 각 참여자들에게는 일정 금액이 공평하게 분배되었고, 참여자들은 자신이 속한 집단의 이익을 위해 자신의 몫에서 원하는 부분만큼 할애하여 기부할 수 있었다. 물론 이 과정은 익명으로 진행되었고 참여자들은 서로의 선택 결과를 알 수 없었기 때문에 각 참여자들은 기부를 택하는 대신, 자신의 몫을 그대로 가지고 있어도 무방했다. 선택을 마친 이후에는 기부금 총액(의 1.5배)을 각 참여자들이 균등하게 나눠 갖도록 되어 있었다.

이 게임에서 개인이 가장 이익을 극대화할 수 있는 선택은 바로 '무임승차'였다. 자신의 몫을 전혀 내어주지 않으면서 기부금 총액의 분배액을 가져가는 전략이 가능했던 것이다. 연구자들은 이와 같은 환경 하에서 위협 조건(전기충격 유무)에 따라 사람들이 얼마나 협력적으로 게임에 참여했는지를 분석했다. 그리고 연구 결과, 놀랍게도 전기충격에 노출되었던 집단이 통제 집단에 비해 자신의 몫을 더 많이 기부했으며 무임승차의 비중 또한 적었던 것으로 나타났다. 불과 실험실에서 인위적으로 만들어 낸 전기충격이라는, 간단한 위협만으로도 협력적 행동이 유도된 것인데, 이는 그만큼 위협 속에서 뭉치고자 하는 사람의 습성이 무척 강력하다는 점을 방증하는 결과라 할 수 있다.

하지만 심리학자들은 위협을 통한 협력이 언제나 유효하지는 않다고 말한다. 가령 심리학자 엥겔만Engelmann은 '일단 나라도 살고 보자'는 심리가 발동하여 집단보다는 자기 자신의 이익을 최대화하고 자기 보호에만 집중하는 등 위협 상황이 오히려 개인을 더 이기적인 방향으로 행동하도록 만들 수 있다고 주장했다.

결과적으로 위협을 통한 결집을 유도하기 위해서는 몇 가지 추가적인 조건들을 더 고려할 필요가 있을 듯하다. 만약 그 누구도 피할 수 없는 위기라면, 그리고 자신의 기여가 위기 해결에 도움이 될 수 있다는 확신이 있다면 사람들은 기꺼이 위기 속에서 협력을 도모할 것이다. 하지만 굳이 협력이 필요하지 않은 상황(혹은 그렇게 믿어질 경우)이라면, 자신이 협력한들 상황이 나아질 것이라는 기대가 없다면, 위기가 닥치더라도 사람들은 뭉치려 하지 않을 것이다.

앞서 살펴보았던 로요프스카와 동료들의 연구에서는 위협 상황에서의 협력을 촉진하기 위한 또 한 가지 흥미로운 단서를 제시했는데, 그것은 바로 '개인차의 가능성'이다. 즉, 사람(의 성격)에 따라 위기 상황에 더 민감하게 반응하고 협력을 선택하는 사람도 있고, 심드렁하게 반응하며 협력에 소극적인 사람도 있을 수 있다는 것이다. 이 가능성을 확인하기 위해 연구자들은 실험의 앞부분에서 참여자들의 "사회적 가치 지향성social value orientation"을 측정하였고 연구 결과, 평소 자기 이익을 우선하는 개인주의적인 성향을 가진 사람들보다는 협력적, 이타적인 성향을 가지고 있던 사람들이 공공 재화 게임에서 더 많이 기부하는 경향성이 관찰되었다.

정리해보자. 이처럼 긴장과 위협은 사람들의 협력을 이끌어내는 효과적인 도구로 기능할 수 있다는 것이 심리학자들의 설명이다. 심지어 위협 상황에의 노출은 수십, 수백 명을 넘어 더 많은 사람들을 협력하게 하는 수단으로 작동하기도 한다. 예를 들어 기후 문제, 환경 문제 등 전 지구적 위협은 국가 차원을 넘어, 인류 단위로 협력 촉진을 유도하기도 한다. 2010년대 후반에 촉발되어 전 세계를 강타했던 코로나19 팬데믹 사태 역시 전 세계인들에게 인류로서의 공동 운명체 인식을 자극하고 평소라면 상상할 수 없을 만큼의 국가 간 대규모 협력을 이끌어내지 않았던가.

실제로 외부의 적이나 공동의 목적을 상정하여 단합을 도모하는 것은 예로부터 정치가들의 매우 흔한 전략 중 하나였다. 지금도 정치가들의 연설을 들어보면 상호 간 협력과 연대의 필요성을 강조하면서 그 근거로 주변 나라들과의 긴장 관계, 경제 위기, 외교 문제 등 국가적인, 거시적인 이슈를 제기하는 것을 알 수 있다. 정치가가 아니더라도 우리 주변에서 흔히 볼 수 있는 직장 내 리더들도 구성원들의 팀워크를 유도하기 위해 시장 분위기, 경쟁사 동향, 심지어 사장님의 불편한 심기 등 여러 방면으로 공동의 위협을 제시하면서 단합을 유도하는 장면을 흔히 볼 수 있다.

도덕적 점화

얼음장 같은 마음까지 녹이는 설득 기술

'지구가 아파요.' 필자가 대학원에 다니고 있던 무렵, 점심을 먹으려 학생식당에 가니 배식대 근처에 '지구가 아파요'라는 카피와 함께 울상 짓고 있는 지구의 얼굴(?)이 그려진 종이가 붙어 있었다. 아마도 잔반을 줄이기 위한 방법을 고심하다 붙게 된 메시지였으리라. 어쩌면 여러분도 공감할지 모르겠는데, 지구가 아프다는 설득 메시지는 어디서나 무척 흔히 볼 수 있었다. 특히 어렸을 때 환경보호 캠페인 같은 데에서 자주 볼 수 있었다. 솔직히 어른들에게는 너무 익숙한 메시지라 설득의 효과가 있을지는 의문이지만, 그럼에도 '지구가 아파요' 메시지가 롱런하는 데에는 나름의 비결이 있지 않을까?

설득력이 높은 메시지에는 어떤 특징이 있을까? 심리학자들의 연구에 따르면, 피해에 대한 직관적인 인식, 강한 감정 반응 유도, 상호 호혜성, 권위에 의존하기, 도덕에 호소 등 여러 가지 다양한 전략들이 설득 메시지의 효과 향상에 기여하는 것으로 알려져 있다.

그러면 '지구가 아파요'에는 어떤 전략이 숨어 있을까? 먼저 누군가 '아프다'는 메시지는 사람들의 슬픔, 동정심 등 감정 반응을 유도하기 쉽다. 그리고 주제가 되는 환경 보호는 생명 존중의 원칙, 미래 세대에 대한 책임, 지속 가능한 발전 등 도덕적인 함의와 무척 깊은 연관을 가지고 있다. 정리하자면 '지구가 아파요'는 독자의 심금을 울리는 한편, 무엇보다 독자의 양심에 호소함으로써 설득력을 확보하게 되었고 오래도록 생명력을 이어가고 있지 않은가 싶다. 이처럼 설득을 위해 도덕적 의미를 강조하는 전략을 가리켜 심리학자들은 "도덕화moralization"라고 한다. 새로운 AI기술에 반대하면서 만약 누군가가 'AI기술이 인권과 자유의 침해를 불러올 수 있다'고 주장한다면 이는 도덕화된 설득 메시지의 대표적인 사례라고 할 수 있겠다.

도덕화 전략은 어떤 사안에 대한 도덕적 함의를 생각해보지 않은 사람들에게는 무척 효과적인 전략이 될 수 있다. 설득 메시지가 가리키는 대로 행동하는 것이 착하고 올바르다면, 그것이 사회 정의에 기여할 수 있다면 마다할 사람이 누가 있겠는가. 하지만 도덕화 전략이 만능열쇠라 하기는 어려운데, 그 이유는 세상에는 너무

나 많은 도덕적 가치들이 존재하며, 이것들이 서로 충돌하는 경우가 잦기 때문이다. 진보주의와 보수주의, 경제 성장 위주의 정책과 분배 위주의 정책, 다수 위주 정책과 사회적 약자와 소수자 위주의 정책 등 찬성 측과 반대 측 모두 나름의 도덕적 명분으로 무장하고 있어서 쉽게 옳고 그름을 판단할 수 없는 문제들이 부지기수이다. 이런 상황에서 어느 한쪽의 도덕적 의미를 주장해봤자 효과는 적다. 도덕화 전략의 본질은 선한 사람, 정의로운 사람이 되고자 하는 사람의 욕망을 충족시키는 일인데, 이미 도덕화된 태도를 가진 사람은 이전에 형성한 자신의 도덕적 신념, 가치관 등을 통해 그 욕망을 충족시키고 있기 때문이다.

그래서 심리학자들은 도덕화된 태도, 즉 실용적인 논리보다는 나름의 도덕과 원칙에 따라 찬성/반대를 선택한 사람들을 설득하는 일은 무척 어렵다고 말한다. 만약 개인의 이익 때문에 찬성/반대하는 것이라면 더 많은 돈, 이익을 보장하는 것으로 그들의 입장을 바꾸게 할 수 있다. 하지만 도덕, 신념은 소위 돈으로 쉽게 대체할 수 있는 것이 아니다. 특히 오래전부터 개인이 형성해 온 좌우명, 가치관 등은 그의 삶과 정체성을 규정하는 중요한 개인의 일부분이어서 더더욱 타협이 어렵다.

이런 특성 탓에, 도덕화된 태도를 갖춘 사람들은 이분법적 사고에 갇히기 쉽다는 문제점이 있다. 도덕화된 개인은, 자신이 믿고 주장하는 바가 선이요, 정의라고 믿기 쉽다. 그리고 자신의 주장에 반대하는 사람들은 '틀렸다'고 생각할 수 있다. 이분법적 사고 안에서 타협이란 가당치 않은 일이다. 내 말이 백번 맞는데, 타협의 여지가 어디에 있단 말인가? 이러한 맥락에서 공교롭게도 도덕화된 태도는 자신의 의견에 반대하는 이들에 대한 분노, 혐오와 같은 부정적 감정을 낳는 원인이 되기도 한다.

그렇다면 도덕화된 태도를 바꾸게 만들 방법은 없을까? 앞서 설명했듯 이 문제를 연구하는 심리학자들은 기존의 도덕화 전략, 즉 설득 메시지에 도덕적 함의를 부여하는 전략은 그다지 효과적이지 않다고 말한다. 그보다는 설득 대상이 평소 중요하게 생각하는 도덕적 원리가 무엇인지 파악하여 그에 직접 대응하는 전략이 더 효과적이라고 설명한다. 이를 위해 연구되었던 설득 전략이 바로 "도덕적 점화moral framing"였다.

도덕적 점화란 상대방의 입장이나 행동이 사실은 도덕적이지 않을 수 있다는 점을 강조하여, 그의 신념을 무너뜨리거나 혼란을 유도하는 전략이다. 예를 들어 재활용 정책에 찬성하는 사람에게, 재활용 품목을 처리하는 과정에서 화학 물질이 사용되며 이것이 토양, 물, 공기 등을 오염시킬 수 있다는 사실, 재활용 처리에 소요되는 비용의 문제가 크다는 사실 등을 알려주면 기존의 도덕화된 태도가 약화될 가능성이 높아진다.

이뿐만 아니라 "도덕적 재점화moral reframing" 역시 도덕화된 태도를 바꾸는 데 활용할 수 있는 유용한 전략이다. 도덕적 재점화 전략에서는 설득 메시지를 따르는 행위가 오히려 그들의 도덕적 신념에 부합하는 것임을 강조한다. 한 정치심리학 실험 결과에 따르면, 보수 진영 대통령 후보를 지지하는 보수주의자들에게 해당 대통령 후보가 조국에 대한 충성이라는 보수적인 가치 측면에서 후보로서 적합하지 않다는 메시지를 읽도록 하였을 때 해당 후보에 대한 지지가 줄어드는 현상을 발견했다. 마찬가지로 진보 진영 대통령 후보에 대해서도 진보적인 가치를 고려한 반대 메시지를 읽도록 하였을 때 진보주의자들의 지지 성향이 감소하는 결과가 나타났다. 이러한 현상이 나타난 이유는 오히려 그들이 선호하던 후보에 대한 지지를 철회하는 행위야말로 그들이 가진 보수적/진보적 신념을 지키는 것임을 알려주는 메시지 덕분이었다. 그 외에도 다른 연구에서는 경제 성장을 중요하게 생각하는 사람에게 '환경 보호야말로 경제 성장에 도움이 된다'는 메시지를 제시했을 때 설득의 효과가 커진다는 점을 발견했다.

정리해보자. 어떤 사안의 도덕적인 의미를 강조하는 것은 효과적인 설득 전략의 하나이다. 하지만 도덕적인 의미를 새롭게 인식시키는 도덕화 전략은 이미 도덕화된 태도를 갖춘 사람들에게 그다지 효과적인 전략은 아니다. 도덕화된 태도로 인해 나타날 수 있는 완고한 태도, 이분법적 사고 등의 위험성을 낮추기 위해서는 상대방의 도덕 원칙을 흔들거나(도덕적 점화), 신념을 지킬 수 있는 더 나은 대안(도덕적 재점화)을 제시하는 것이 효과적일 수 있다.

3장

나도 몰랐던 나를 알아내는 방법

자기연속성

야심 차게 세운 계획이 실패하는 이유

누르기만 하면 약 1,000만 원이 나오는 버튼이 있다. 원한다면 몇 번이든 버튼을 눌러 그에 상응하는 더 많은 돈을 가질 수 있다.

단, 버튼을 한 번 누르는 순간, 정신이 어디론가 강제로 이동하게 되며 아무것도 존재하지 않는 곳에서 무려 5억 년의 시간을 보내야만 한다. 그 시간 동안 수면을 취하거나 죽는 등 의식을 잃는 선택지는 없다.

하지만 5억 년이 되자마자 정신은 원래 현실 세계로 돌아오게 된다. 시간도 버튼을 누르던 당시 그대로이며, 몸도 멀쩡하다. 자신이 알 수 없는 곳에서 5억 년을 보냈다는 기억조차 완전히 사라져, 말 그대로 버튼만 눌렀을 뿐인데 '즉각' 거금이 생기는 경험을 할 수 있게 된다. 만약 눈앞에 '5억 년 버튼'이 놓여 있다면 여러분은 어떻게 하겠는가?

이 내용은 일본의 만화가 스가하라 소타가 그린 만화의 줄거리로, 국내에 우연히 소개된 이후 많은 누리꾼들의 폭발적인 관심을 받았다. '5억 년'이라는, 인간의 인식 범위를 아득히 초월하는 시간이 가져다주는 공포감도 매력적이었지만 무엇보다도 만약 자신이 이 만화의 주인공이라면 '5억 년 버튼'을 누를지, 말지에 관해 의견이 매우 분분했다.

'5억 년'이라는 아득한 과정 속에서 겪게 될 공포를 염려하여 누르지 않겠다는 의견과, 그럼에도 결과적으로는 아무런 후유증을 남기지 않으며 막대한 돈을 가질 수 있기 때문에 여러 번이라도 누를 수 있다는 의견이 첨예하게 대립했다.

5억 년 버튼 만화는 매우 진부한, 하지만 무척 근원적인 질문을 던진다. 바로 '나는 누구인가?'라는 질문이다. 만화 속에서는 최소 두 시점의 '나'가 등장한다. 버튼을 누르는 시점의 '나'와 5억 년을 경험하는 시점의 '나'가 있다. 그리고 버튼을 누를 것인가의 선택은 두 시점의 '나'를 동일인으로 간주하느냐, 아니냐에 달려 있다.

만약 5억 년을 경험하는 '나'를 별개의 대상으로 간주한다면 기꺼이 버튼을 누르는 선택을 할 수 있다. 5억 년 이후 완전한 기억의 소실이라는 조건이 붙는 만큼 두 자아 사이의 단절은 분명하기 때문이다.

하지만 버튼을 누르는 '나'와 5억 년을 경험하는 '나'를 같은 대상으로 간주한다면 버튼을 누르는 선택을 하기 어렵다. 미래의 나 자신이 받게 될 고통이 무엇보다 두렵기 때문이다. 기억의 소멸이 일어난다고 해도 5억 년간의 '나'는 분명한 '나'이기에, 고통을 겪었던 그 사건 자체가 없어지는 것은 아니다.

흥미롭게도 '나'의 동일성에 관한 5억 년 버튼의 질문은 심리학의 "자기연속성self-continuity"이라는 개념과도 연관이 있다.

자기연속성이란 과거의 나와 현재의 나, 그리고 미래의 나 자신이 서로 연결되어 있다고 믿는 정도를 의미하는 심리학 개념이다. 과거, 현재, 미래의 세 시점이 존재하기 때문에 심리학자들은 자기연속성을 세 종류로 구분하기도 한다. "과거-현재 연속성", "현재-미래 연속성", 그리고 이들을 모두 아우르는 "과거-현재-미래 연속성"이다.

자기연속성에 관한 심리학 연구들은 우리에게 매우 흥미로운 통찰을 전해준다. 과거, 미래 등 시점이 달라지면 비록 생물학적으로는 동일한 나 자신이더라도 마치 타인인 것처럼, 낯설다고 느낀다는 점이다. 심리학자들은 현재의 자기 모습을 떠올릴 때 활성화되는 뇌의 부위와, 미래의 자기 모습을 상상할 때 활성화되는 뇌의 부위가 서로 다르다는 점을 밝혀낸 바 있다.

사람들은 누구나 계획을 세운다. 특히 새해가 되면 다이어트하기, 자기 계발하기, 투자하기 등 여러 가지 장기적인 계획을 세우기 일쑤이다. 하지만 야심 차게 마련한 장기 계획을 성실하게 실천하기란 정말 쉽지 않은 일이다. 먼 미래에 이룰 수 있는(그마저도 불확실한) 보상, 성취를 기대하며 현재를 '희생'하기에는 당장 내 눈앞에 펼쳐진 유혹들(맛있는 음식, 놀거리 등)을 떨쳐 내기가 너무 어려운 것이다.

우리는 왜 미래의 계획을 포기하게 될까? 우리는 어째서 단기적인 유혹에 쉽게 빠지고 마는 것일까? 자기연속성을 연구하는 심리학자들은 아마 다음과 같이 말할 것이다. "그것은 현재의 나 자신과 미래의 나 자신이 서로 친하지 않기 때문이다."

실제 연구 결과에 따르면 사람들마다 자기연속성 수준의 개인차가 있다. 그리고 "현재-미래 자기연속성"이 높은 사람일수록 저축하고, 자기 계발하고, 운동하는 등 미래지향적인 행동을 하는 경향성이 높아진다. 반면 자기연속성이 낮은 사람은 현재의 나 자신과 미래의 나 자신을 다른 대상으로 간주하며, 낯선 타인에 가까운 미래의 나보다는, 현재의 나를 위한 단기적인 보상에 집중하게 된다.

그렇다면 발상을 바꿔서 만약 자기연속성을 인위적으로 유도하게 되면 미래지향적인 행동을 촉진할 수도 있지 않을까? 심리학자들은 이 가설을 실험으로써 훌륭히 증명해 냈다. 컴퓨터 CG 기술을 활용해 현재의 내가 늙고 나면 어떤 모습이 될지, 가상의 이미지를 제작하여 실험 참여자들에게 보여주었더니 "현재-미래 자기연속성"이 증가하고, 이것이 미래지향적인 행동으로 연결된 것이었다.

또한 심리학자들은 자기연속성을 향상시키기 위해 일상에서 시도할 수 있는 방법들을 몇 가지 제안했다. 가장 간단한 방법은 상상의 힘을 이용한 것으로, 현재의 나 자신과 미래의 나 자신이 동일한 존재임을 인식하고 마음속으로 미래의 나 자신의 구체적인 모습, 특징을 상상해보는 것이다. 미래의 나 자신이 받아 본다고 가정하고 편지를 써 보는 것도 "현재-미래 자기연속성"을 높이는 효과적인 방법이다. 특히 편지를 받게 될 미래의 나 입장에서 현재의 나에게 답장을 보낸다면 더욱 효과는 커진다.

요즘 국내 관광지에 가 보면 '느린 우체통'이란 것이 설치되어 있는데, 며칠 이내로 도착하는 일반 우편과는 달리 느린 우체통에 접수된 우편은 1개월~1년이 지난 이후에야 받아볼 수 있다. 1년 후 나에게 편지를 적어 보내는 일은 그 자체로도 인상적인 추억이 되기도 하지만, 동시에 현재의 나와 미래의 나를 서로 가깝게 이어주는 소중한 기회가 될 수도 있을 것이다.

한편 "현재-미래 자기연속성" 못지않게 "과거-현재 자기연속성" 또한 통합된 '나'라는 정체성을 구성하는 데 무척 중요한 요소이다. 세디키데스Sedikides 등 심리학자들은 노스텔지어nostalgia(우리말로는 '향수')의 정서가 "과거-현재 자기연속성"을 촉진시킨다고 설명한 바 있다.* 노스텔지어는 어린 시절, 고향 등을 그리워하는

* Sedikides, C., Wildschut, T., Routledge, C., & Arndt, J. (2015). Nostalgia counteracts self-discontinuity and restores self-continuity. *European Journal of Social Psychology, 45*(1), 52–61.

정서로, 애잔하면서도 대체로 따뜻하고 아름답게 인식되는 긍정적인 정서이다.

추억에 잠기다 보면 과거의 행복했던 일들은 더 행복하게, 불행했던 일들은 덜 불행하게 인식되는 경향이 있다. 이는 일종의 '추억 편향'으로서, 과거의 나 자신을 더 친숙하고 가깝게 느끼도록 만들며 결과적으로 과거의 나와 현재의 나를 이어주는 역할을 한다.

만약 당신이 조금 더 계획적이고 생산적인 삶을 살고 싶다면 "현재-미래 자기연속성"을, 자존감을 높이고 단단한 자아정체성을 획득하고 싶다면 "과거-현재 자기연속성"을 강화하도록 해보자. 과거의 나, 그리고 미래의 나와 친해질수록 당신의 삶은 조금 더 건강하게 변화할 것이다.

자기자비

타인이 아닌 나에게 먼저 자비로워야 한다

A씨는 어느 날, 중요한 발표를 준비하느라 밤늦게까지 일했다. 그 탓에 평소보다 늦은 시간에 눈을 떠 다급하게 출근한 A씨는 이번 발표로 인한 부담감과 긴장감에 빠져 있었다. 그런데 엎친 데 덮친 격으로, 발표를 준비하던 사무실에서 A씨는 커피를 따르다가 자신의 발표 자료를 흠뻑 적시고 말았다. 대부분의 사람들은 커피를 쏟자마자 자책하고, 머리끝까지 스트레스가 차올랐을 것이다. 하지만 이때 A씨는 깊게 숨을 들이마시며 조용히 자리에 앉았고, 마음속으로 '잘할 수 있어. 이런 실수도 있을 수 있는 거야. 누구라도 할 수 있는 실수인 거지. 지금 당장은 힘들지만, 결국 넓게 생각해보면 이 또한 지나가고 말 일이야'라고 되뇌었다. 어떻게 A씨는

이토록 침착하게 스스로를 이해하고 위로할 수 있었을까? 이는 심리학의 "자기자비self-compassion" 개념과 관련이 있다.

심리학자 네프Neff는 불교의 "자비慈悲" 개념으로부터 영감을 받아 자기자비라는 새로운 심리학 이론을 제안했다. 자비의 사전적인 의미는 '남을 깊이 사랑하고 가엾게 여김. 또는 그렇게 여겨서 베푸는 혜택'인데, 자기자비는 자비의 대상이 자기 자신을 향한다. 즉 자기자비는 자신의 고통과 실패를 포용하고 이해하는 능력이다.

구체적으로 자기자비는 세 가지 특징을 갖고 있다. 첫 번째는, "자기 친절self-kindness"이다. 자기 친절이란 자신의 단점이나 한계, 고통스러운 경험 등을 무조건적으로 이해하고 받아들이는 과정이다. 자기 친절에는 '평가'나 '당위'라는 개념이 포함되지 않는다. 즉 잘잘못에 대한 판단 없이, '~해야 한다'는 비판도 없이, 그저 자신의 모습을 있는 그대로 수용하는 것이다.

두 번째는 "보편적 인간성common humanity"이다. 나의 실패나 고통은 비단 나 자신만의 특별한 경험은 아니다. 비록 디테일은 다를지라도 누구나 불행한 일을 겪으며, 누구나 한계점을 갖고 살아간다. 보편적 인간성이란 곧 같은 인간으로서 경험하는 동질감이다. 이를 깨달으면 현재의 고통이나 불안이 완화되는 느낌을 경험할 수 있다. 흔히 우리는 서로에게 다음과 같은 조언을 건네지 않았던가. '괜찮아~ 나도 그랬어', '살다 보면 누구나 힘든 시기가 있어', '다른 사람들도 다 그렇게 살아가'와 같은 조언 말이다.

끝으로 세 번째는 "마음챙김mindfulness"이다. 마음챙김은 관점의 변화와 관련이 있다. 1인칭 주인공 시점이 아닌 3인칭 관찰자의 시점으로 자기 자신 및 자신이 처한 상황을 바라보는 것이다.

우리가 고민으로부터 잘 헤어나지 못하는 이유 중에 하나는 그 상황에 지나치게 몰입해 있기 때문이다. 한 가지 고민에 깊게 빠지면 자연스럽게 시야도 좁아지고, 그 문제가 세상의 모든 문제인 것만 같은 깊은 부담감에 짓눌리기 쉽다. 그래서 우리에게는 거리를 두는 과정이 필요하다. 마치 나의 일이지만 나의 일이 아닌 것처럼, 한 발짝 떨어져서 보다 객관적으로 사태를 이해하고 냉철히 해결책을 모색하는 것이 도움이 된다.

자기자비를 연구하는 심리학자들은 자기자비의 마음가짐을 갖는 것이 여러 심리적 적응과 관련이 있음을 입증해 보였다. 예를 들어 한 실험에서 참가자들은 8주 동안 자기자비 훈련을 받았는데 결과적으로, 자기자비 훈련을 받은 그룹은 대조 그룹에 비해 스트레스와 우울증 증상이 감소하고, 삶의 만족도와 감사gratitude 경험이 증가한 것으로 나타났다.

그 외에도 기존 연구들은, 자기자비 수준이 높은 이들이 거절 경험도 비교적 잘 견디고, 과제 실패 후에도 긍정적인 정서를 잃지 않으며, 심지어 건강한 식습관 유지(를 통한 자기 사랑의 실천)에도 더 능하다는 점을 밝혀내기도 했다.

그런데 자기자비는 자아존중감과 어떻게 다를까? 자기자비와 자아존중감은 비슷해 보이지만, 실제로는 많은 차이점이 있다. 먼저 자아존중감은 자신의 가치에 대한 평가이고, 일반적으로 '성취'와 관련되어 있다. 반면 자기자비는 자신의 고통과 '실패'를 이해하고 포용하는 능력이다.

자기자비의 개념을 제안한 심리학자 네프Neff는 그의 논문에서 자아존중감 개념의 한계를 지적했다. 자아존중감은 항시 긍정적인 역할을 하지 않으며 오히려 자아존중감 수준이 너무 높거나 타인과의 상대적 비교, 평가절하 등 불안정한 토대 위에서 만들어진 경우, 이기적인 행동, 자기 우선적 사고, 그리고 타인과의 경쟁을 부추길 수 있다는 것이다. 또한 자아존중감은 성취를 통해 얻어지기 때문에 과제에 실패할 경우 오히려 급격하게 낮아질 수 있다는 한계점도 있다(이러한 자아존중감의 변동성에 주목한 학자들은 아예 "자아존중감 변동성stability of self-esteem"이라는 개념을 제안하기도 했다. 그들에 따르면 지금, 당장의 자아존중감 수준에 따라 일희일비할 필요는 없다. 왜냐하면 자아존중감은 변동성을 가졌고, 인생에 걸쳐 이를 얼마나 안정적으로 관리하느냐가 더 중요하기 때문이다).

이와 달리 자기자비는 고통과 실패를 겪을 때도 지속되는 마음의 안정을 제공한다. 자기자비를 기반으로 한 사고 방식은 자아존중감의 위험성을 줄이면서도 우리에게 긍정적인 영향을 미친다. 이러한 이유로 자기자비는 자아존중감의 대안적 역할을 할 수 있다.

그렇다면 자기자비 수준을 향상시키기 위해서는 어떤 노력이 필요할까? 사실 첫 단추인 자기 친절, 즉 자신의 단점과 한계를 있는 그대로 받아들이는 일부터 실천이 만만치 않은 것이 사실이다. 인간은 무엇인가를 꾸준히 학습하는 동물이며, 특히 우리나라 사회는 각종 평가와 줄 세우기가 만연하다. 그에 따라 개인들도 각자 마음속에 어떠한 '판단 기준', '평가 기준'을 내면화하며 살아간다. 그래서 의식적으로 시간을 내어 '평가하지 않는 연습'을 하는 것이 필요하다.

아침이나 저녁에 몇 분 동안 경험과 감정을 되돌아보는 시간을 갖는 것이 좋은 출발점이 될 수 있을 것이다. 먼저 깊게 숨을 몇 번 쉬어 마음을 진정시키고 현재 순간에 집중한다. 그리고 최근 부정적인 감정을 느끼거나 실수를 저지른 상황, 혹은 부담스러운 도전에 직면한 경험을 떠올려 본다. 그다음, 상황과 경험의 옳고 그름을 '판단하지 말고', 해당 상황, 경험으로부터 느껴지는 감정과 생각을 최대한 끌어내고 곱씹어 본다. 만약 '이런 상황을 겪고 있는 친구를 위로한다면 어떻게 할까?'라고 스스로에게 질문해보고, 이때 자신이 친구에게 건넸을 격려와 지지의 말을 자신에게 한번 적용해본다. 그리고 모두가 도전을 겪고 실수를 저지르며, 이것이 공동의 인간 경험의 일부임을 지속적으로 상기하는 것이 도움이 될 것이다.

정서인식명확성

'기쁜 것 같은' 순간에 주목하기

"이번에 저희 팀이 승리를 거둬서 기쁜 **것 같습니다.**"

"이 일을 시작한 지 10년 만에 처음 받은 상이라 유독 기분이 좋은 **것 같아요.**"

중고등학교에 다니던 시절, 국어 수업 시간에 선생님께서는 이와 같은 표현을 지양해야 한다고 가르쳐 주셨다. 타인의 감정이라면 모를까, 자기 자신의 기분이나 마음의 상태를 자기 자신이 모른다는 것은 이치에 맞지 않기에, '~같아요'처럼 추측하는 표현을 사용하는 것은 어색하다는 뜻이었다.

심지어 필자는 '기분이 좋으면 좋은 거지, 좋은 것 같다는 건 뭐람'이라며, 위와 같은 표현을 사용하는 사람에게 핀잔을 주는 사람도 본 적이 있다.

왜 우리는 자신의 정서를 '추측'해서 말할까? 여러 가설이 있겠지만 문화심리학자들은 우리나라가 집단주의 문화권의 영향을 받았기 때문이라고 설명한다.

집단보다는 개인이 우선시 되는 서구 개인주의 문화권에서는 자기표현과 개성 뽐내기를 권장하는 암묵적 분위기가 조성되어 있다면, 우리나라나 일본, 중국과 같은 집단주의 문화권에서는 집단의 눈치를 보는 것이 중요하다. 따라서 겸손이나 절제 등이 미덕으로 여겨져, 자연스럽게 자기 자신과 관련된 표현에 조심스러워질 수밖에 없었다는 것이다.

우연히 주변 사람들과 이 주제로 이야기를 나눈 적이 있었는데, '~같아요'라는 표현을 안 쓰면 단호하고 냉정한 인상을 줄 수 있어 부담스럽다는 말을 듣기도 했다. 명확하게 표현하면 왠지 자신이 그 말에 책임을 져야 할 것 같아서 꺼려진다는 것이었다.

하지만 곰곰이 생각해보면 빈도와 강도의 차이가 있을 뿐, 자신의 기분이나 정서를 추측하여 표현하는 일은 동서양을 막론하고 공통된 현상임을 알 수 있다.

영어권을 예로 들면 'I think', 'Um~', 'I feel like~', 'Well' 등과 같은 표현이 매우 흔하다. 심지어 발화의 앞부분에 'You know~'가 등장하는 빈도는 셀 수 없이 많다. 직역하자면 '너도 알겠지만~'이라고 서두에 운을 떼며 청자의 이해와 협력을 구하려는 것인데, 그들도 동양인들과 같이 눈칫밥(?)과 겸손이 몸에 배었기에 이와 같은 표현을 쓰는 것이라고 말할 수 있을까?

어쩌면 우리가 정서를 추측해서 말하는 데에는 더 단순한 이유가 있을지도 모른다. 잠시 생각해보자. 우리는 언제 '추측'이라는 행동을 할까? 답은 간단하다. 다루고자 하는 대상에 대해 잘 알지 못할 때다.

사실 자기 감정을 추측하는 이유도 마찬가지다. 우리는 현재 느끼고 있는 자신의 감정 상태가 어떠한지 명확히 모르는 경우가 많다. 기쁘다, 즐겁다, 재미있다, 편안하다, 신이 나다, 짜릿하다, 고양되다, 두근두근하다, 유쾌하다 등등 세상에는 감정을 표현하는 수많은 단어들이 있지만 매번 자신의 감정 상태를 분석하여 최적의 표현을 고를 수 있는 것은 아니다.

그렇기 때문에 이 모든 긍정적인 감정 단어들은 꽤 높은 빈도로 '좋아요like'라는 단어로 대체되어 표현되곤 한다. 심지어 우리는 얼마나 좋은지, 왜 좋은지, 어떻게 좋은지도 잘 모르기에 '좋은 것 같아요'라고 추측하여 표현하려는 것이다.

심리학에는 "정서인식명확성emotional clarity"이라는 개념이 있다. 정서지능의 하위 분류 중 하나로, 자기 자신이나 타인의 정서를 정확하게 인식하며 그것을 타인에게 효과적으로 설명해낼 수 있는 능력을 의미한다.

심리학자들은 정서인식이 일어나는 과정을 두 단계로 구분한다. 우선, 정서에 대한 "모니터링/주의 단계"이다. 이 단계에서는 자신의 정서에 주목하고, 지속적으로 관심을 기울이게 된다. 마음속의 변화나 흐름을 충분히 지각하고 느끼며, 마음의 변화와 동반하여 나타나는 신체적 변화에도 집중해보는 단계이다.

정서에 주의를 기울이는 단계를 넘어서면 이제 자신이 어떤 기분을 느끼고 있는지 명확히 정의를 내리는 단계에 접어들게 된다. 자신의 정서 상태를 분명하게 "범주화"하고 "명명화labeling"하는 과정이다.

어떻게 보면 간단해 보이는 과정들이지만 심리학자들의 연구에 따르면 자신의 정서를 명확히 인식하는 데에는 의식적인 노력이 많이 필요하다. 특히 개인적인 트라우마를 경험하였거나, 사회문화적인 분위기에 따라 정서표현의 억제를 미덕으로 배워왔던 이들(예를 들면 여성이나 노약자 등 소수자, 중년의 아버지 등)에게는 특정 맥락에서의 정서 경험 자체가 무척 낯설게 느껴질 가능성이 높다.

심리학자들에 따르면 정서인식의 필요성을 느끼는 정도도 사람마다 다르다고 알려져 있다. 누군가는 정서의 경험을 소중하게 여기며 비교적 많은 주의를 기울이지만 다른 누군가는 자신의 정서 상태를 외면한 채 그냥 흘려보내기도 한다는 의미이다.

그럼에도 우리가 정서인식명확성에 주목해야 하는 건, 정서를 인식하는 경험이 불안 감소, 우울 감소, 행복 증진 등 각종 긍정적 지표들과 밀접한 연관성이 있기 때문이다.

예를 들어 정서인식명확성은 스트레스에 대한 우리의 대처 방법을 결정하는 역할을 한다. 자신의 정서 상태를 명확하게 인식하고 있는 사람은(모니터링과 주의, 명명화가 잘 된 경우) 부정적인 정서가 느껴지더라도 크게 불안할 필요가 없다. 정서 변화의 원인을 알고 있기 때문에 어떻게 대처해야 할지 효과적으로 계획을 세우고 실천할 수 있으니 말이다.

또한 연구 결과에 따르면, 정서인식이 명확한 사람은 스트레스를 경험할 때 이를 '정면돌파'하는 선택을 하는 경향을 보인다. 스트레스 사건을 애써 외면하고 회피하는 대신 적극적으로 주변의 도움을 요청하거나 문제 해결에 나서는 등 스트레스 발생 원인 자체를 없애는 데 집중한다는 것이다.

한편 자신의 정서를 명확히 인식하지 못하는 사람은 부정적 감정의 지속, 신체적 불편, 적응력 감소, 낮은 탄력성과 자존감 등 좋지 않은 심리적 건강 상태에 놓이게 된다.

사실 정서라는 것은 인간의 본능적인 반응 중 하나이다. 그래서 심리학자들은 "기본 정서basic emotion"라고 해서, 기쁨, 분노, 슬픔, 역겨움. 공포, 역겨움, 즐거움 등 인간이라면 누구나 가지고 있는, 가장 기초적인 정서를 분류하는 연구를 수십 년 이상 지속하고 있다. 하지만 생물학적으로 정서를 느낄 수 있는 메커니즘을 갖고 있다는 것과 그것을 일상에서 적극적으로 활용하는 것은 별개의 문제이다.

정서를 이해하고 수용하기 위해서는 무엇보다 "정서표현 훈련"이 중요하다. 간단하게는 눈을 감고 현재 어떤 기분인지 마음속 상태에 집중해보는 일이 도움이 된다. 자신의 정서를 주제로 글을 쓰거나 그림을 그리는 등 구체적인 형태로 표현하는 행동도 좋다.

그 밖에도 여러 정서의 목록을 적은 뒤, 각 정서를 경험하게 해주는 과거/현재의 생각이나 장소, 사건 등을 떠올려보고 이때 몸의 감각을 기억하려는 노력이 정서인식 개선에 효과적이다.

조하리의 창

내가 알고 있는 나 VS 남들이 알고 있는 나

인간관계를 맺다 보면, '사람들이 생각하는 나'와 '내가 생각하는 나'가 서로 다르다는 것을 인식하게 될 때가 있다.

이를테면 나는 스스로 조심스럽고 신중한 성격이라고 생각하고 있는데 주변 사람들은 나를 기분파라고 여긴다거나, 나는 낯을 많이 가리고 사람들과 어울리기를 별로 좋아하지 않는데, 주변 사람들은 나를 외향적이고 사람 사귀길 즐긴다고 판단하는 것 등이 그렇다.

내가 생각하는 내 모습, 그리고 남이 판단하는 내 모습의 어긋남은 인간관계 속에서 많은 고민과 갈등을 자아내게 만든다. 하지만 문제는 이것만이 아니다. 내가 생각하는 내 모습조차도 어쩌면 진정한 내가 아닐 수 있다는 의문을 가져본 적이 있는가?

일찍이 정신분석학자 지그문트 프로이트Sigmund Freud는 우리의 마음속 깊은 곳에 꽁꽁 숨겨진 심연, 즉 "무의식unconsciousness"이 존재함을 깨달았고 이에 관한 놀라운 성찰들을 남겼다. 그는 "원초아id-자아ego-초자아superego"로 압축 표현되는 자아 개념을 구상했고 무의식 속에 자리 잡은 어두운 욕망이나 갈등, 본성 등을 끄집어내는 방식으로 마음의 여러 문제들을 해결할 수 있다는 아이디어를 제시했다.

비록 과학적인 연구 방식이 주류인 오늘날의 현대 심리학에서 프로이트의 정식 이론은 설득력을 많이 잃었지만, 그의 무의식에 관한 발견과 통찰은 후대의 여러 심리학 이론 곳곳에 스며들어 지금까지 적지 않은 영향력을 발휘하고 있다.

지금부터 소개할 "조하리의 창johari window"에도 이러한 프로이트의 통찰이 담겨 있다. 조하리의 창이란 자아탐색 및 타인과의 관계 개선을 목적으로 만들어진 탐색 도구로, 심리학자 조셉 루프트Joseph Luft와 해링턴 잉햄Harrington Ingham에 의해 처음 소개되었다(참고로 조하리의 창이라는 명칭은 두 사람의 이름 일부를 따서 만들어진 것이다).

조하리의 창은 네 개의 사분면으로 구분되어 있다. 나를 보는 나 자신의 관점과, 나를 보는 타인의 관점에 따라 "공개 영역open area", "눈먼 영역blind area", "숨겨진 영역hidden area", 그리고 마지막으로 "미지의 영역unknown area"으로 구분된다.

	자신이 아는 부분	자신이 모르는 부분
타인이 아는 부분	공개 영역 open area	눈먼 영역 blind area
타인이 모르는 부분	숨겨진 영역 hidden area	미지의 영역 unknown area

먼저 공개 영역은 나도 알고, 타인도 아는 나의 모습들이다. 눈먼 영역은 나는 모르지만, 타인은 알고 있는 나의 모습들이며, 숨겨진 영역은 그 반대로 나는 알고 있지만, 타인은 알지 못하는 나의 모습들을 가리킨다. 끝으로 미지의 영역은 나도 모르고 타인도 모르는, 그래서 어쩌면 내 '무의식' 속에 숨겨져 있을지 모르는 나의 가능성을 의미한다.

기본적인 조하리의 창은 다음과 같은 순서로 만들어진다. 먼저 이 과정에는 두 명의 참가자가 필요하다. 자기 자신, 그리고 타인이다(기왕이면 나를 잘 알고 있으며, 솔직하게 응답해줄 수 있는 사람이어야 한다). 두 사람에게는 사람의 성격, 태도, 행동, 가치관, 동기 등을 표현할 수 있는 단어들(예를 들어, 수용적인, 적응력 있는, 용감한, 영리한, 행복한, 성숙한, 인내심 있는, 섬세한, 믿음직한 등등)의 목록이 동일하게 주어진다.

목록을 받은 나 자신은, 자신에 관해 잘 묘사했다고 여겨지는 단어들을 추려내는 작업을 하게 된다. 다음에는 타인이 나 자신에 관해 동일한 작업을 하도록 한다. 그가 보기에 나 자신을 잘 나타낸다고 여겨지는 단어들을 추려내도록 하는 것이다. 이렇게 추려진 단어들을 조하리의 창 네 개의 영역에 할당한다. 나와 타인이 모두 선택한 것은 공개 영역에, 나는 선택하지 않았지만 타인은 선택한 것은 눈먼 영역에, 나는 선택했지만 타인은 선택하지 않은 것은 숨겨진 영역에, 나와 타인이 모두 선택하지 않은 것은 미지의 영역에 할당된다.

이렇게 만들어진 조하리의 창은 무엇을 말해주는가? 먼저 조하리의 창은 자아탐색에 관한 자가진단 검사의 일종으로 볼 수 있다. 단어를 분류해봤더니 공개 영역보다 눈먼 영역이나 미지의 영역에 할당된 단어의 수가 현저하게 많았다면 이는 평소 자기 이해를 위한 노력을 게을리했다는 의미가 된다.

이뿐만 아니라 조하리의 창은 타인과의 소통 방식이나 관계 형성 등을 가늠할 수 있는 단서가 되기도 한다. 예를 들어 공개 영역보다 눈먼 영역과 숨겨진 영역의 단어 수가 더 많았다면, 그리고 어떤 단어가 눈먼 영역, 숨겨진 영역으로 분류되었느냐에 따라 이는 자신과 상대방이 서로를 잘 이해하지 못한다고 느끼는 이유가 될 수 있다.

공개 영역이 큰 사람은 소위 말해 '비밀'이 적은 사람으로, 개방적으로 의사소통을 하며 자신을 드러내는 데 거리낌이 없을 것이다. 하지만 숨겨진 영역이 많은 사람은 타인과의 소통에 신중을 기하는 사람이다. 자신을 가급적 잘 드러내려 하지 않으며, 그로 인해 타인과의 신뢰 형성에 어려움을 겪고 있을 가능성이 있다.

한편 눈먼 영역이 많은 사람은 자기 자신보다는 타인에 초점을 둔 삶을 살아가고 있을지도 모른다. 상대방은 나를 잘 알지만, 정작 나는 나 자신을 이해하고 있지 못할 만큼 초조하고, 여유가 없는 마음의 상태를 반영하는 것일 수 있다.

조하리의 창을 '게임'이라고 가정한다면, 이 게임에서는 눈먼 영역, 숨겨진 영역을 줄여 공개 영역을 넓히는 것이 우선적인 목표이다. 앞서 설명했듯, 공개 영역이 넓어질수록 자신의 욕구나 감정 등을 더욱 명확하게 파악하고 조절할 수 있을 뿐만 아니라, 이로 인한 상대방과의 갈등 해결에도 도움이 되기 때문이다. 만약 미지의 영역을 (일부라도) 공개 영역으로 바꿀 수 있다면 초과 달성이다.

그렇다면 공개 영역을 넓히기 위해서는 어떻게 해야 할까? 이를 위해 참가자에게는 기본적인 도구 두 가지가 주어진다. 바로 "자기 노출self-disclosure"과 "피드백"이다. 자기 노출은 상대방이 모르던 나의 모습들을 과감하게 드러내는 일이고, 피드백은 자신은 몰랐지만 상대방이 알고 있던 나의 모습들을 조건 없이 수용하는 일이다. 정리하면 자기 노출은 숨겨진 영역을 공개 영역으로 전환하는 데 도움을 주고, 피드백은 눈먼 영역을 공개 영역으로 전환하는 데 도움을 준다.

이 게임의 마지막 목표라 할 수 있는 미지의 영역은 공략이 다소 까다롭다. 무엇보다 선행과제인 눈먼 영역과 숨겨진 영역을 공개 영역으로 전환시켜야 공략이 상대적으로 수월해지기에 부지런히 나와 타인 간의 의견을 나누는 과정이 반복되어야 한다.

미지의 영역을 이해하기 위해서는 스스로 자기관찰과 탐구를 꾸준히 이어 나가야만 한다. 단기적인 과정일 수도 있지만, 어쩌면 긴 세월을 요구하는 험난한 과정이 기다리고 있을지도 모른다. 그래도 꾸준히 미지의 영역을 공략해봐야 하는 건, 누구도 알지 못했던 나의 놀라운 가능성을 발견하고, 이를 통해 성장할 수 있기 때문이다.

한편, 기꺼이 도움을 줄 수 있는 주변 사람(들)의 협력 또한 필수적이다. 지속적으로 나를 관찰할 수 있고, 가감 없이 피드백을 줄 수 있는 사람들의 도움이 필요하다. 자기관찰과 탐구, 그리고 주변 사람들에 의한 관찰이 이뤄졌다면 주기적으로 서로 의견을 교환하며 공개 영역을 넓히는 작업을 이어 가야 한다.

자기결정성 성공적인 '덕업일치'를 꿈꾼다면

"덕업일치"라는 말을 혹시 들어 보았는가? 덕업일치란 "덕질"(일본어 "오타쿠"에서 파생된 말로, 특정한 대상에 강하게 몰두하여 시간과 비용을 투자하며 즐기는 행위를 말한다)과 직업을 일치시킨다는 뜻으로, 자신이 좋아하는 일을 곧 직업으로 삼는 경우를 가리킨다. 음악을 매우 사랑하는 사람이 음악가가 된다거나, 역사책 읽기를 정말 밥 먹듯이 하던 사람이 역사학자가 되는 경우가 전형적인 덕업일치의 예에 속한다.

'하고 싶은 일 마음껏 하면서 돈도 많이 벌 수 있다면 정말 행복할 텐데'라고 생각하며 많은 사람들이 덕업일치의 삶을 꿈꾸곤 한다. 하지만 대부분의 사람들은 덕업일치의 삶을 살기보다는 현실적인 제약이나 자신의 조건, 능력에 맞춰 직장인으로 살아가는 경우가 많다.

가끔 직장에서의 업무를 덕질하여 덕업일치를 이룬 듯한 워커홀릭이 등장하기도 하지만, 그렇지 못한 대다수의 사람들은 직장을 단지 생계유지의 수단으로 여길 뿐, 덕질의 시간은 퇴근 후나 주말에 이뤄지는 경우가 많다. 언젠가는 하고 싶은 일을 즐기며 행복하게 살겠다고 다짐은 해보지만 당장 생계유지가 급하니 과감히 퇴사하지 못하는 것이 안타까운(?) 현실이다.

하지만 덕업일치를 진지하게 고려하고 있다면 한번쯤 고민해볼 일이다. 과연 내 소중한 취미가 일이 된다면, 그때도 그 취미를 이전처럼 온전하게 즐길 수 있을까?

취미가 일이 되어 버리면 하기 싫을 때, 기분이 내키지 않을 때도 그만두기가 어려워진다. 생계유지를 위해 충분한 수익도 만들어야 하고 고객을 만족시키려면 그에 걸맞은 책임감이 필요하다. 그리고 경쟁력을 갖추기 위해 반강제적으로 계속 공부를 하지 않을 수 없을 것이다.

무엇보다 취미가 곧 일이 되는 순간, 부담을 느껴 과거에 취미활동을 하며 느꼈던 즐거움, 흥미를 잃어버릴 가능성이 생긴다. 그래서 상당수의 사람들은 '내가 좋아하는 일'보다는 '(현시점에서) 내가 잘할 수 있는 일'을 찾아 직업을 정한다.

덕업일치의 어려움은 심리학의 "자기결정성 이론self-determination theory"의 관점에서도 설명이 가능하다. 자기결정성 이론을 주장한 심리학자 라이언Ryan과 데시Deci는 인간을 도전지향적, 성취지향적인 존재로 정의한다. 인간은 무엇인가 목표를 세워 이루는 방식으로 자신의 잠재력을 발휘하고 싶어한다는 뜻인데, 자기결정성 이론에서는 잠재력을 발휘하고자 움직이는 인간의 동기motive를 크게 "외적 동기"와 "내적 동기"로 구분한다.

외적 동기는 금전적 보상, 타인의 기대, 자존감 유지, 일의 중요성 인식 등 외부적인 요인으로 말미암아 발생하는 동기를 가리킨다. 그리고 내적 동기는 현실적인 중요도나 조건, 보상 등을 초월하여 순수하게 그 일로부터 흥미, 재미를 느낄 때 발생하는 동기를 말한다. 즉, 내적 동기에 따라 움직이는 사람들의 생각은 지극히 단순하다. '그저 하고 싶어서', '그냥 재미있어서', '궁금해서' 그 일을 한다는 것이다.

자기결정성을 연구하는 심리학자들은 외적 동기보다는 내적 동기에 의한 활동을 가장 바람직한 상태로 본다. 내적 동기는 외적 동기에 비해 지속시간도 길고, 외적 동기에 의해 움직일 때보다 높은 생산성과 만족감, 긍정적인 정서 경험 등 훨씬 바람직한 결과를 보장해준다.

내적 동기가 더 중요하다는 것은 알겠는데, 그렇다면 어떻게 내적 동기를 유발해야 하는가?

구체적으로 자기결정성 이론에서는 인간이 세 가지 기본적인 욕구를 갖추고 있다고 본다. 첫째, "자율성의 욕구"로, 스스로 하고자 하는 행동이나 목표 등을 결정하고 통제하고자 하는 바람이다. 둘째, "유능성의 욕구"로, 새로운 목표에 도전하고 배워 가는 경험을 갖길 원하며 그 과정에서 자신감과 성취의 뿌듯함을 느끼고자 하는 바람이다. 셋째, "관계성의 욕구"로, 다른 사람들과 친밀한 관계를 가지며 활발히 교류를 이어가고자 하는 바람이다. 특히 자율성과 유능성이 보장되는 환경 조성은 내적 동기 유발의 핵심 조건으로, 적당히 도전적인 과제를 스스로 설정하며 이를 이뤄나가는 '즐거움'을 느낄 수 있도록 학습/업무 환경을 조성하는 것이 중요하다.

자기결정성 이론을 연구하던 심리학자들은 외적 동기와 내적 동기의 관계에서 흥미로운 현상을 발견했다. 형성된 내적 동기가 강력할지라도, 만약 일의 수행 과정에서 외적 동기에 의한 간섭이 일어날 경우, 내적 동기 수준이 떨어질 수 있다는 것이었는데, 서두에 언급하였던 덕업일치의 어려움과 관련된 사례가 대표적이다.

내적 동기가 충만한 상태로 취미 활동을 즐겼지만 그 활동이 직업이 되는 순간, 금전적 보상과 같은 형태로 자신의 능력과 노력 등에 '값어치'가 매겨지고, 이는 곧 나보다 더 좋아하는/잘하는 사람과의 비교와 상대적 박탈감으로 이어지는 발판이 된다. 덕질의 결과가 흥미와 즐거움이 아닌 보상으로 대체되다 보니 나중에는 그 일을 하는 이유도 바뀌게 된다. 즉 재미있어서 하는 것이 아니라 돈을 벌기 위해 그 일을 하는 것처럼 느껴진다는 것이다.

어떤 활동이든 내적 동기를 갖는 것도, 그것을 온전히 유지하는 것도 쉬운 일은 아니다. 만약 내가 하는 일에서 즐거움을 느낄 수 없다면 먼저 외적 동기에 주목해보는 것도 방법이 될 수 있다. 외적 동기를 단계적으로 발전시킴으로써 내적 동기에 가까워지게 만들어 보는 것이다. 자기결정성 이론에서는 외적 동기를 다시 네 가지 단계로 세분화하고, 상위 단계에 다다를수록 내적 동기에 보다 가까워진다고 설명한다.

외적 동기의 첫 단계는 외적 조절로, 외적 조절 단계에서는 '주변의 기대', '해야 할 것 같은 의무감', '금전과 같은 객관화된 보상', '처벌 회피' 등의 이유에 따라 수동적으로 일을 하게 된다.

두 번째 단계는 내사 조절의 단계이다. 내사 조절 단계에서는 '자존심을 지키기 위해', '일을 못한다는 죄책감, 수치심 등을 피하기 위해' 일을 한다.

세 번째 단계는 동일시 조절 단계로, 내가 하는 일의 중요성이나 가치 등을 높게 평가하여 일을 하는 것을 말한다.

끝으로 통합 조절 단계는 내적 동기와 가장 가까이 있는 단계로, 스스로 결정하고 행동하며 일에 자신의 인생 목적이나 가치관, 자아 등을 투영하는 상태를 의미한다.

만약 덕업일치를 희망한다면, 이상과 현실 사이의 괴리가 염려된다면, 차근차근 자신의 동기 상태를 점검해보는 것은 어떨까? 외적 보상을 만들어 차츰 몰입의 강도를 높여 간다면 내적 동기에 의한 진정한 덕업일치를 이룰 날이 올지도 모른다.

정신적 부유

좌우명을 꼭 하나쯤 만들어야 하는 이유

2023년 초, 우리나라의 1인당 명품 소비액이 세계 1위라는 기사가 화제가 되었다.* 우리는 왜 명품을 사랑할까?

물론 경제적인 측면을 빼놓을 수는 없다. 명품 소비를 하려면 그만큼 돈이 있어야 한다. 우리나라는 세계 10위권의 경제 대국인 만큼, 국민들의 전반적인 생활 수준 및 부의 수준이 명품 소비를 가능하게 하는 기본 전제인 것은 사실이다. 그러나 우리나라와 비슷하게, 심지어 우리보다 더 잘 버는 여러 선진국들을 제치고 세계

* 동아일보 (2023). "한국인 1인당 명품소비 年 40만원…세계 1위", https://www.donga.com/news/Inter/article/all/20230115/117445226/1에서 2023.03.16. 가져옴

1위라는 점은, 단지 경제적인 맥락만으로는 설명할 수 없는 다른 숨겨진 원인이 있음을 짐작케 한다.

우리나라 사람들은 명품을 통해 무엇을 욕망하고 있는 것일까? 국내외를 막론하고 이 문제에 관심이 있는 심리학자들은 그 원인으로 한국인의 유독 높은 물질주의materialism 성향을 지목하곤 한다. 놀랍게도 물질주의에 관한 국가 간 비교 연구들을 살펴보면 한국인의 물질주의 성향은 세계 최고 수준을 기록하고 있다.

물질주의란 물질을 소유하거나 획득하는 것 자체를 곧 인생의 행복이자 성공으로 믿는 경향성을 가리킨다. 심리학자들이 처음 물질주의를 연구하기 시작했을 때, 물질주의 성향이 강한 사람들은 다음과 같은 특성을 갖는 것으로 조사되었다. 물질을 더 많이 가지길 원하는 '소유욕', 자신보다 더 많은 물질을 가진 사람을 향한 강한 '질투심', 그리고 자신이 가진 것을 나눠주거나 물질을 빼앗기는 상황을 크게 두려워하는 '인색함'이다.

물질주의 연구를 지속하면서 심리학자들은 물질주의자가 겉으로 보여주는 이 같은 특성을 기술하는 차원을 넘어, 물질주의자의 속마음을 보다 자세히 들여다보기 시작했다. 그 결과, 심리학자들은 놀라지 않을 수 없었는데 물질주의 성향이 단순한 습관이나 욕망이라기보다는 한 사람의 인생 전체를 좌우하는 가치관이나 궁극적 목표로 작동한다는 점을 이해했기 때문이다.

물질주의자들은 어떤 생각을 갖고 있을까? 학자마다 조금씩의 차이는 있지만 물질주의자들은 물질에 관한, 다음의 세 가지 믿음을 강하게 갖고 있는 것으로 나타난다.

첫째, 성공에 대한 판단 기준이다. 물질주의자들은 자기 자신이나 타인의 행복/불행, 성공/실패 여부를 판단할 때 물질의 소유나 획득 여부를 중요 기준으로 삼는다. 즉 얼마나 좋은 집에 사는지, 소득은 얼마인지, 자산은 얼마인지로 한 사람의 인생 점수를 매긴다는 의미이다.

둘째, 소유 중심적 사고이다. 물질주의자들은 물질을 얻는 것 자체에 큰 의미를 부여한다. 돈을 버는 행위 자체를 신성시하며 돈을 벌고 난 뒤 어떻게 쓸 것인지에 대해서는 상대적으로 신경을 쓰지 않는 경향이 있다.

셋째, 행복에 대한 왜곡된 믿음이다. 물질주의자들이 내세우는 행복의 기준은 단순하다. '부=행복'이다. 더 많이 가져야만 행복할 것이라는 강한 믿음이 있기 때문에 현재에도 누릴 수 있는 많은 행복들을 포기하고, 오로지 물질을 추구하는 데에만 열성을 다한다.

하지만 안타깝게도 심리학적 관점에서 볼 때 물질주의는 만병의 근원에 가깝다. 물질주의에 관한 수많은 연구 결과들을 살펴보면, 물질주의 성향은 낮은 삶의 만족도, 스트레스, 불안, 신경증, 기쁨이나 즐거움 등의 긍정적 정서 결핍, 슬픔이나 분노 등 부정적 정서 증가, 낮은 자존감, 자아실현의 어려움 등 다양한 심리적 부적응과 밀접한 관련이 있다. 그래서 일부 전문가들은 OECD와 같은 국제 통계상 우리나라가 전 세계적으로 행복지수 최하위권에

위치하고 있는 근본적인 원인으로 한국인이 가진 세계 최고 수준의 물질주의 성향을 지목하기도 한다.

부자가 되면, 그래서 남들이 자신을 우러러봐 준다면 행복할 것 같다고 믿지만, 그 믿음에 빠질수록 행복으로부터 거리가 점차 멀어진다는 점은 무척 아이러니하다. 부자가 무조건 불행하다고 말하고자 하는 것은 아니다. 국내의 한 연구 결과에 따르면, 자산이나 소득 수준 등 객관적인 부 자체는 부정적인 심리적 효과를 유발하지 않으며, 물질주의 성향 자체가 가장 중요한 원인인 것으로 밝혀진 바 있다. 물질주의자들이 각고의 노력 끝에 부자가 되더라도 물질주의 성향을 버리지 못한다면 여전히 불행에 빠져 있을 가능성이 높다는 것이다.

물질주의는 왜 생기는 걸까? 우선 사회문화적인 맥락을 고려할 필요가 있는데, 전통적으로 물질만능주의를 조장하는 미디어의 문제점이 지적되어 왔다. 돈으로 모든 문제를 다 해결할 수 있을 것처럼 소비자를 유혹하는 온갖 광고들이 물질에 관한 사람들의 가치 평가를 높이는 역할을 한다는 것이다. 물질주의자들은 비교에 민감하니, SNS 매체의 악영향도 간과할 수 없을 것이다. SNS에 누군가가 (특히 주변 가까운 지인이) 새로 구매한 명품을 자랑하는 글을 올린다면 은연중에라도 질투심을 느끼기 마련이다.

이뿐만 아니라 급격한 사회 변동 또한 물질주의 성향을 부추기는 중요한 요인으로 알려져 있다. 전쟁, 불경기, 기타 급격한 사회 변화는 사회 구성원들의 가치관의 혼란을 야기하고, 결과적으로 물질이라는 가시적인 수단에 의존하려는 경향성을 심화시킨다. 인플레이션과 금값의 관계가 대표적인 예시가 될 수 있는데, 인플레이션이 발생하면(화폐의 가치가 낮아지면) 실물 자산인 금의 수요와 가격이 상승하는 경향성을 보인다. 심리학적으로 보면, 인플레이션이 야기하는 불안감을 '물질'에 의존하여 해소하려 한다는 설명이 가능하다.

사실 물질주의는 무엇보다 가치관의 빈곤, 부재와 밀접한 관련이 있다. 명품 소비의 주된 심리적 이유는 명품의 소유와 획득 사실을 곧 자기 가치의 입증으로 여기는 믿음이다. 하지만 만약 자신의 가치, 의미를 충족시킬 수 있는 다른 수단이 있다면 굳이 명품과 같은 물질에 의존하지 않아도 될 것이다.

여러 연구 결과에 따르면 행복한 사람들은 부유한 사람들이다. 단, 물질적 부유함이 아닌 '정신적 부유함'이 행복과 밀접한 관련이 있다. 친밀한 주변 사람들과의 관계 형성에서 오는 소속감, 안정감은 물론, 자유롭게 사고하며 행동할 수 있는 환경과, 자아실현을 위해 하고 싶은 일을 찾으며 일의 결과보다는 과정 자체로부터 배워 가는 흥미와 즐거움을 맛보는 사람들이 더욱 행복하다는 연구 결과가 수두룩하다. 그 외에도 자신만의 명확한 정체성과 가치관을 가지고 있는 사람들은 물질에 휘둘리지 않으며, 더 행복한 삶을 영위한다.

그런 이유로 물질주의 성향은 불행의 원인이 아니라 결과일 수 있다. 자신의 적성, 흥미, 가치관 등 정체성을 탐구하고 정립해 나

가야 할 시기가 있는데, 불우한 가정 환경이나 모종의 이유 등으로 이 과정이 충분히 이뤄지지 못하면 물질주의 성향이 그 비어 있는 자리를 파고든다.

“당신의 좌우명은 무엇입니까?” 누군가 여러분에게 자신만의 좌우명이 있는지 질문했을 때, 자신 있게 말할 수 있는 무언가가 있는지 고민해볼 필요가 있다. 좌우명에 정답은 없다. 물질 이외에 내 삶의 목표가 되어 주고, 자기 가치의 기반이 되어 줄 수 있는 것이라면 충분하다. 하나쯤 자신만의 좌우명을 가져보는 것도 나쁘지는 않다.

내러티브 정체성

MBTI만으로는 나를 설명할 수 없다

"안녕하세요. 이번에 새로 들어오게 된 ○○○라고 합니다. 제 취미는 ○○○이고 … MBTI 유형은 '엔프피'입니다. 잘 부탁드립니다."

MBTI 검사는 예전에도 널리 쓰이고 있었지만 2010년대 후반 즈음부터 인기가 더욱 커진 듯하다. 너도나도 MBTI 검사 한 번쯤 해봤다는 말이 허언이 아닐 만큼, MBTI 검사에 대한 수요도 커졌고 자기를 소개할 때 MBTI 유형을 언급하는 것이 제법 자연스러운 모습이 됐다. MBTI 유형별 스티커나 이모티콘 등 굿즈 상품도 있으며 얼마 전에는 구직자에게 특정 MBTI 유형을 자격 요건으로 내세워 논란의 대상이 되었던 기업의 사례도 있었다.* 하지만 대중사회에서의 MBTI의 인기와는 달리, 심리학자들은 MBTI의 오남용에 관해 우려의 목소리를 내비치곤 한다. 이론적, 통계적 근거가 부족한 것은 물론이요, 무엇보다 성격 5요인Big 5과 같은, 탄탄한 검증 위에 세워진 상위호환격 성격검사가 존재하고 있기 때문이다.

MBTI는 성격검사다. 나 자신에 관해 무엇인가 알려준다는 것이 MBTI의 효용일 것이다. 하지만 MBTI는 과연 나에 관해 얼마나 많은 것들을 말해줄 수 있을까?

우선 MBTI는 유형론의 한계에서 벗어나기 어렵다. MBTI는 하위 4개 차원의 조합에 따라 총 16개의 성격 유형을 제안하지만 '고작' 16개만으로 지구상에 수도 없이 다양한 인간 군상을 설명해낼 수 있을까? 그리고 만약 A와 B, 두 사람이 동일한 유형을 갖고 있다면 그 두 사람은 생각하는 것, 행동하는 것, 좋아하는 것, 추구하는 것 등이 동일하다고 말할 수 있을까? 아마 일란성 쌍둥이라 하더라도 그럴 확률은 높지 않을 것이다.

이쯤에서 한번 스스로에게 질문해보자. '나는 과연 어떤 사람인가?' 만약 누군가에게 자기 자신을 묘사해보라고 한다면 여러분은 어떤 내용을 이야기할 것인가? 자기소개를 하다 보면 눈치채

* 한국일보 (2022). "직원 뽑는데 MBTI를 꼭 봐야 하나요"... 채용 공고 두고 시끌시끌. https://www.hankookilbo.com/News/Read/A2022020817340000680에서 2023.03.17. 가져옴

게 될 테지만, 우리는 자기 자신을 설명할 때 '성격'만을 이야기하지 않는다. 그보다는 개인적인 관심사나 취향, 인생의 목표, 가치관 등을 더 많이 말한다. '운동을 좋아해요', '초콜릿을 잘 먹지 않아요', '퇴근 후 집에 와서 먹는 맥주 한 잔이 제겐 삶의 낙이에요', '저는 언젠가 지방으로 내려가 농부가 되는 것이 꿈이에요', '열심히 공부해서 노무사가 되고 싶어요', '인생을 살면서 가족만큼 중요한 건 없다고 생각해요' 등 우리는 자신의 성격보다 개인적 취향이나 정체성, 가치관에 큰 비중을 두고 자신을 묘사한다.

결론적으로 '성격'이 나 자신에 대해 말해줄 수 있는 것은 의외로 얼마 되지 않는다. 가령 누군가의 성격이 '외향적'이라는 단서 한 가지만으로는, 주말 여가 시간에 동호회에 가는지, 친한 친구들과 카페에 가는지, 사교댄스 학원에 가는지까지 알 수는 없다. 누군가의 정체성을 이해하고자 한다면, 우리에게는 응당 더 많은 단서가 주어져야만 한다. 심리학자 맥아담스McAdams가 "내러티브 정체성narrative identity"에 주목했던 이유이다.

내러티브 정체성이란 특정 개인의 인생사, 그리고 그 인생사로부터 드러나는 그 사람만의, 고유한 정체성을 가리킨다. 단순하게는 그 사람이 지금까지 살아오면서 겪어 온 다양한 경험들을 의미하며, 더 나아가 이러한 경험들이 말해주는 그 사람만의 삶의 목적과 이유, 가치관 등을 포괄한다. 내러티브 정체성의 가장 큰 장점은 '나다움'의 중요성을 간과하지 않는다는 것이다. 우리는 누구나 특별하다. 지구상 수십억 그 어떤 타인도 나와 완전히 같은 조건과 경험을 가진 사람은 없다. 그리고 그 특별함이야말로 나를 나답게 만들어주는, 나만의 고유한 정체성이다.

자신만의 정체성이 분명한 사람들은 행복한 삶을 산다. 자기 자신만의 고유한 인생 서사가 명확한 사람들은 성격검사가 보여주는 기질적 차원에만 머무르지 않고 자율적으로 사고하고 행동하며, 자신이 처한 환경을 스스로 통제할 수 있다는 강한 믿음을 가지고 있다. 자신의 장점과 단점을 온전히 받아들일 줄 알며, 한계를 긋는 대신 개인적인 성장을 위해 기꺼이 노력할 줄 안다. 이러한 사람들은 긍정적인 대인 관계에도 많은 관심이 있고, 실제로 원만한 대인 관계 양상을 보인다. 이를 뒷받침하듯 다수의 심리학 연구들은 내러티브 정체성이 정신적 웰빙과 밀접한 연관성이 있다는 것을 데이터로 증명해 왔다.

그렇다면 내러티브 정체성을 가지려면 어떻게 해야 할까? 한 연구에 따르면, 내러티브 정체성이 만들어지는 데에는 일종의 단계가 있다.**

첫째, 단서를 찾는 작업이 필요하다. 만약 여러분 곁에 빈 종이가 있다면 펜을 들고 시작해보자. 여러분 인생의 중요한 사건들은 어떤 것들이 있었는가? 현재 삶의 모습에 영향을 끼친 결정적 사건도 좋고, 시간이 지났음에도 여전히 기억에 남아 있는 사건도 좋

** Park, S. W., & Moon, H. (2022). Assessing identity formation via narratives. *Current Psychology, 41*(6), 4066–4078.

다. 커다란 사건이어도 좋고, 소소한 사건이어도 무방하다. 사건들의 목록을 만들었다면 이제 그 사건들에 대해 부연할 차례다. 언제, 어디에서 일어난 사건이며 결과는 무엇이었는가? 그 과정에서 어떤 기분을 느꼈으며 당시 어떤 행동을 취했는가?

둘째, 주요 사건들을 연결하는 작업을 해보자. 사건들을 아우르는 어떠한 공통점은 없는가? 사건에 대한 반응들 속에 드러나는 일관된 내 모습은 없는가? 서사의 연결은 자기개념self-concept의 형성과 밀접한 관련이 있다. 나는 어떤 가치에 따라 움직이며, 나는 어떤 성격을 가졌는지 알아보는 과정이다. 또한 내가 좋아하는 활동들의 공통점은 무엇인지, 나는 무엇을 피하고자 하는지, 나는 무엇을 원하는 사람인지에 대한 단서를 찾을 수 있다.

셋째, 자기개념에 대해 깊게 탐구하여 내면화하는 과정이 필요하다. 이를 비유하자면 '관찰자'에서 '주인공'으로 거듭나는 과정이라고 설명할 수 있을 것이다. 인생의 여러 사건들을 가족이나 친구, 지인들의 시선이 아닌, 온전히 나 자신의 관점에서 바라보고 해석하고, 의미를 부여할 수 있는지 고민하는 것이다. 그리고 자기개념과 연관지어 내가 이렇게 사고하고 행동하는 이유가 무엇일지 사유하는 과정이 필요하다.

넷째, 삶의 목적을 조망하는 단계이다. 그래서 결국, 나라는 사람은 어떤 인생을 살길 소망하는가? 나의 여러 특성에 비춰 봤을 때 어떤 가치관을 갖고, 어떤 의미를 추구하며 사는 것이 가장 보람 있고 행복하겠는가? 이와 같은 질문을 던지고 답을 추구하는 과정에서 인생, 세계를 관조하는 나만의 통찰이 형성될 수 있으며 시간과 공간이 변하더라도 흔들리지 않는 굳건한 신념, 가치관이 만들어질 수 있다.

자아고갈

장고 끝에 악수를 두게 되는 이유

쇼핑을 하다 보면, 어떤 물건을 사야 할지 말아야 할지 망설이는 일로 시간을 보내기 부지기수다. 망설이는 동안 우리의 마음속에서는 어떤 일이 벌어질까? 우리가 고민을 거듭하는 동안 마음의 자원은 계속 소모되어 자기조절 능력이 저하되고, 그 결과 "자아고갈ego depletion" 상태에 놓이게 된다. 필자가 최근에 겪은 상황도 이와 비슷하다. TV 제품을 구매하려고 매장을 방문했는데 가격, 크기, 성능, 옵션 등 여러 조건을 고려하다 보니 머리가 복잡해졌고, 결국 지친 나머지 처음에 보았던 제품을 사게 되었던 것이다.

자아고갈은 자원의 소모로 인해 자기통제나 자기조절 능력이 저하되는 현상을 가리키는 심리학 개념이다. 우리의 자원은 뇌의 필수 에너지원인 글루코스glucose, 흔히 말하는 포도당과 같은 에너지와 집중력, 의지력 등으로 이루어져 있다. 쇼핑을 하다 보면 매 순간마다 의사결정을 내려야 하기 때문에, 이러한 상황에서 우리의 자원은 빠르게 소모된다. 그 결과로 자기조절 능력이 떨어져, 충동구매를 하게 될 가능성이 높다.

과학적으로 자아고갈 현상을 증명하기 위한 연구들이 다수 수행되었는데 심리학자 바우마이스터Baumeister와 그의 동료들은 최초로 자아고갈 현상을 실험으로 입증했다. 그들은 연속적인 자기조절 과제를 수행하는 실험 대상자들의 혈당을 측정한 결과, 자원의 소모로 인해 혈당 수준이 저하되는 것을 밝혀냈다.

그런데 자아고갈 현상은 인간의 자원에 관해 매우 흥미로운 시사점을 제공한다. 식사를 통해 보충하는 에너지와 마찬가지로, 정신적 자원 역시 한계용량을 가지고 있으며 적절한 '수치 관리'가 필요하다는 점이다.

인간의 정신적 자원은 일종의 배터리에 비유할 수 있다. 일상의 어떤 것이든, 무언가에 관심을 기울이고 집중하는 것만으로도 정신적 에너지가 소모되기 시작한다. 단순히 관심을 보이는 것을 넘어 구체적으로 대상에 대해 사고하고, 의사결정을 내리려 한다면 정신적 자원의 소모 속도는 보다 빨라진다. 하지만 정신적 자원의 한계용량은 정해져 있기에 때를 맞춘 적절한 충전을 필요로 한다. 먹을 것을 섭취하거나 잠을 자는 등 충분한 휴식을 가져야 정신적 에너지를 다시 채울 수 있다.

간혹 '정신력', '의지력'을 강조하는 사람들이나, 소위 한계까지 내몰렸을 때 초인적인 집중력이 나온다고 하는 이들이 존재하지만 사실 엄밀히 따져보면 이들은 아직 자아고갈 단계까지 도달하지는 않은 것이라 말할 수 있다. 자아고갈 상태에 이르게 되면 말 그대로 아무것도 할 수 없는 탈진 상태에 빠지며, 정도가 심한 경우에는 충분히 잘 먹고 쉬었는데도 여전히 지친 듯한 느낌이 가시지 않는, 소위 번아웃burn-out 현상을 경험하게 될 우려가 있다.

실제로 심리학자들은 자아고갈이 여러 부정적 행동과 관련이 깊다는 점을 강조한다. 성급하게 의사결정을 내리는 행위는 물론이고, 자아고갈 상태에 놓이게 될 경우 공격적인 태도를 보이거나 충동적 행위를 하게 될 가능성이 높아진다. 평소엔 온화했던 사람이 날카롭고 예민해진다거나, 다이어트에 도전하던 사람이 폭식을 하게 되는 것이 그 예다.

이뿐만 아니라 자아고갈은 고정관념이나 편견의 영향에 더 취약하도록 만들기도 한다. 이성적인 판단을 할 수 있는 에너지가 고갈된 상황이다 보니 마음속에 내면화되어 있는, 본능적인 반응들이 보다 쉽게 나타나기 때문이다.

그렇다면 평소 자기통제력이 강한 사람들은 자아고갈에도 강할까? 처음에 심리학자들은 자기통제력이 강한 사람들이 자아고갈을 잘 경험하지도 않을뿐더러 자아고갈 상태에 이르렀다고 해도 쉽게 회복될 수 있다고 여겼다.

하지만 최근 연구에 따르면 자기통제력이 강한 사람들이야말로 오히려 자아고갈에 취약한 모습을 보였다. 자기통제력이 강한 사람들은 자아고갈을 겪어 본 경험이 적기 때문에, 오히려 자아고갈에 대한 대처도 미숙하다는 것이다.

자아고갈에 시달리지 않기 위해, 우리는 우리 자신의 자원 소모를 관리하는 방법을 찾을 필요가 있다. 일상에서 자주 마주치는 상황들, 예를 들면 과제 마감일, 회의 준비, 쇼핑 등에서 자원 소모를 줄이기 위해 일정 관리, 우선순위 설정, 단기 목표 설정 등의 방법을 활용할 수 있다. 또한, 자원 소모를 최소화하기 위해 몸과 마음의 긴장을 풀어 주는 방법도 고려해볼 수 있다. 심리학자들은 운동, 명상, 독서, 취미 활동 등을 권한다. 이런 활동은 몸과 마음을 유연하게 만들어 버티는 힘을 길러 준다.

결국, 자아고갈 현상은 우리가 자원 소모를 관리하는 방법에 대한 깊은 고민과 성찰을 요구한다. 우리는 우리 자신의 자원을 최적으로 활용하면서, 지속적으로 높은 성과를 내기 위한 전략을 만들어야 할 필요가 있다.

예를 들어 의사결정에는 골든타임이 있다는 점을 기억해두는 것도 하나의 전략이 될 수 있다. 물론 아무 정보와 고민도 없는 빠른 의사결정은 합리성이 낮다. 하지만 무작정 더 고민하고, 더 조사한다고 해서 더 나은 결정을 내리라는 법도 없다. 자아고갈 상태에 도달하기 전에 결정을 내리는 것이 최선이며 충분히 지쳤다는 느낌이 든다면 결정을 다음으로 미루는 것이 대안이 될 수 있다.

가령 회사에서 소위 '마라톤 회의'를 하는 경우가 있는데 마라

톤 회의 끝의 의사결정은 자아고갈 상태에서 이뤄질 가능성이 높다. 따라서 회의의 마지막 부분에서는 논의 내용을 정리만 해두고, 다음 회의에서 의사결정을 내리는 것이 더 효율적인 방법이다.

개인을 둘러싼 환경 요인 역시 자아고갈을 촉진한다. 우리가 일상에서 보고, 듣고, 생각하는 모든 활동들이 정신적 자원을 소모하지만 특히 소모가 큰 활동들은 '부자연스러움'을 유발하는 활동들이다. 하기 싫은 일을 억지로 해야 한다거나, 힘들어도 꾹 참아야 한다거나, 슬픈데도 억지로 웃는 척을 해야 한다거나, 이러한 부자연스러운 상황에서는 자원 소모가 더욱 빠르다(실제로 심리학 실험에서는 자원 소모를 인위적으로 유도하기 위해 감정 억제 훈련과 같은 부자연스러운 상황과 관련된 과제를 활용하기도 한다). 따라서 정신적 자원의 효과적인 관리를 위해서는 부자연스러운 상황을 덜 경험하도록 자신 및 환경을 통제하는 노력을 기울이는 것 또한 중요하다고 할 수 있다.

신체 편향성

몸이 변해야 마음도 변한다

몸과 마음은 연결되어 있다. 마음의 변화가 몸을 움직이고, 거꾸로 몸의 변화가 마음의 변화를 이끌기도 한다. 심리학에서는 이러한 연결을 "체화된 인지embodied cognition"라고 부르는데, 이를 연구하는 심리학자들은 다양한 실험을 통해 몸과 마음의 연결성을 입증해 오고 있다.

특히 사이언스지에 소개된 심리학자 바그Bargh의 실험이 유명하다. 실험에서는, 다른 모든 조건이 동일할 때, 따뜻한 커피 컵을 들었던 사람이 차가운 커피 컵을 들었던 사람들보다 타인에 대해 긍정적 평가를 내리고, 양보 행동도 더 많이 한 것으로 나타났다. 커피 컵으로부터 전해진 물리적 온도가 마음의 온도에까지 영향을 미친 것이다.

그렇다면 반대의 과정도 일어날까? 심리학자들은 그 또한 가능하다고 설명한다. 흔히 우리는 외로움을 경험할 때 은유적으로 '춥다'고 표현하기도 하는데, 관련된 실험 결과, 외로움을 경험하는 사람들은 그렇지 않은 이들에 비해 상대적으로 더 낮은 온도를 친숙하게 느낀다고 밝혀졌다.

한 걸음 더 나아가 보자. 심리학에서는 인간의 마음을 연구한다. 그리고 마음이 변할 때 행동은 어떻게 달라지는지를 과학적으로 설명하고 예측하는 데 주안점을 둔다. '동기'에 관한 연구를 그 대표격으로 꼽을 수 있다. 우리의 마음이 무엇을 요구하고 원하는지, 그 동기에 의해 우리의 행동 방침이 달라진다는 것을 입증하는 연구다. 그런데 앞서 체화된 인지 연구에서 살펴보았듯, 몸과 마음은 서로 연결되어 있다. 따라서 마음의 변화가 행동의 변화를 만들기도 한다면, 몸의 변화가 행동의 변화를 만들 수도 있을 것이다.

몸을 연구하는 심리학자들은 그동안의 심리학이 마음 연구에 몰두한 나머지, 몸이 마음과 행동 변화에 어떤 영향을 미치는지 간과해 왔다고 주장한다. 마음-행동 간의 관계를 넘어, 몸-마음-행동, 혹은 마음-몸-행동으로 연결되는 인간의 행동 원리를 규명해야 한다는 것이다. 그에 따라 미국 등 해외에서는 이른바 "신체 이미지body image"라는 개념을 토대로 몸이 개개인에게 어떻게 인식되고(몸-마음), 이것이 어떤 행동 변화를 만들어내는지(몸-마음-행동)에 관한 연구들이 활발히 진행 중이다.

신체 이미지에 대한 인식은 다이어트, 폭식증과 같은 섭식 행동, 성형수술을 받고자 하는 의도 등과 밀접한 관련이 있다. 특히 내 몸은 '나'를 구성하는 일부이기 때문에 "자기개념self-concept"과도 관련성이 깊다. 이에 착안한 심리학자들은 "신체존중감body-esteem"이라는 개념을 제시했으며 신체존중감이 자아존중감과 높은 상관관계를 보인다는 점을 입증해 보이기도 했다.

몸에 관한 여러분 각자의 생각을 한번 짚어 보자. 건강한 몸을 갖는 것은 중요한가? 아름다운 몸을 갖는 것은 중요한가? 높은 확률로 이 두 가지 질문 모두에 '그렇다'고 응답했을 것이다. 실제로 우리는 이상적인 몸의 특징을 묘사할 때 '건강하고 아름다운 몸', 혹은 '아름답고 건강한 몸' 등과 같이, 건강과 아름다움을 함께 다루는 경우가 많다. 그런데 만약, 건강과 아름다움을 '저울질'해야 한다면? 즉, 건강한 몸과 아름다운 몸 중 한 가지만 가질 수 있다면 무엇을 선택하겠는가? 이른바 "신체편향성body value inventory-inclination"에 관한 질문이다.* 신체편향성이란 외모와 건강 중 어느 것이 더 자기 자신에게 중요한지에 대한 개인의 신념을 의미하는 용어이다.

신체편향성 지각에 나이가 끼치는 영향은 무시하기 어렵다. 어른들이 젊은 세대에게 하는 조언이 있다. '건강이 최고지', '건강

* 김완석, 유연재 (2007). 신체가치척도의 개발과 타당화: 신체조작성척도와 신체편향성척도. 한국심리학회지: 일반, 26(1), 1-21.

잃으면 모든 것을 다 잃는 거야', '건강해야 뭐라도 하지, 아프면 다 소용없어.' 노화에 따라 주름살이 생기고, 잔병치레가 늘어나기 때문에, 나이를 먹을수록 건강에 대한 관심이 자연스럽게 커지기 마련이다. 반대로 젊은이들은 신체가 무척 건강하기에 상대적으로 관심이 적다. 그보다는 이성에 대한 호기심, 연애 감정 등 타인에게 호감을 얻는 것에 대한 관심이 각별한 시기이기에 몸의 건강보다는 외모에 보다 더 많은 가치를 부여할 가능성이 높다.

그런데 흥미로운 점은 동일한 나이대의 사람들이라 해도 신체편향성에 관한 대답이 서로 다르다는 점이다. 똑같이 젊거나, 나이가 들었어도 누군가는 상대적으로 외모에, 건강에 더 많은 가치를 부여하고 그 가치를 실현시키기 위해 자신의 행동 방침을 바꾼다. 누군가는 충분히 젊은데도 건강을 유독 중요하게 생각하여 운동에 매진하고, 영양제를 먹으며 꾸준히 건강검진을 받는다. 한편 다른 누군가는 손주까지 본 '할머니', '할아버지'가 되었는데도 멋진 옷을 사 입고 헤어 스타일을 관리하며 성형 시술을 받는다. 신체편향성이 비단 나이에 의해서만 결정되지는 않는다는 의미이다.

기존 연구에 따르면 신체편향성은 성별에 따라 다른 양상을 보이기도 한다. 여성이 남성에 비해 평균적으로 건강보다는 외모를 더 중요하게 생각하는 경향성을 보인다는 것이다. 우선 '남성은 여성의 외모를 보고, 여성은 남성의 경제력을 본다'는 진화심리학 분야의 성 선택sexual selection 이론과 관련지어 설명할 수 있을 듯하다. 조금 더 현실적인 차원에서 접근하자면, SNS나 미디어의 영향력도 무시할 수 없다. 경제력이 뛰어난 남성, 외모가 아름다운 여성을 멋지게 묘사하고 노골적으로 드러내는 자극적인 광고, 영상, 게시물이 외모에 대한 여성의 관심을 더욱 부추기는 역할을 하기 때문이다.

흥미롭게도 신체편향성은 종교의 유무에 따라서도 다른 결과가 나타난다. 독실한 종교인이 비독실한 종교인이나 종교가 없는 사람들에 비해 외모를 중시하는 경향성이 더 낮았던 것이다. 여기에는 몇 가지 이유가 있을 것으로 추정되는데 첫째, 상당수의 종교는 외적인 가꿈보다는 신앙심, 즉 정신적 차원에서의 수양을 더 강조하는 경향이 있다. 둘째, 종교의 긍정적인 기능 중 하나는 삶에 방향성, 가치관을 제시해준다는 것이다. 이타적인 삶, 헌신하는 삶, 자신의 일에 부지런히 매진하는 삶, 종교인으로서 깨달음을 추구하는 삶 등 몸과 마음의 건강을 촉진하는 삶의 형태를 권장한다. 자연스럽게 외모를 중시하는 가치관은 후순위로 밀려나게 되는 것이다.

여러분은 자신의 몸을 어떻게 여기는가? 자신의 몸이 먼 훗날 어떤 모습으로 거듭나 있기를 소망하는가? 다시 언급하자면 몸과 마음은 연결되어 있다. 마음에 성장이라는 개념이 존재한다면, 마찬가지로 몸에도 성장이라는 개념이 성립할 수 있다(물론 여기에서 말하는 것은 키가 커지고 2차 성징이 찾아오는 등 신체적 성장을 의미하는 건 아니다). 몸에 관해서도 성장 계획을 세워 보는 것은 어떨까? 어떤 몸을 갖는 것이 행복할까? 건강과 외모를 모두 놓을 수 없다면 어느 지점에서 균형을 맞춰야 하겠는가? 몸이 갖는 가치를 더 깊게 탐구해볼 수는 없을까? 몸에 관한 여러 가지 의미들에 주목해보자.

자기불구화

마음은 나도 모르게 실패를 의도한다

우리가 도전이라는 행위를 하는 이유는 무엇일까? 당연하겠지만 도전이 만약 성공한다면, 성장이든, 보상이든, 주변의 인정과 관심이든 평소보다 더 많은 것을 얻게 되리라는 기대를 가지기 때문이다. 그래서 리스크가 존재해도 우리는 종종 도전이라는 선택을 한다. 어렵다는 자격증 공부에도 도전해보고, 더 좋은 회사로의 이직도 준비해본다. 퇴근 이후나 주말의 여가 시간을 아껴 가며 제2의 삶을 준비하기도 한다.

우리는 대개 성공을 경험하기 위해 도전을 감행한다. 하지만 심리학자들은 도전하는 사람들을 관찰하며 대단히 흥미로운 현상을 목격하게 된다. 도전의 의미가 무색하게도, 노력을 하지 않는 수준을 넘어 일부러 스스로를 방해하여 실패를 하도록 만드는 사람들이 있었던 것이다.

어떤 사람들은 중요한 시험을 앞두고 고의로 공부를 미루거나, 공부 외 다른 활동에 몰두하는 등 스스로 시험 준비를 방해하는 행동을 한다. 심지어 일부러 달성하기 매우 어려운 목표를 설정하여 실패를 유도하는 경우도 있다. '내가 무능한 것이 아니라 과제 자체가 너무 어려웠다'는 핑계를 얻기 위함이다.

심리학자들은 이처럼 스스로 방해 요인을 만들어 과업을 망쳐버리는 현상을 가리켜 "자기불구화self-handicapping"라고 부른다. 자기불구화라는 개념은 심리학자 버글라스Berglas와 존스Jones에 의해 처음 제안되었으며, 이는 실패나 성적 저하에 대비하여 장애물을 만들거나 변명을 만드는 행위로 설명된다.

자기불구화 전략의 가장 큰 동기는 자존감과 평판의 보호이다. 실패할 수밖에 없었던 그럴싸한 이유를 만들어서 자신에게는 합리화를 하고, 타인에게는 납득이 가는 사정을 이야기하려는 것이다. 설득력을 갖기 위해서는 더욱 확실한 이유가 필요하다. 그래서 일부러 노력해서까지 장벽을 만드는 행위를 하고야 마는 것이다.

더 세밀하게 들어가 보면, 자기불구화 전략에는 두 가지 형태가 있다. 첫째, '행동적인 차원'으로 실패하기 위해 일부러 과업을 게을리하거나, 회피하거나, 다른 일에 몰두하는 등 직접 장애물을 만드는 전략이다. 둘째, '주장적claimed 차원'으로, 일부러 과업에 방해가 될 만한 행동을 벌이지는 않지만 그 대신 실패 이후의 변명거리들을 미리 마련해두는 전략을 말한다. 최선을 다해 변명거리를 찾지만 여의치 않은 경우에는 심각한 스트레스, 질병, 수면 부족 등 실제로 자신이 경험하지 않았던 가상의 원인을 만들거나 과장하여 합리화 과정에 동원하기도 한다는 것이 심리학자들의 설명이다.

그렇다면 자기불구화 전략은 자존감 보호에 효과적인가? 단기적으로는 자기불구화 전략이 부정적 평가로부터 일시적인 안도감과 보호를 제공하는 것은 분명하다. 하지만 자기불구화 전략이 초래하는 가장 치명적인 부작용은 바로 '성장 기회의 박탈'이다. 예로부터 '실패는 성공의 어머니'라 했듯, 실패의 경험은 개인이 받아들이기에 따라 교훈이 되고, 향후 성장을 위한 밑거름이 될 수 있다. 자신의 부족한 부분을 직면하고 이를 개선할 기회를 모색하는 터닝 포인트가 될 수 있는 것이다. 하지만 자기불구화 전략은 실패의 근본적 원인으로부터 눈을 돌리도록 만든다. 성장이 더뎌지는 만큼 자기불구화 전략을 써야 하는 실패 경험은 줄어들지 않을 것이고, 누적되는 실패와 변명은 자존감과 평판 유지에도 부정적인 영향을 준다.

따라서 자기불구화의 함정에 빠지지 않는 것이 더 이롭다고 할 수 있다. 하지만 자기불구화가 가진 두려운 부분은 바로 자기 자신조차 의식하지 못한 사이에 일어나기도 한다는 점이다. 의식적으로 '그냥 일을 미뤄버리자', '실패할 수밖에 없게 전략을 마련하자'라고 고민하는 사람은 별로 없다. 하필이면 그날따라 몸이 좋지 않아서(말 그대로 정말로 몸이 좋지 않게 느껴질 수 있는데 심리학자들은 이를 "신체화 현상"이라고 부른다), 평소에는 잘 쳐다보지 않던 다른 일에 푹 빠지게 되어버려서 과업을 소홀히 하는 일이 일어난다.

여러분은 혹시 몸이 아파서 조퇴를 했는데, 집에 도착하자마자 아픈 것이 가라앉은 경험은 없는가? 이처럼 자기불구화는 사후에 발견되는 경우가 종종 있다. 막상 그 당시에는 몰랐지만 시간이 지나고 보니 문제는 내 컨디션이 아닌, '핑계 요인'을 만들고 싶은 내 마음가짐이었던 것이다.

자기불구화에 빠지지 않으려면 어떻게 해야 할까? 먼저 고려해야 할 것은 과업의 난이도이다. 쉬운 과제라면 구태여 변명거리를 만들어 실패를 유도할 필요가 없어진다. 과업의 양을 줄인다거나 보다 현실적인 목표로 조정하는 작업이 필요하다.

만약 해야 할 일이 불가피하게 많다면 세부 단위로 일을 나눠, 일로부터 '압도당하는 느낌'을 줄이는 것이 좋다. 만약 혼자 감당하기 버겁다는 생각이 든다면 주변 지인이나 친구, 동료에게 도움을 요청하여 책임을 분담하는 방법도 효과적이다. 지속적인 부담으로 고통을 받고 있다면 심리전문가의 전문적 지원을 받는 것도 장기적으로 도움이 된다.

한편 자기불구화 전략을 사용하는 사람들이 지키고 싶어하는 가치는 그들의 자존감 및 평판의 보호라는 점에도 주목해야 한다. 그렇다면 설령 일의 결과가 잘못되더라도 자존감이나 평판이 손상되지 않는 환경을 조성한다면, 자기불구화에 빠질 유인이 줄어들게 될 것도 분명하다.

자존감이란 과업의 성공/실패에 의해서만 좌우되는 것은 아니다. 친밀한 사람들과의 유대, 삶의 의미 추구, 타인과 비교하지 않는 자신만의 가치관과 기준 확립 등 여러 가지 요소가 자존감을 지탱하는 데 관여한다. 그러니 만약 일에서의 성취 여부가 여러분의 자존감을 자꾸만 흔든다면, 삶의 여러 부분들 가운데 일과 관련된 부분에만 지나치게 마음을 할애하고 있는 것은 아닌지 되돌아볼 필요가 있다. 오로지 일에서의 성취만이 자신을 증명한다고 믿고 있다면, 그 생각을 가라앉히는 것이 도움이 될 것이다.

'실패는 성공의 어머니.' 매우 진부한 표현이지만 자기불구화를 극복하고자 하는 사람들이 마음에 새기기에 이보다 더 좋은 메시지도 없을 것이다. 실패 경험은 누구에게나 괴롭다. 누군가는 나의 실패 경험에 손가락질을 할지도 모른다. 하지만 심리학자들은 일의 가시적 결과보다는 '과정' 그 자체에 집중하는 것이 진정한 자기 발전을 위한 길이라고 말한다.

실제 연구들에 따르면 일의 결과에 치중하는 사람보다는 과정에 집중하는 사람들이 실제 성과도 더 높고, 발전 속도도 더 빠른 것으로 나타났다. 결과가 어떠했든 일을 진행하는 과정에서 무엇인가 배움을 얻었고 보람과 흥미를 느꼈다면 그것이 바로 학습, 성숙이 일어나는 과정이라는 것이다.

4장

숨겨진 능력을 찾아내는 방법

행위 의도

인생을 내 맘대로 이끄는 자동화 기술

추운 1월의 아침, B씨는 손에 펜을 들고 식탁에 앉아 새해 결심을 적었다. "10kg 감량하기." 그녀는 얼굴에 바람을 느끼며 공원을 달리는 자신의 모습을 상상했다. B씨는 의욕과 흥분이 솟구치는 것을 느꼈다.

처음 몇 주 동안 B씨를 막을 수 있는 것은 아무것도 없는 것처럼 보였다. 그녀는 일찍 일어나 운동화 끈을 묶고 공원 길을 달렸다. 매일 그녀는 자신의 진행 상황을 부지런히 추적했고 성취감을 맛봤다. 그러나 2월이 되자 상황이 점차 달라지기 시작했다. 어둡고 추운 아침에 일어나는 것이 점점 힘들어졌고, 한때 활기차던 운동은 어느새 자질구레한 일처럼 느껴지기 시작했다. 3월이 다가

올 무렵이 되자, B씨의 노력은 온데간데없이 사라지고 말았다. 러닝화는 구석에 처박혀 먼지가 쌓여 가고 있었고, 한때 꼼꼼하게 관리했던 진행 차트는 서랍 속에 던져진 채 다시 꺼내어지는 일이 없었다. B씨의 새해 결심은 수많은 다른 사람들과 마찬가지로 버려지고 성취되지 않는 운명을 겪는 듯했다.

'작심삼일作心三日.' 굳게 마음먹었지만 그 결심이 사흘을 가지 못한다는 의미이다. 연말 연초에 대형 문구점을 가 보면 다이어리를 고르고 구매하는 사람들이 정말 많다. 다이어리의 종류도 정말 많아서, 하나하나 세심히 살펴보면 목표를 세우고 기록할 수 있는 갖가지 양식들이 한가득이다.

필자 역시 올해 초, 아내가 다이어리를 사러 가는 길에 동행하게 되었는데 평소 다이어리를 잘 쓰지 않는 필자조차도 다이어리에 관심을 갖게 될 정도로, 다이어리를 고르는 사람들의 눈빛은 새해에 대한 기대와 자기 계발에 대한 결심으로 가득해 보였다. 하지만 약 3개월 후, 이 글을 쓰고 있는 시점에서 한번 돌이켜본다. 그때 다이어리를 사 갔던 많은 사람들 중 여전히 자신이 세운 계획을 성실히 실천하고 있는 사람은 과연 얼마나 될까?

대부분의 계획, 목표가 가진 큰 문제점은 바로 작성자의 의지, 실천 여부이다. 아무리 화려한 계획을 세운다 한들 정작 실천하지 못하면 휴지 조각만도 못한 것이 계획이라는 녀석이다. 심리학자들은 계획 실천에 실패하는 수많은 사람들을 보면서 자연스럽게, 왜 계획이 잘 이뤄지지 않는지, 그리고 사람들의 계획 실천을 촉진할 수 있는 방법은 없을지 깊이 고민하게 되었다. 이번에 소개할 "행위 의도implementation intention"는 그러한 고민 끝에 제안된 매우 간단하면서도 효과적인 심리 기술이다.

행위 의도는 심리학자 골위처Gollwitzer에 의해 널리 알려진 개념으로, 간단한 접근 방법과 효과로 인해 학계 및 대중의 많은 관심을 받았다. 행위 의도는 개인이 달성하려는 목표뿐만 아니라 그 목표를 언제, 어디서, 어떻게 달성할 것인지 구체적으로 설명하는 계획을 세우는 데 초점을 맞춘다. 이러한 계획을 통해 개인은 의도와 실제 행동 사이의 간극을 좁힐 수 있다.

즉, 행위 의도는 막연한 목표를 실행 가능한 단계로 변환하는 데 도움을 준다. 실제로 행위 의도와 관련된 기존 연구들은, 행위 의도를 형성한 참가자들이 단순히 목표만 설정한 참가자들보다 목표를 달성하는 비율이 더 높았음을 입증해 보이기도 했다. 흥미로운 점은 행위 의도 전략이 건전한 습관을 만드는 데에도 도움을 주지만, 반대로 나쁜 습관을 줄이는 데에도 효과적이라는 점이다.

이와 관련하여 심리학자 홀랜드Holland와 동료들은 네덜란드의 통신회사 직원을 대상으로 오래된 종이와 일회용 컵을 언제, 어디서, 어떻게 재활용할지 계획해 보게 하는 실험을 진행했다. 실험 결과, 행위 의도 전략을 적용해 구체적인 절약 목표와 기간, 방법 등을 계획한 그룹이 다른 조건의 참가자들에 비해 일회용 컵이나 종이 사용량을 더 줄이는 경향이 있음이 밝혀졌다.

행위 의도의 핵심은 '만약 ~한다면 ~한다(If-then)'로 대표되는 연결고리의 형성, 그리고 "자동화automaticity"라는 두 가지 메커니즘이다.

소프트웨어 개발자가 코딩하는 장면을 한번 생각해보자. 코딩에는 프로그램의 작동 규칙, 즉 알고리즘이 담겨야 하는데 여기에는 만약(If)이라는 가정적인 질문이 포함된다. 예를 들어 자동으로 상품을 판매하는 프로그램을 만든다고 할 때 개발자는 다음과 같은 조건문을 만들 수 있다. '만약(If) 재고가 0보다 크면 구입 버튼을 누를 수 있도록 활성화하고(then), 그렇지 않으면(else If) 구입 버튼을 누를 수 없음(then).' (물론 실제로는 이보다 더 복잡하겠지만 여기서는 조건문에 따른 원리를 설명하기 위해 언어적으로 간단히 요약하였다.)

상황 조건(If)과 그에 따른 행동 방침(then)이 명확하면 헷갈릴 일이 없다. 자동화가 단순해지는 것이다. 일상에 행위 의도 기술을 적용하는 원리 또한 마찬가지다. 마치 자기 자신이 프로그램이 되었다고 가정하고 '만약 ~한다면 ~한다(If~then)'로 이어지는 코드를 자기 자신에게 입력하는 것이다. 시간, 위치, 감정 상태 등 여러 상황 조건을 상정하고, 각 조건이 충족되었을 때 어떻게 행동할 것인지 알고리즘을 미리 정해두면 된다.

이때 중요한 것은 상황 조건과 행동 방침이 구체적이어야 한다는 것이다. '아침에 일어나면(If), 양치질을 한다(then)'보다는 '아침 7시 14분에는(If), 세면대로 가서 칫솔을 든다(then)'와 같이 설정해야 자동화가 보다 수월하다. 행동 방침이 추상적이라면 부담감을 느껴 실천 빈도가 줄어들 가능성이 높다. 공부를 예로 든다면 '아침 9시 10분에 토익 공부를 시작한다'보다는 '아침 9시 10분에 토익 교재를 펴고 1문제를 푼다'가 더욱 실천의 부담이 적다.

끝으로, If-then 구조의 형성은 반복 작업을 통해 내면화(자동화)하는 것이 중요하다. 어쩌면 이 부분이 소프트웨어 코딩과의 유일한 차이점인지도 모르겠다. 프로그램의 경우 제대로 코딩이 되기만 하면 계속 잘 작동하지만 인간은 그렇지 않다. 기억과 망각이라는 장치가 있기 때문이다.

따라서 동일한 If-then 프로세스를 여러 번 실천하여 내 생활패턴에 완전히 각인될 수 있도록 만드는 것이 중요하다. 만약 여러분이 과업이나 인생에 관해 목표를 세우고자 한다면 If-then 전략을 적극적으로 활용해보는 것은 어떨까? 처음에는 부담을 느끼지 않도록 작고 단순한 프로세스를 만드는 것이 좋다. 만약 프로세스의 실천이 익숙해진다면 보다 상위 목표의 실천을 위해 If-then의 목록을 더 늘리고 고도화하는 식으로 응용해 나갈 수 있다. 이루고 싶은 꿈이 있는가? 작고 단순한 계획이 나비효과가 되어 돌아올지도 모른다.

정신적 대조 상상을 현실로 이루어내는 방법

상상만으로 원하는 것을 이룰 수 있다면 얼마나 좋을까? 부자가 되는 상상을 했더니 어느새 부자가 되고, 좋은 회사에 취직하는 상상을 했더니 원하던 대기업에 합격하게 되는 순간이 온다면 무척 행복할 것이다.

인간의 상상력을 연구하는 심리학자들은 이와 같은 일이 마냥 허황된 이야기만은 아니라고 설명한다. 물론 상상만으로 모든 것이 가능하다는 뜻은 아니다. 상상력은 우리에게 동기부여를 하고 실천 행동을 촉진하는 효과가 있기 때문에, 효율적으로 활용하기만 한다면 우리가 바라는 목표에 보다 가깝게 다가서도록 만들어 줄 수 있다는 의미다.

심리학자 오틴겐Oettingen이 제안한 "정신적 대조mental contrasting" 기법은 상상력을 통해 목표 달성을 돕는, 검증된 심리 기술의 대표적인 사례다.

여러분은 동기부여를 위한 자신만의 방법을 가지고 있는가? 여러 가지 방법이 있을 수 있겠지만 아마 필자를 포함한 여러분도 살면서 한 번쯤은 '내가 바라던 꿈을 이룬, 미래의 나의 모습'을 상상하며 동기부여를 해봤을 것이라 생각한다. 학교에서는 전교 1등을 해서 선생님과 부모님의 칭찬을 받는 상상, 직장에서는 고과 1위를 달성하여 높은 인센티브를 받는 상상, 창업해서 돈을 많이 벌고 고급 아파트에 들어가서 여유로운 삶을 사는 상상 등 우리가 꿈꾸는 "이상적 자기ideal self"의 모습을 누구나 가지고 있으리라(이상적 자기에 관한 더 자세한 이야기는 이 책의 5장에서 확인할 수 있다).

그런데 심리학자들은 단지 미래의 바람직한 모습을 상상하는 것만으로는 동기부여 효과가 확실하지 않다고 조언한다. 오히려 미래에 관한 상상에 몰두하다 보면 마치 꿈을 이룬 것만 같은 착각을 느끼게 되어, 꿈을 이룬 미래에 느껴야 할 '황홀감'을 미리 당겨서 소진해버리는 결과를 불러올 수도 있다고 말한다. 상상에만 몰두해 있느라 정작 계획을 세우고 실천하는 데 써야 할 소중한 내 시간과 정신 자원들을 소모하고 있다는 점도 문제가 된다.

따라서 정신적 대조 기법을 연구하는 심리학자들은 '미래에 대한 상상'만으로는 충분하지 않다고 설명한다. 그보다는 '미래와 현실 간의 차이를 명확히 인식하는 것'이 동기부여에 보다 효과적이라고 말한다.

이를 입증하는 한 연구에서 참가자들은 세 집단에 임의로 할당되어 각각 다른 안내를 받았다. 여기서 안내는 '상상 조건'에 대한 것으로, '긍정적 상상 조건', '부정적 상상 조건', '정신적 대조 조건'으로 나뉜다. 먼저 긍정적 상상 조건에서의 참가자들은 현재 처한 여러 문제들이 해결된 긍정적인 미래를 자유롭게 상상해보도록 했다. 다음으로 부정적 상상 조건에서는 여러 문제들과 관련된 부정적 측면들을 떠올리도록 했다. 끝으로 정신적 대조 조건에서는 긍정적 상상과 부정적 상상을 번갈아 하도록 했다.

실험 결과, 다른 조건의 참여자들보다 정신적 대조 조건의 참여자들이 더 많은 계획을 세웠으며, 책임감 있는 태도를 보였고, 더 활력이 넘치는 기분이 든다고 응답했다. 게다가 목표 달성을 위해 더 노력을 기울인 것으로 나타났다.

정신적 대조 기법을 소개한 심리학자 오틴젠은 그의 연구 결과들을 집약하여 'WOOP'이라는 원칙을 제안했다. WOOP이란 소원wish, 결과outcome, 장애물obstacle, 계획plan의 약자이다. 스마트폰 애플리케이션으로도 개발되어 활용 가능한 WOOP 원칙은 우리가 목표를 수행하고 달성해 나가는 데 활용할 수 있는 훌륭한 심리 도구이다.

WOOP이 우리에게 전하는 메시지는 간단하다. 자유롭게 꿈을 꾸되, 현실을 외면해서는 안 된다는 것이다. 꿈을 상상함과 동시에 우리는 꿈을 이루기 위한 보다 현실적인 계획과, 앞으로 닥칠 수 있는 장애물들을 머릿속에 그릴 수 있어야 한다. 장애물을 떠올렸다면 다음 단계는 각 장애물을 극복할 수 있는 대안을 마련하는 일이다.

한편 정신적 대조 기법의 효과는 매우 다양한 영역에 응용이 가능하다. 예를 들어 운동을 생활화하거나 식습관을 개선하는 등 건강 향상에도 도움을 얻을 수 있다. 대인관계에도 적용 가능한데, 새로운 친구를 더 많이 사귀기, 지인들과의 유대감 강화 등을 목표로 설정하고, 현실적인 어려움들과 계획을 대조하며 동기부여하는 과정이 바람직한 관계 유지에 기여한다.

이러한 정신적 대조mental contrasting 기법과 앞서 If-then 프로세스로 설명했던 행위 의도implementation intention를 결합한 목표 관리 전략이 최근 심리학자들의 많은 관심을 받고 있다. 각 앞 글자를 따서 일명 'MCII'라 불리는 이 기법은 각각을 단독으로 실천할 때보다 두 가지를 결합할 때 목표 달성에 더욱 효과적이라는 사실이 속속들이 입증되고 있다.

MCII 기법은 다음과 같이 네 가지 단계로 일상에서 적용해볼 수 있다. 첫째, 목표 설정 단계이다. 먼저, 달성하고자 하는 구체적인 목표부터 설정하는 것이다. 이때 목표가 자신에게 의미 있는 것인지, 이룰 수 있는 충분한 시간이나 자원을 보유하고 있는지 확인할 필요가 있다.

둘째, 정신적 대조의 단계이다. 목표를 달성했을 때 원하는 결과를 상상해본다. 이 목표를 이루면 어떤 감정을 느끼게 될지, 어떤 긍정적인 영향이 생길지 구체적으로 상상해보는 과정을 말한다. 그리고 현재 상황에 비춰볼 때 목표 달성을 방해하는 장애물에는 어떤 것들이 있는지 생각해본다. 이를 어떻게 극복할 수 있는지 고민하는 과정도 필요하다.

셋째, 행위 의도의 단계이다. 이 단계에서는 목표를 이루기 위해 언제, 어디서 행동할 것인지 구체적으로 명시하는 과정이 필요하다. 예를 들어, 운동을 더 많이 하기 위한 목표를 설정한 경우, "아침 6시 30분에 일어나면 운동복을 입고 집 앞에 있는 ○○공원에서 달리기를 할 것이다"와 같이 구체적으로 명시한다. 이전에도 언급했듯, 가능한 구체적으로 시간과 장소를 정하고, 그중에서 더 편리한 수단을 선택하는 것이 실천 가능성을 높이는 비결이다.

넷째, 프로세스를 병렬화하고 반복하는 단계이다. 목표 달성에 방해가 되는 장애물은 여러 가지가 있으니, 각 장애물마다 행위 의도 기법을 적용하는 과정이 필요하다. 즉, 각각의 장애물을 극복하기 위해 언제, 어디서 행동할 것인지 구체적으로 명시하는 작업이다.

끝으로 진행 상황을 모니터링하는 단계가 필요하다. 목표에 대한 진행 상황을 주시하며 성공적인 결과는 축하하고, 실패한 경우 이를 통해 배우기 위해 노력하는 자세가 필요하다. 목표를 달성하지 못했을 때는, 아직 해결하지 못한 장애물이 있는지 확인해보고 추가로 행위 의도 전략을 세우는 데 집중해야 한다.

자기효능감

일단 해보면 별것 아니다

2016년 리우데자네이루 올림픽 펜싱 경기를 기억하는가? 남자 개인전 펜싱 에페 경기에서 힘겹게 결승에 올라간 박상영 선수가 만난 상대는 헝가리의 백전노장 임레 게저 선수였다. 줄곧 수세에 몰렸던 박상영 선수가 간신히 9:9 동점까지 만들었지만 상대 선수의 노련한 움직임에 의해 10:14, 즉 단 한 점만 내주더라도 그대로 패배당하는 절체절명의 상황에 놓이게 되었다. 그 경기를 지켜보던 모든 사람들이 사실상 승리는 어렵겠다고 생각하던 그때, 박상영 선수는 단 한 번의 실수도 하지 않으며 14:14 동점을 만들었고, 끝내 마지막 승부에서도 점수를 따내 15:14, 기적과도 같은 역전승을 거두게 되었다.

"그래, 할 수 있다. 할 수 있어." 역전승이 벌어진 상황 자체도 무척 대단한 것이었지만 당시 2세트 종료(해당 시점의 점수는 9:13) 후 잠시 휴식을 취하던 박상영 선수가 혼잣말을 하는 장면이 카메라에 잡혔고, 그 장면은 지금까지도 회자가 될 만큼 무척 '영화' 같던 순간이 아니었나 싶다. 시청자였던 우리들은 믿지 못했지만 선수 자신은 믿고 있었던 것이다. 이 승부를 해낼 수 있을 것 같다는, 자기 자신에 대한 믿음 말이다. 실패에 대한 두려움에 굴복하는 대신 자신의 능력을 믿는 그 신념은 심리학의 "자기효능감self-efficacy" 개념과 맞닿아 있다.

심리학자 반두라Bandura가 만든 용어인 자기효능감은 주어진 과제를 성공적으로 수행하거나 특정 목표를 달성할 수 있는 능력에 대한 개인의 믿음을 의미한다. 자기효능감은 사람들이 도전에 접근하고, 목표를 설정하고, 장애물에 대처하는 방법을 결정하는 매우 중요한 요소이기 때문에 지금까지 학계와 대중의 비상한 관심을 받아 왔다. 자기효능감이 과업 성취와 연관이 있다는 연구 결과 역시 수두룩하게 누적된 상황이다.

자기효능감의 개념을 다룰 때 주의해야 할 것은, 자기효능감은 본질적으로 실제 기술이나 능력의 완성도를 의미하는 것이 아니라 그러한 기술과 능력에 대한 사람들의 '자신감'을 의미한다는 것이다. 다시 말해 실제 해낼 수 있는 능력이 부족하더라도 자기효능감은 높을 수 있다.

비록 능력이 부족해서 단기적으로는 실패할 수 있지만 자기효능감이 높은 사람들은 쉽게 포기하지 않는다. 지속적인 도전을 통해 성장을 이루고 끝내 성공을 만들어낼 수 있는 잠재력을 가진 것이 바로 자기효능감이다. 실제로 연구 결과에 따르면, 자기효능감이 높은 사람들은 실패를 경험하더라도 빠르게 회복하는 경향이 있으며(이를 "회복탄력성resilience"이라 한다), 실패로부터 스트레스나 우울감, 불안 등의 부정적인 정서도 덜 경험한다는 점이 밝혀졌다.

반면 특정 과업을 해낼 수 있는 객관적 능력이 충분한데도 자기효능감이 부족한 이들도 있다. "거봐, 막상 하니까 별것 아니지?"라는 말을 들어봤거나 '생각보다 어렵지 않았구나'라며 그 일이 생각보다 할 만했다는 사실을 나중에 깨닫게 되는 일이 많은 경우, 능력적 문제라기보다는 자기효능감의 부족을 염두에 둘 필요가 있다.

왜 어떤 사람은 유독 자기효능감 부족에 시달릴까? 과거의 수행 경험, 대리 경험, 언어적 설득, 감정 상태 등 여러 하위 요소가 개인의 자기효능감 수준에 관여한다. 예를 들어 과거의 수행 경험이란 개인이 성공적으로 작업을 완료하거나 장애물을 극복해본 경험으로, 자기효능감의 주요한 원천이 된다. '한 번 성공해봤으니, 두 번도 가능하겠지'라는 '성공의 DNA'가 만들어지는 것이다.

흥미로운 점은 자기효능감이 타인에 의해서도 강화될 수 있다는 것이다. 타인의 성공을 목격하거나 주변 사람들의 격려와 지지를 받는 것으로도 자기효능감이 높아질 수 있다. 특히 다른 사람의 성공을 목격하고 고무되는 일을 가리켜 "대리 경험"이라고 하는데, 여기에도 구체적인 조건은 있다. 가급적 자기 자신과 비슷한 상황 조건과 실력을 가진 사람의 성공 경험을 목격하는 것이 자기효능감 향상에 가장 효과적이다.

상상해보자. 나와 성적이 비슷한 사람이 해내는 것을 보면 우리는 이렇게 생각할 것이다. '저 사람도 저렇게 해내는데 나라고 왜 못 하겠어?' 하지만 나와 객관적인 수준에서 현격한 차이가 나는, 이를테면 나는 반에서 중간 정도 등수의 수학 실력을 가졌는데, 같은 반의 누군가가 세계 단위의 수학 올림피아드에 참가해 입상했다는 소식을 접한다면 이는 자기효능감 향상에 별 도움이 되지 않는다. 상대적 박탈감을 경험하거나 나와는 다른 세상의 일처럼 느껴질 가능성이 높을 테니 말이다.

그 밖에도 긍정적인 정서 경험이나 숙달mastery 지향적인 접근 자세가 자기효능감 구축에 영향을 주기도 한다. 참고로 숙달 지향적인 접근 자세란 일의 결과보다는 과정 자체에 초점을 두는 것을 말한다. 즉, 일의 성공 및 보상보다는 일을 하는 과정에서 얻어지는 즐거움, 성취감, 흥미, 성장 등을 추구하는 태도이다.

자기효능감이 각광을 받았던 이유는 그것이 목표 달성에 중요한 변수이면서, 응용 잠재력이 무척 높기 때문이다. 실제로 자기효능감은 학습, 교육 분야뿐만 아니라 삶의 여러 분야에서 긍정적인 역할을 한다. 산업/조직심리학 분야에서는 자기효능감이 직무만족도, 직업 성과와 연관이 있다는 연구 결과들이 보고되었다. 건강과도 관련이 있어서, 자기효능감이 높은 사람들은 운동이나 다이어트, 균형 잡힌 식사 등을 더 성실히 실천하며 흡연이나 음주 등 부정적인 행동을 덜 하는 것으로 나타났다. 이뿐만 아니라 자기효능감이 강한 사람들은 더욱 도덕적이고 이타적이기도 하다. 연구 결과에 따르면 자기효능감은 도덕적 이탈의 방지, 타인을 돕는 "친사회적 행동prosocial behavior"의 증가와도 연관이 있다.

자기효능감은 자기 자신에 관한 긍정적 믿음이라는 측면에서 자아존중감과 유사해 보이기도 한다. 하지만 심리학적으로 볼 때 두 개념 간에는 엄연한 차이가 존재하는 것도 사실이다.

첫째, 자기효능감은 맥락 의존적인 성격을 띤다. 예를 들어, 어떤 사람은 자신의 전문 기술에 높은 자기효능감을 가지고 있지만 사회적 기술에 대한 자기효능감은 낮을 수 있다. 반면 자아존중감은 자신의 가치에 대한 보다 일반적인 평가이다. 개인이 자신을 얼마나 좋아하고, 받아들이고, 존중하는지에 대한 전반적인 신념을 의미한다는 것이다.

둘째, 자기효능감은 주로 끈기, 동기부여, 회복탄력성 등 목표 달성에 보다 도움이 된다면, 자아존중감은 전반적인 삶의 만족도, 주관적 안녕감, 긍정적인 정서 등 정신 건강과 더욱 밀접한 관련이 있다,

자기효능감을 높일 수 있는 팁은 없을까? 심리학자들은 아주 작은 성공 경험을 만들어 보는 작업이 중요하다고 조언한다. 목표를 설정하되, 지금 당장도 실천할 수 있는 아주 간단한 계획을 세

우는 것이다. '3분 일찍 일어나기', '식사 뒤 설거지하기', '영어 단어 5개 외우기' 등 스스로 생각하기에 부담 없는 선에서 기준을 정하면 된다. 그리고 목표를 이룬 뒤에는 자신에게 확실한 보상을 하는 것이 좋다. 보통 목표에만 매몰된 나머지 자신에게 보상을 주는 과정을 간과할 때가 많지만, '목표 설정-과제 수행-보상'의 순환 구조를 확실히 갖춰야 비로소 높은 자기효능감의 원동력으로 기능할 수 있다.

몰입 초집중력을 발휘하게 만드는 기술

"몰입flow"이란 심리학자 칙센트미하이Csikszentmihalyi가 제안한 개념으로, 특정 활동에 깊이 심취해 있는 상태를 가리킨다. 언뜻 보기에는 집중력과 유사하게 보일 수 있지만 몰입 경험은 무엇인가에 집중하는 단계를 넘어선, 보다 초월적인 개념으로 이해된다. 집중만 해서는 알 수 없는 어떤 특별한 경험을 제공해주기 때문이다.

우선 몰입 경험에는 세계를 재구성하는 힘이 있다. 신체적 조건, 시간이나 공간 등의 변수, 온갖 '잡념'들(심지어는 '나'에 관한 인식조차도 몰입 경험의 관점에서 볼 때는 '잡념'이다)을 없애주며 오로지 과업만이 세상의 전부인 듯한 느낌만 남는다. 다르게 표현하면 몰입 경험이란 무엇을 해야 할지, 어떻게 해야 할지, 어디로 가야 할지 등 모든 생각이 하나로 모아지는, 그래서 자신의 경험을 명확히 구분하고 정의 내릴 수 없는 모호한 상태를 가리키는 것이기도 하다.

몰입은 가치 있는 경험이다. 그 자체로도 무척 흥미롭지만 여러 이로운 결과들을 가져다주기에 더욱 가치가 크다.

우선 몰입은 창의성과 생산력을 극대화한다. 몰입 경험을 토대로 만들어낸 결과물은 평소 수준의 노력으로는 얻어내기 어려운, 자신의 잠재력이 십분 발휘된 놀라운 수준일 가능성이 높다. '이걸 내가 해냈다고?' 하며 밀려오는 뿌듯함과 기쁨, 행복에 찬 기분도 따라온다. 그래서 칙센트미하이는 몰입 경험이야말로 개인의 행복과 직결되는 인생의 핵심 경험이라고 강조하기도 했다. 이뿐만 아니라 몰입 경험은 통제감 및 동기부여와도 밀접한 관련이 있다. 몰입을 통해 환경의 여러 조건들을 극복하는 경험은 개인에게 자신의 삶을 손에 쥐고 있다는 통제감과 어떤 상황이 닥치더라도 해낼 수 있을 것만 같다는 자신감을 느끼게 해준다.

몰입은 우리가 삶에서 중요하게 여기는 대부분의 가치들과 관련이 있다. 앞서 설명했듯 몰입 경험은 과업에서의 성취 경험을 제공한다. 그리고 이때의 만족감이 행복으로 연결된다. 그렇다면 이토록 좋은 몰입 경험을 하기 위해서는 어떻게 해야 할까? 여기에는 여러 조건들이 있는데 잘 알려져 있듯 칙센트미하이는 가장 중요한 두 가지 조건을 제시했다. 바로 '개인의 역량 수준', 그리고

'과업의 난이도'이다.

몰입 경험이 일어나기 알맞은 가장 이상적인 조건은 중간 정도의 역량 수준(너무 잘하지도, 너무 못하지도 않는 상태), 그리고 그보다 살짝 더 어려운 과업 난이도이다. '조금만 더 노력해보면 어쩌면 될 수도 있겠는데?'라는 느낌을 갖게 하는 것이 핵심이다.

만약 과업 난이도가 역량 수준보다 낮다면 우리는 지루함과 시시함을 경험하게 될 가능성이 크다. 반면 역량 수준은 낮은데 과업 난이도가 이를 크게 상회한다면 경험하게 될 스트레스, 불안감이 클 것이다. 어쩌면 과업을 시도조차 못 하고 포기하게 될지도 모를 일이다. 또한 역량 수준과 과업 난이도가 얼추 비슷하더라도 그 수준이 모두 낮다면 몰입 경험이 일어나는 데 최적의 조건은 아니다. 따라서 몰입의 첫 단추를 꿰려면 우선 과업에 관한, 그리고 자신이 앞으로 어떻게 기초 역량을 닦아야 할지에 관한 탐색 작업이 부지런히 진행되어야 한다.

과업의 난이도와 개인의 역량 수준은 몰입 경험의 열쇠이지만 이 사실을 토대로 당장 몰입 경험을 유도하기에는 넘어야 할 현실적인 어려움들이 아직 남아 있다. 그래서 몰입을 연구하는 학자들은 몰입을 잘 느끼기 위해서는 인위적인 노력과 훈련 등이 꼭 필요하다고 강조한다. 가령 다음과 같은 노력이 몰입 경험을 도울 수 있다.

첫째, '과업의 난이도', '개인의 역량 수준'을 보다 구체적으로 정의해야만 한다. 안타깝게도 현실의 많은 과업들은 난이도나 요구 역량 등이 절대적으로 수치화되지 않는 경우가 많다. 따라서 비슷한 여러 과업들, 그리고 다른 사람들의 경험들을 참고해보면서 과업의 난이도를 가급적 자세하게 체계화하는 것이 중요하다.

역량 수준 역시 마찬가지이다. 과거 자신의 성공/실패 경험을 반추하며 자신의 실력을 객관화하는 작업이 요구된다. 필요하다면 자기 자신을 잘 아는 타인에게 피드백을 요청하거나 역량검사와 같은 전문적인 심리검사 진단 서비스의 도움을 받는 것이 좋다.

둘째, 몰입은 분명 여러 환경의 제약 조건들을 잊어버리게 만든다. 하지만 몰입 경험 이전에 그 장벽을 낮춰 두는 것은 몰입 경험이 더 쉽게 일어나도록 도움을 준다. 과업에 임하기 전에 마음속에 계속 걸리는 일이 있다면 우선순위를 조정하여 그 일을 먼저 해결하는 것이 도움이 될 수 있다. 또한 심호흡이나 명상, 마음챙김 등 감정을 다스리는 과정을 통해 집중력을 유지하는 한편, 부정적인 감정들이 몰입을 방해하지 않도록 하는 작업도 필요하다.

그 밖에 과업이 이뤄지는 장소 역시 중요한 변수가 될 수 있는데 소음의 최소화, 적절한 조명의 밝기, 실내 온도, 청소 및 정리정돈 상태 역시 몰입 경험을 위해 고려해볼 수 있는 요소들이다.

셋째, 노력에 상응하는 보상책을 마련해둔다. 미래의 성취나 행복 등도 유인책이 될 수 있지만 당장 실체화되어 와닿는 보상들이 더욱 빠른 몰입 경험을 이끈다. 맛있는 음식, 사고 싶었던 적당한 가격의 물건 등 가급적 당장 마련할 수 있으며 빠르게 만족감을 느낄 수 있는 보상 목록을 마련하는 것이 도움이 될 수 있다.

'뭐가 이렇게 해야 할 것이 많아?' 몰입의 조건들을 읽으며 이와 같은 감상이 들지도 모르겠다. 사실 몰입에 이르는 과정은 결코 만만하지 않다. 노력과 훈련이 뒷받침된다면 비교적 자주 경험하게 될 수도 있겠지만 그렇지 않은 경우, 극단적으로는 인생을 통틀어 몇 번 경험하기도 쉽지 않은 것이 온전한 몰입 경험이다. 하지만 분명한 것은 몰입 경험의 여러 이점들을 고려했을 때, 시간과 노력을 투자할 만한 가치는 충분하다는 점이다.

한편 기술 문명의 진보가 몰입 경험을 촉진하기도 한다. VR, AR, 게임 등 자본을 들여 설계한 '경험 모델'이 우리에게 깊진 않지만, 비교적 손쉬운 형태의 몰입 경험을 많이 제공해준다. 예를 들어 요즘 휴대전화로 쉽게 할 수 있는 온갖 모바일 게임들은 칙센트미하이가 강조했던 몰입의 중요 요건들을 두루 잘 갖추고 있다.

우선 과업의 난이도와 개인의 역량 수준이 명확하게 제시된다. 요구 능력치, 현재 획득 능력치, 레벨 등 수치화된 직관적인 정보를 전달해준다. 그리고 요즘 모바일 게임들은 유저의 성장 곡선을 미리 예측하며 도전 과제의 난이도를 적절히 조절한다. 각 단계별로 유저가 자신의 캐릭터의 능력을 키울 수 있는 상한선을 설정하는 한편, 그 상한선으로 간신히 깰 수 있는 수준의 적절한 난이도의 과제를 제시하여 유저의 몰입 경험을 유도하는 것이다. 몰입 경험을 느끼기가 어렵다지만 게임 분야에서는 예외인 듯하다. 예나 지금이나 게임은 대단한 중독성을 갖고 있으니 말이다.

그럼에도 몰입 경험의 질적인 차이를 언급하지는 않을 수는 없다. 게임에서의 몰입 경험은 손쉽고 빠르다. 하지만 이때의 몰입 경험은 타인의 설계에 의해 만들어졌다는 점에서 '전통적인' 몰입 경험과는 다르다. 몰입의 설계, 즉 과업의 난이도와 역량 수준을 조절하는 과정을 자기 자신이 아닌 타인에게 맡긴다면 생산성 및 창의성의 발현이 제한된다는 한계점이 있다. 스스로 설계한 몰입 경험에서는 개인의 잠재력이 발휘되고 그에 걸맞은 창의적인 결과물을 기대할 수 있다. 하지만 게임의 몰입 경험에서는 타인이 설계한 경험 구조 내부로 활동 반경이 제한되다 보니 (설계된) 더 빠른 성장, 더 많은 게임 내적 보상 외에는 실생활에서 의미 있는 변화를 만들어 내거나 성장을 느끼기 어렵다.

강점 개발

단점을 탓하지 말고 장점에 집중하라

필자는 2008년 여름 군에 입대했다. 입대 일주일 전, 대학 선후배들이 필자를 포함하여 곧 군대에 가는 몇몇 친구들을 위해 환송회를 열어 주었던 기억이 있다. 처음에는 평소와 다름없이 학교생활 관련 이야기로 시끌시끌했지만 분위기가 무르익었을 때, 술집 내에 '이등병의 편지' 노래가 흘러나오기 시작했다(아마도 선배 중 한 명이 술집 사장님께 미리 부탁드렸던 것 같다). 그리고 이미 군대에 다녀온 선배들이 필자를 포함한 입대 예정 친구들에게 이런저런 경험담과 조언을 건네주었다.

'군대 가서는 딱 중간만 하면 돼.' 여러 가지 이야기가 있었지만, 그중 가장 많이 듣기도 했고 가장 기억에 남는 말이었다. 너무 열심히 해도 주변의 과한 관심과 질투 어린 시선을 받거나 맡게 될 역할이 많아 고달프고, 반대로 너무 뒤처져도 '관심병사' 취급을 받으며 눈총을 받게 되니, 더도 말고 덜도 말고 딱 중간만 하라는 현실적인 조언이었다.

그런데 얼마 전 필자가 채용 컨설팅 업무를 진행하면서 '중간만 하라'던 그 당시 선배의 조언이 다시 생각이 났다. 고객사들의 신입 채용 선발 기준을 설계, 제안하는 일을 할 때 고객사 인사담당자들의 다음과 같은 요청 사항들을 들었기 때문이다. '너무 튀는 지원자는 감점해야 하는 것 아닌가요?', '모든 역량을 두루 갖춘 지원자를 선발하고 싶어요', '불안, 우울, 충동 성향 등 여러 부적응 특성 중에 하나라도 해당되면 탈락 처리해야 할 것 같아요.'

채용 방식에는 크게 두 가지가 있다. 하나는 "부적격자 배제screen-out"라고 해서, 특정 기준을 정해 두고 이에 미달하는 지원자들을 모두 필터링하는 방식이다. 다른 하나는 "적격자 선발screen-in"로, 회사 혹은 직무에서 요구되는 역량을 가장 잘 갖춘 사람을 선발하는 방식이다. 전자는 소거법, 후자는 선택법으로 진행된다 해도 좋을 것이다.

그런데 대부분의 고객사는 부적격자 배제 방식을 선호하는 경향이 있었다. 취업난이 이어지고 각 회사마다 워낙 많은 지원자들을 심사해야 하다 보니 어쩔 수 없는, 편의적인 이유에서였을 수도 있다. 하지만 소수의 인원만 그때그때 빠르게 선발하는 수시 채용이라 해서 회사들의 채용 전략이 크게 바뀌는 것은 아니다. 몇 가지 역량이 특출난 사람보다는 두루 평범하며 모나지 않은 사람이 더 선호되는 경향을 보인다. 우선 '튀지 않는' 사람들을 선별한 후, 그중에서 그나마 조금이라도 점수가 높은 지원자가 선발되는 것이다. 결과적으로 회사 내부에는 고만고만한 사람들이 모이게 된다. 두루 갖췄으되 자신만의 특별한 개성, 강점을 가진 사람을 찾아보기 힘들어진다.

흥미로운 점은 기업 내부 인력의 다양성이 기업의 창의적 성과 창출과 밀접한 연관성이 있다는 사실이다. 산업·조직심리학자들은 관련 연구를 통해, 기업 구성원의 다양성(국적, 인종, 전공, 성별 등)이 커질수록 기업이 보유한 창의성 수준도 커진다고 설명했다. 여러 다른 배경과 생각을 가진 사람들이 서로 만나 시너지 효과를 낸다는 것이다. 하지만 다수의 기업들이 인재상에 '창의성'을 내걸고 인재를 모집하려 하면서도, 정작 자신만의 개성, 강점을 가진, 소위 '튀는 사람'이 선발되기 어려운 채용 기준이 대세이다 보니 결과적으로 창의적인 풍토 조성이 어렵지 않나 싶다.

사실 심리학계도 비슷한 흐름을 겪은 바 있다. 불과 1990년대 중반까지만 해도 심리치료의 목적은 개개인의 결점을 찾아 이를 '정상' 수준으로 되돌리는 것이었다. 학습 능력이 부족한 사람은 학업 습관을 교정하고, 우울감에 빠져 있는 사람은 위로하고, 행동이 급한 사람들은 명상으로 심신을 이완하는 등 여러 접근 방법을 동원하며 '모나지 않은 사람'으로 만들기 위해 노력했다. 하지만 "긍정심리학positive psychology"이 태동하면서 심리학자들은 반성의 시간에 돌입했다. 그간 심리학은 인간의 부정적인 면에만 초점을 맞췄으나, 과연 그게 최선이었는가 하는 질문이었다. 그렇다면 심리학계는 그 이후 어떻게 달라졌을까?

첫째, 부정적인 면을 교정하더라도 그제야 '정상' 수준에 도달한 것일 뿐, 그것이 곧 우수한 성취나 행복 등을 담보해주지는 않는다는 깨달음을 얻었다.

둘째, 누구에게나 나름의 단점이 있지만, 그에 대응하듯 자신만의 강점도 있다는 점에 주목하기 시작했다. 심리학자가 내담자에게 투자할 수 있는 시간과 비용이 제한적일 때 단점을 교정하는 것이 우선일까? 강점을 더 키우는 것이 우선일까? 어쩌면 강점을 개발하며 삶의 통제력과 유능감 등을 확보하는 것이 인생의 궁극적 목적인 행복 추구에 더욱 필요한 과정이 아닐까?

심리학자들은 비로소 인간의 강점에 관심을 갖기 시작했다. 심리학자 피터슨Peterson과 샐리그만Seligman은 방대한 문헌을 조사하여 인간의 강점 분류 체계인 "VIA 분류체계VIA classification of character strengths and virtues"를 제안하였다. 인간의 여러 단점에 주목하는 대신, 각자의 강점을 탐색하여 개발함으로써 행복에 더 가깝게 나아갈 수 있다고 보았던 것이다. 그렇다면 VIA 분류체계에는 어떤 강점들이 포함되어 있을까?

VIA 분류체계는 6개의 덕목과 24개의 성격 강점으로 구성되어 있다. 먼저 6개의 덕목은 각각 지혜와 지식wisdom & knowledge, 자애humanity, 용기courage, 절제temperance, 정의justice, 초월transcendence

을 지칭하며 각 덕목마다 그에 해당하는 세부 성격 강점이 포진해 있다.

첫째, 지혜와 지식에는 창의성, 호기심, 개방성, 학구열, 지혜가 들어간다. 둘째, 자애에는 사랑, 친절함, 사회지능이 포함되며, 셋째, 용기에는 용감성, 끈기, 진실성, 활기가 있다. 넷째, 절제에는 용서, 겸손, 신중함, 자기조절이, 다섯째, 정의에는 시민의식, 공정성, 리더십이 포함된다. 끝으로 초월에는 감성, 감사, 낙관성, 유머감각, 영성이 포함되어 있다.

자신만의 강점을 찾아야 한다는 주장에 대해 종종 다음과 같은 답변을 듣곤 한다. '저는 잘하는 것이 딱히 없어요', '제가 뭘 잘할 수 있는지 모르겠어요.' 하지만 강점 연구자들이 설명하는 강점 찾기의 가장 첫 번째 단계는 인식의 전환이다. 누구에게나 나름의 강점이 있으며, 그 강점은 쓰면 쓸수록 더욱 강해진다는 점을 인식해야 하는 것이다.

만약 자신의 강점을 알 수 없다면 여러 가지 활동을 통해 강점을 찾아 나설 수 있다. 먼저 자기 자신으로부터 답을 구하는 일은 가장 손쉽게 시도할 수 있는 노력이다. 살면서 에너지가 넘쳤고 하고 있는 일에 깊게 몰두했던 때가 언제였는가? 당시 구체적으로 어떤 노력을 기울였으며 어떤 만족스러운 결과물을 얻었는가? 만약 답변이 어렵다면 심리학자들이 개발한 강점 심리검사를 받고 해석을 듣는 등 전문적인 도움을 받을 수 있다. 이뿐만 아니라 타인의 피드백을 수집하여 자신의 강점 목록을 추릴 수 있다.

자신의 강점을 이해했다면 다음으로 강점을 연습할 차례이다. 강점을 가장 잘 발휘할 수 있는 과업을 탐색하는 작업이 먼저 필요하다. 반드시 거창한 과업일 필요는 없으며 일상에서 소소하게라도 자신이나 타인에게 만족감을 줄 수 있는 활동들이라면 족하다. 일상에서 자신의 강점을 활용하며 이를 재확인하고, 자신감을 얻는 과정을 반복한다. 강점을 개발하는 과정에서 자연스럽게 목표를 상향 조정하게 되고 만족감이 고무되는 등 선순환 과정이 일어날 수 있도록 노력하는 것이 좋다.

제스처의 심리학

머리로 풀지 말고 손짓으로 풀어라

여러분은 퍼즐 게임을 좋아하는가? 필자는 종종 퍼즐 게임을 즐기곤 하는데, 재미가 있는 게임의 경우에는 아내나 주변 친구들에게 소개하고 그들이 하는 모습을 구경하기도 한다. 그런데 다른 사람들이 퍼즐을 푸는 모습을 지켜보며 문득 사람마다 퍼즐을 풀어가는 방식이 다르다는 점을 깨닫게 되었다.

우선 필자는 퍼즐을 풀 때 암산을 주로 활용하는 편이다. 메모 기능을 지원하더라도 사용하지 않으며, 움직이지 않은 채 머릿속에서 계속 가상의 선택지들을 대입하며 정답을 찾아보는 편이다. 그런데 다른 어떤 친구는 필자와 접근 방식이 달랐다. 그는 자신이 생각한 바를 눈앞에 펼쳐 보이기를 선호하는 것 같았다. 예를 들어 도형을 회전시켜야 하는 과제가 있다고 할 때, 도형의 여러 형태를 그림 그려본다거나 허공에다 가상의 도형을 상상한 후, 고개를 좌우로 돌려 바라보는 등 마치 '실제로' 여러 각도에서 관찰하는 듯한 움직임을 보였다. 혹은 제스처를 적극적으로 활용해서 퍼즐의 움직임을 나름의 손짓으로 재현하면서 정답을 추론하기도 했다. 신기하게도 그 친구의 퍼즐 푸는 실력은 나쁘지 않았다. 오히려 부지런히 움직이지 않는 필자보다 더 나은 결과를 낼 때가 많았다.

우리는 설명할 때, 문제를 풀 때 부지불식간에 제스처를 활용하곤 한다. 설명하는 대상의 외양이나 특징을 묘사한다든지, 발화의 자연스러움을 돕기 위해 발표 화면의 특정 부분을 가리킨다든지, 그 외에 두 손을 마주 잡는다거나 손바닥을 내밀어 보인다거나, 손을 회전시킨다거나 등 여러 가지 제스처를 섞어 가며 말을 하고, 문제를 해결한다. 우리는 왜 가만히 있지 못하고 제스처를 쓸까? 제스처에는 어떤 의미가 있을까? 단순한 사고 과정의 반영일까, 아니면 우리가 알지 못하는 어떤 이로운 기능이 있는 걸까?

사실 심리학자들은 오래전부터 제스처의 의미에 주목해 왔다. 기존 연구 결과들에 따르면 제스처는 '머릿속에서 일어나는 사고의 과정을 표상하는 역할', '일종의 비언어적 커뮤니케이션 수단으로서 상대방에 대한 거부, 수용 등의 신호를 전달하는 역할', '강조나 자연스러움을 가미하여 발화의 설득력을 높이는 역할' 등 다양한 기능을 가지고 있다는 사실이 밝혀졌다. 특히 학습심리학 분야에서는 제스처의 활용이 문제 해결 과정에 도움이 될 수 있다는 가능성에 주목했다.

예를 들어 심리학자 추Chu와 키타Kita는 제스처의 활용이 공간 지각 능력을 요구하는 문제 해결에 도움을 준다는 점을 여러 실험을 통해 입증하였다. 실험에서 한 집단의 참가자에게는 제스처 사용이 불허되었지만, 다른 집단의 참여자에게는 제스처 사용이 허가되었다. 그 상태에서 도형 추리 과제(임의의 도형을 제시한 뒤, 해당 도형을 3차원 상에서 N번 회전시켰을 때 어떤 모양이 될 것인지 알아맞히는 과제), 종이접기 과제(N번 접힌 종이의 특정 구간에 구멍을 뚫은 후, 종이를 완전히 펼치면 어떤 모양이 될 것인지 알아맞히는 과제)를 수행하였다.

분석 결과, 첫째, 제스처 사용이 허가된 집단에서는 여러 가지 다양한 제스처 유형이 나타났다. 예를 들어 참가자 스스로 과제의 도형을 손에 쥐고 있는 것처럼 가정하고 손을 회전시키거나, 도형의 회전을 시뮬레이션하기 위해 오른쪽 검지로 원을 그려 보거나, 도형의 특정 구성 요소를 가리키는 등 다양한 움직임이 나타났다. 둘째, 이러한 제스처의 활용은 실제 문제 해결 성과에도 긍정적인 영향을 미쳤다. 제스처를 사용할 수 없었던 집단에 비해 제스처를 사용한 집단의 정답 비율이 더 높았던 것이다.

하지만 심리학자들은 제스처가 문제 해결에 언제나 유용한 수단은 아니라고 말한다. 과제의 특성에 따라 제스처가 때로는 문제 해결을 방해하는 역할을 하기도 한다는 것이다.

심리학자 알리발리Alibali와 동료들은 제스처의 허용 여부에 따라, 참가자들이 어떤 문제 해결 전략을 사용하는지를 자세히 탐구하였다. 먼저 그들이 실험에 활용한 과제는 다음과 같았다.

"4개의 톱니바퀴가 수평으로 배열되어 있다고 상상해봅시다. 가장 왼쪽의 톱니바퀴를 시계 방향으로 돌린다면 가장 오른쪽의 톱니바퀴는 어떻게 움직일까요?" 참가자들은 4개, 7개, 9개, 5개, 8개, 6개의 톱니바퀴 연쇄로 구성된 문제들을 풀어야만 했다.

이 실험에서 참가자들은 제스처 허용 여부에 따라 임의로 집단에 배정되었는데, 먼저 제스처 불가 조건의 참가자들은 책상에 벨크로로 부착된 장갑 속에 손을 집어넣어야 했다. 그리고 제스처 허용 조건의 참가자들은 손은 자유롭게 사용할 수 있었지만, 밴드에 발을 걸어 움직일 수 없도록 했다('발의 움직임'이라는 예외적인 변수가 실험 결과에 영향을 미치는 것을 차단하기 위해서였다).

결과를 분석하며 연구자들은 흥미로운 현상을 목격하게 되었는데, 먼저 제스처가 허용된 조건에서는 참가자들이 "지각-운동perceptual-motor 전략", 즉 톱니바퀴의 움직임을 허공에 그려보는 듯한 제스처를 더 많이 취한 것으로 나타났다. 참고로 지각-운동 전략에는 손을 시계 방향으로 돌리는 등 톱니바퀴의 움직임을 시뮬레이션하는 제스처, 톱니바퀴를 세듯 공간을 가로질러 위아래로 움직이는 제스처 등이 포함되었다.

그런데 제스처가 허용되지 않은 조건의 참여자들은 "추상적abstract 전략"을 더 많이 활용한 것으로 나타났다. 추상적 전략이란 일종의 규칙 기반 추론으로서, 1) 최초 톱니바퀴의 방향을 인지하고, 2) 톱니바퀴의 개수가 짝수인지, 홀수인지 헤아려서, 3) 마지막 톱니바퀴의 움직임을 추론하는 일련의 단계를 가리키는 것이었다.

결과적으로 연구자들은 지각-운동 전략보다 추상적 전략을 활용한 참가자들(제스처 사용이 불가했던 참가자)이 더 수행 성과가 좋았다고 보고하였다. 이를 다른 말로 표현하자면 지각-운동 전략, 즉 제스처를 활용한 시뮬레이션이 오히려 문제 풀이 과정에 방해가 되었다는 것이며, 과제의 종류에 따라서는 제스처의 사용을 억제하고 다른 문제 풀이 전략에 눈을 돌리는 것이 수행 향상에 더 효과적이라는 결론이었다.

어떤 문제를 해결하는 과정에는 지식, 노력 등의 요소만 작용하는 것은 아니다. 제스처에 관한 여러 심리학 연구가 말해주듯 미처 우리가 의식하지 못하는 새에 활용하는 손짓과 같은 비언어적 특징이 문제 해결 과정에 영향을 미칠 수 있다. 특히 공간 지각력처럼 이미지에 관한 상상력이 요구되는 과제에서는 제스처의 활용을 권장할 만하지만, 반대로 연산, 논리적 추론 등의 역할이 중요한 과제에서는 제스처가 오히려 부정적인 영향을 미칠 수 있음을 기억할 필요가 있겠다.

성장 마인드셋

끊임없이 도전하는 사람들의 심리 법칙

"억대 연봉을 받고 싶어요", "고속 승진하고 싶어요", "고급 아파트에 살고 싶어요", "남들이 부러워할 만큼 매력적인 사람과 사귀고 싶어요."

사람들에게 꿈이나 목표가 무엇인지 물으면 흔히 들을 수 있는 답변들이다. 이와 같은 답변들이 지닌 공통점은 무엇일까? 그것은 능력 혹은 노력의 '결과'에 초점을 맞춘다는 사실이다.

"어제보다 더 나은 저 자신이 되고 싶어요", "지금보다 더 전문가로 인정받고 싶어요", "지금보다 더 성숙한 사람이 되고 싶어요."

물론 이와 같은 '성장'에 초점을 둔 답변도 있다. 하지만 순수하게 '성장' 그 자체를 목표로 삼는 사람은 그리 많지 않다. "지금보다 더 성장한다면 돈도 많이 벌고, 사람들의 인정도 더 받을 수 있을 것 같아요." 이처럼 '성장'은 수단으로 여겨지며 성장을 통해 '결과'를 얻고자 하는 것이 대부분의 사람들이 가진 솔직한 속내다.

'결과'와 '성장'은 동의어일까? 혹자는 두 가지를 명확히 구분할 수 없다고 말하기도 한다. 결과를 추구하는 것이 곧 성장 과정이요, 성장을 추구하다 보면 결과도 따라온다고 말한다. 심리학자들도 두 목표 간 어느 정도 겹치는 지점이 있다는 사실에 동의한다. 하지만 곰곰이 생각해보면 결과와 성장이 항상 함께하는 것은 아니다. 가령 자신의 실력에 부합하지 않는 지나치게 쉬운 과제를 수행했을 경우에는 비록 결과가 우수할지라도 성장에는 별 도움이 되지 않는 경험이었을 가능성이 있다. 혹은 우연한 기회로 성패가 결정되는 변수가 큰 과업이라면 말 그대로 '하늘이 도와' 좋은 결과가 나올 수도 있다. 하지만 이 경우 내 성장에 도움을 얻는 것은 없다.

한편 비록 결과가 좋지 않더라도 성장의 자양분이 되는 경험들도 있다. 특히 어려운 과제에 기꺼이 도전할 줄 아는 사람들이 이런 경험을 하기 쉬운데, 몰입 개념을 제안한 심리학자 칙센트미하이는 그런 이유로, 몰입의 조건이 곧 성장의 조건이기도 하다는 점을 강조한다. 몰입이 일어나기 위해서는 적당히 어려운 난이도의 과업이 주어져야 하기 때문이다.

그렇다면 목표를 어디에 두는 것이 바람직한가? 결과인가, 성장인가? 이 질문에 대해서는 사람마다 의견이 갈리곤 한다. 먼저, 결과를 중시하는 사람들이 좋아하는 말이 있다. '프로는 오직 결과로 말해야 한다', '승자가 모든 것을 독식한다Winner takes it all', '역사는 승자들의 기록이다' 등과 같은 말을 한 번쯤 들어 본 일이 있을 것이다. 꼭 이 말들에 동의하지 않는다고 하더라도 상당수의 직장인들은 자의 반, 타의 반으로 결과에 초점을 맞추며 일한다.

매년 초 회사에서는 개인별, 하위 조직별 핵심성과지표key performance indicator를 세우게 되는데, 핵심성과지표는 대개 '매출 ○○% 신장', '고객 수 ○○명 확보', '직원 이탈률 ○○% 미만' 등 평가하고 줄 세우기 용이한, 계량화된 목표로 구성하기 마련이다. 그런데 이와 같은 목표 설정 방식은 자연스럽게 근로자들의 목표지향성을 강제한다. 성장이나 과정보다는 결과에 초점을 맞추게 하며 결과를 만들어 내지 못한다면 좋은 고과를 받을 수 없는 분위기에 익숙해지도록 만든다. 하지만 심리학자들은 결과 위주의 목표 설정 방식이 그다지 바람직하지 않다고 조언한다.

심리학자 드웩Dweck은 "마인드셋mindset"의 개념을 제안하며, 결과보다는 성장에 초점을 맞추는 것이 정신 건강은 물론, 실리적인 관점에서도 더 유리하다고 조언한다. 구체적으로 마인드셋은 "성장 마인드셋growth mindset"과 "고정 마인드셋fixed mindset"으로 구분될 수 있는데, 성장 마인드셋을 가진, 즉 과업을 수행하는 과정과 배움, 성장에 초점을 맞추는 사람들이 일의 결과에만 초점을 맞추는 고정 마인드셋을 가진 사람들보다 발전 속도가 빠르며 장기적으로 성과 또한 더 우수하다는 점을 연구를 통해 입증하였다.

성장 마인드셋을 가진 사람들은 고정 마인드셋 보유자들에 비해 도전 경험에 적극적이다. 도전 경험을 통해 배우기도 하지만, 더불어 도전이 성공으로 끝났을 경우 경제적 보상이나 명예 등 가시적인 성과도 따라온다. 물론 도전은 괴롭고 고통스러운 과정일 수 있으며 실패 가능성을 동반한다. 하지만 연구 결과에 따르면 성장 마인드셋을 가진 사람들은 실패를 덜 두려워한다. 스트레스를 견디는 힘도 컸으며, 실패 경험으로부터 회복하는 속도도 더 빨랐다('회복탄력성'). 하지만 고정 마인드셋을 가진 사람들은 도전을 회피하는 경향을 보인다. 실패하는 것이 두렵기 때문인데, 실패를 회피하고 싶은 마음이 강한 나머지 겉으로만 그럴듯한 결과물을 만들어내는 등 인위적으로 성과를 조작하기도 한다.

결과적으로 성장 마인드셋을 갖춘 사람들은 적응 및 배움에 더 유리하다. 단기적으로는 성과가 나지 않을 수 있지만 지속적인 발전을 추구하기 때문에 장기 레이스로 옮겼을 때 고정 마인드셋을 가진 사람들보다 더 크고 높은 목표를, 더 자주 달성할 가능성이 높아진다. 반대로 고정 마인드셋을 가진 사람들은 실패 경험을 줄이고 안전한 선택을 하는 경향이 강하기 때문에 단기적으로는 성과를 인정받는 데 유리할 수 있다. 하지만 장기적으로는 발전을 도모하지 않기 때문에 성장 마인드셋을 가진 사람들에 비해 뒤처질 가능성이 크다.

성장 마인드셋을 갖추려면 어떻게 해야 할까? 이 질문에 답을 구하기 위해서는 성장 마인드셋, 고정 마인드셋이 어디에서 유래하는지를 살펴볼 필요가 있다. 다음의 질문에 주목해보자. '사람의 능력이란 변화하는 대상인가, 불변하는 대상인가?', '사람의 능력은 후천적으로 개발할 수 있을까? 만약 가능하다면 어느 정도 가능한 걸까?'

심리학자 드웩은 사람들마다 '능력의 변화 가능성'에 대한 암묵적 이론implicit theory을 갖고 있다고 주장한다. 실제로 능력이 어느 정도 유전에 영향을 받는지, 학습으로 개발 가능한 범주는 어디까지인지에 관한 진실은 중요하지 않다. 그보다는 사람들이 이에 관해 어떤 '믿음'을 가지느냐에 따라 과업을 수행하는 모습, 도전적인 태도, 실패에 대한 반응, 목표 설정 방식 등이 달라진다. 능력의 변화 가능성을 신뢰하는 사람들은 성장 마인드셋을 갖고 있을 가능성이 높다. 설사 지금 능력이 부족하다 하더라도 노력하면 될 수 있다는 믿음이 있기 때문에 더 열심히 도전하고, 과정으로부터 배우고자 노력하고, 가시적 성과에 구태여 연연하지 않는다. 실패를 겪더라도 자신에게 남는 것이 있었다면 그다지 좌절하지 않는다.

하지만 능력이 고정적이라는 믿음을 가진 사람들은 고정 마인드셋으로 연결된다. 태초에 가진 능력이 우수하다면 다행이지만, 그렇지 않다면 '분수'에 맞는 사람이 되어야 한다. 설사 능력 범위를 벗어나는 일을 했다가 실패하기라도 한다면 자신의 부족한 능력이 주변에 탄로 나게 되고, 다음에 능력을 키워 더 잘하겠노라고 신념상 변명조차 할 수 없다. 따라서 자신의 능력이 시험받는 상황을 가급적 회피하려 하며, 안전하게 성과가 날 만한 과업 위주로 관심을 집중하게 된다.

기억하자. 중요한 것은 변화 가능성에 대한 믿음이다. 심리학자들은 코칭 프로그램을 통해 성장 마인드셋을 갖추는 것이 가능하다는 점을 실험으로써 입증해 냈다. 구체적으로, 성장의 의미를 정의하고 자신의 과거 성장 경험들을 되짚어보는 것이 도움이 된다. 또한 노력에 더 많은 가치를 부여하며 성장에 관해 꾸준히 기록하는 습관도 도움이 될 수 있다.

창의성

창의적이지 못한 것은 나의 책임이 아니다

'창의성을 기른다', '창의성 교육', '창의성 함양' 등의 말은 그다지 낯설지 않다. 누구나 창의성이 중요하다는 것을 알며 어떻게 창의적인 사람이 될 수 있을지를 궁리한다. 창의성에 관한 책을 구입하고, 창의성 수업을 들으며, 창의적인 사람들의 습관을 따라 하려 노력한다. 학교에서도 창의성 교육에 큰 노력을 기울이고, 회사에서도 인재상에 창의성을 내걸고 창의적인 소질을 지닌 인재를 선발하기 위해 애쓴다.

그런데 이와 같은, 우리가 창의성을 대하는 방식에는 중요한 전제가 숨어 있다. 창의성은 개인 능력의 일종이며 후천적인 노력을 통해 어느 정도 향상시킬 수 있다는 믿음이다. 과연 어디까지가 타고난 재능이고, 후천적 학습의 결과인지는 사람마다 생각하는 범위가 다르겠지만 창의성이 개인 내부에 자리 잡고 있는, 지능과 같은 어떠한 능력이라는 점에 대해서는 많은 사람들이 동의하는 편이다. 창의성 연구를 시작했던 초창기 심리학자들의 생각도 크게 다르진 않았다.

초창기 창의성에 관한 심리학자들의 정의는 '새로운 것을 많이 산출하고 이를 응용할 줄 아는 개인의 능력'이었다. 다르게 표현하면 창의성의 핵심 요소는 '독창성', '유창성', '정교성'으로 구분될 수 있었다.

먼저 독창성은 기존에 없던, 새로운 무언가를 끄집어내는 능력이다. 유창성은 아이디어를 많이 생성해낼 수 있는 능력을 말한다. 참고로 유창성은 아이디어의 질적인 측면과는 무관하다. 제한 시간 안에 얼마나 많은 생각들을 제시할 수 있는지, 양적인 측면을 강조하는 개념이 바로 유창성이다. 마지막으로 정교성은 산출해낸 여러 아이디어 중 더 나은 것을 선별하고, 현실적으로 실현될 수 있도록 다듬는 능력을 말한다. 상상 속의 아이디어를 구현할 수 있는 기술 스펙을 정의하거나, 구체적인 행동 계획을 짠다거나, 한계점을 검토한다거나 하는 등의 요소들이 정교성에 포함된다.

심리학자들은 창의성을 향상시킬 수 있는 방법에 대해서도 고민했다. 예를 들어 심리학자 던커Duncker는 "기능적 고착functional fixedness"을 극복하면 독창성을 만들어낼 수 있다고 제안했다. 던커의 유명한 실험을 간단히 소개하면 다음과 같다.

실험자는 참가자들에게 성냥 1갑, 압정 상자 1개, 양초 1개를 지급한 뒤, 양초를 벽에 붙여서 테이블 위로 떨어지지 않도록 만들어보라고 과제를 낸다. 이때 대부분의 참가자들은 압정으로 양초를 벽에 고정하려 하거나, 양초에 불을 붙인 뒤 촛농을 이용하여 양초를 벽에 붙여 보려 노력하였다.

하지만 일부 '창의적'인 참가자들의 전략은 달랐다. 이들은 압정 상자를 일종의 촛대로 활용, 상자를 압정으로 벽에 고정한 뒤 그 위에 양초를 올려두는 방식으로 문제를 해결했던 것이다. 왜 많은 사람들은 이와 같은 전략을 생각하지 못했을까?

던커는 압정 상자에 대한 기능적 고착이 문제였다고 설명한다. 압정을 담는다는, 압정 상자의 원래 기능에만 고착되었기 때문에 압정 상자를 다른 용도로 쓸 생각을 하지 못했다는 것이다. 이 주장을 입증하기라도 하듯 다른 실험에서는 빈 압정 상자를 받은 사람들이 압정이 든 압정 상자를 받은 사람들에 비해 문제를 해결할 가능성이 더 높아지는 현상이 관찰되기도 했다.

그런데 창의성을 개인의 능력으로만 간주하는 것이 옳을까? 혹시 다른 요인이 창의성을 판단하는 데 영향을 미치지는 않았을까? 이러한 의문을 가졌던 심리학자들은 창의성의 사회문화적 배경에 관심을 가지기 시작했다.

창의성을 판단하는 주체는 누구인가? 1차 판단 주체는 물론 자기 자신이다(물론 자기 자신의 판단 기준이 어디에서 학습, 유래되었는가 따져 보면, 이것이 온전히 나만의 기준인가에 대해서는 여전히 의문이 남는다). 하지만 창의적인 결과물이 빛을 보기 위해서는 다른 사람들을 설득하고 그들의 인정을 받는 과정이 뒤따라야만 한다. 더 나아가 제아무리 독창적이라 할지라도 시대를 잘 타고나지 못한다면 창의성을 인정받지 못하기도 한다.

이는 문화예술 분야에서 흔히 볼 수 있다. 생전에는 작품의 가치를 인정받지 못하고 빈곤한 삶을 살았지만, 작가 사후에 그 가치가 재조명되는 사례가 있지 않은가. 이러한 맥락들을 고려하면 창의성은 더 이상 개인만의 것은 아니게 된다. 만들어내는 것 자체는 본인의 몫일지 몰라도 창의성에 관한 판단은 사회문화적 여건에 따라 좌우된다. 내가 쓴 '창의적' 소설이 누군가에게는 식상한 내용일 수 있다. 반대로 나에게는 실패작 같던 소설이 누군가에게는 참신한 내용으로 비칠 수도 있다.

그래서 창의성의 사회문화적 배경을 강조하는 심리학자들은 특정 시기에 산출된 결과물들이 얼마나 창의적이었는지를 연구하기 위해 '합의에 의한 평가 방법', '역사측정적 방법' 등을 활용하기도 한다.

먼저 합의에 의한 평가 방법이란 다수결에 의존하는 방법으로, 산출물에 대해 관련 업계 전문가들이 어떻게 평가를 내렸는지를 조사하고 평가 결과를 종합하는 방법이다. 역사측정적 방법은 문헌 자료를 토대로 여러 산출물 가운데 어떤 산출물이 가장 많은 지면을 차지했는지, 인용되거나 실제로 응용된 횟수가 얼마나 많은지 등을 따져 창의성의 정도를 평가하는 방법이다. 세부적인 접근은 달라도, 이들 방법이 내포하는 창의성의 정의는 공통적이다. 창의성은 온전히 개인의 능력이 아니며, 시대와 사회의 평가, 수용 과정을 거쳐 비로소 완성된다는 것이다.

심리학자 칙센트미하이 역시 창의성에 관한 이러한 관점에 동의하며 창의성이 발현되는 과정에 관여하는 세 가지 주체를 정의했다. '창조자creator', '현장field', 그리고 '영역domain'이 그것이다.

첫째, 창조자는 개인의 내적 동기, 기질, 성격 등과 관련이 있다. 예를 들어 성실성conscientiousness, 경험에 대한 개방성openness to experience 성격을 가진 사람들이 창조에 유리할 가능성이 있다.

둘째, 현장은 창의적 산출을 돕고, 평가하며, 사회에 유통되도록 지원하는 주체다. 작가에게는 출판사가, 카피라이터에게는 광고주나 광고회사가 그런 역할을 한다.

셋째, 영역은 산출물을 둘러싼 사회문화적 지식, 배경을 담당한다. 광범위하게 인정받은 산출물은 특정 시대의 지식이 되고, 상식이 된다. 스마트폰처럼 생활 전반을 바꿔놓기도 하며 이와 같은 창의적 기술은 또 다른 창조자의 창의적 산출물 형성에 밑거름이 되어 준다.

끝으로 문명사회가 고도화되고 산출물이 복잡해지면서 창조의 단위는 개인이 아닌, 팀이나 조직으로 확대되었음을 염두에 둘 필요가 있다. 사실 대부분의 창조 과정은 다수의 협력이 요구되는, 집단적 노력의 산물이라고 할 수 있다. 예를 들어 영화를 제작하기 위해서는 감독, 작가, 스태프, 배우, 비평가 등 여러 주체들의 협력이 필수적이다. 규모가 있는 게임을 만들 때도 마찬가지다. 기획자, 개발자, 디자이너 등 여러 전문가의 협력이 필요하다.

따라서 오늘날의 창의성 교육은 단지 개인을 위한 것이 아닌, 팀이나 조직을 위한 교육으로 확대될 필요가 있다. 집단 브레인스토밍, 애자일 기법, 인사 분야에서는 OKR, 퍼실리테이션 등 집단적 업무 프로세스의 효율화, 혁신을 위한 노력들이 계속 각광을 받고 있는 이유이다.

심리검사

심리검사를 가장 똑똑하게 활용하는 방법

'나는 누구인가?'는 사춘기의 상징과도 같은 질문이 아닌가 싶다. 심리학자들은 인간이 정체성을 형성하며 독립된 성인으로 성장해 가는 것은 '나는 누구인가?'라는 질문에 답을 찾아가는 과정과 같다고 설명한다.

필자도 사춘기를 겪으며 나 자신의 정체에 관해 스스로에게 여러 번 물었던 것 같다. 하지만 솔직히 고백하자면 사춘기가 한참 지난 지금도 필자는 그 질문에 대한 답을 찾지 못했다. 나이를 먹어 가며 분명 '나'에 관한 데이터는 더 누적되었는데도 역설적으로 '나는 누구인가'라는 질문에 답을 하기 어려워졌다. 하지만 이내 변명해본다. '정체성에 대해 명확히 답을 가진 사람이 과연 지구상에 얼마나 될까'라고 말이다. 어쩌면 평생 동안 해야 할 일인지도 모른다.

심리학자 에릭슨Erikson은 그의 심리사회적 발달 이론을 통해 인간이 평생에 걸쳐 정체성을 발달시켜 간다고 설명했다. 그의 이론에 따르면 자기 이해의 작업은 노년기에 이르러서도 끝나지 않는다. 자신의 삶을 돌아보며 성찰해야 하고, 이를 수용하여 "자아통합ego integrity"의 경지에 도달해야 한다. 사춘기의 정체성 탐구가 미완에 그치는 것은 어쩌면 자연스러운 일인지도 모른다.

하지만 평생의 과업이라 해서 정체성 탐구를 게을리할 수는 없다. 인간은 본질적으로 앎을 추구한다. 타인에 대한 앎, 세상에 대한 앎도 중요하게 생각하지만 그 전에 무엇보다 자기 자신이 누구인지 알고 싶어하는 본능이 있다. 그 본능이 본격적으로 깨어나는 시점은 청소년기이며 심지어 노년기가 될 때까지 그 본능은 사그라들지 않는다.

학생들은 생각한다. '내가 좋아하는 일은 무엇일까?', '내가 잘할 수 있는 일은 무엇일까?', '나는 어떤 사람이길래 이런 활동들을 좋아하는 것일까?' 등을 말이다. 직장인들도 생각한다. '이 직무가 나와 잘 맞는 걸까?', '이 업계에 계속 있으면 만족스러울까?', '나는 어떤 일을 잘할 수 있을까?', '사업을 하게 된다면 내 적성에 맞을까?', '내게 맞는 인생 계획은 무엇일까?', '나는 어떻게 살다가길 원하는가?' 등등 의도하지 않았는데도 나와 연관된 질문이 끊임없이 이어진다.

그렇다면 어떻게 '나'를 탐구해야 할까? 정체성 탐구의 필요성을 인식하는 사람들은 많다. 앞서 설명했듯 그것은 본능과도 같은 것이기 때문이다. 하지만 정작 어떻게 정체성을 이해해야 하는지 구체적인 방법을 따져 보자면 머리가 아파 오기 시작한다. '나는 누구인가'라는 질문이 던져져야 하는데 그 질문이 너무 철학적이고, 심오하며, 복잡하게 느껴지기 때문이다.

안타깝게도 우리는 모두 철학자가 될 수는 없다. 철학자처럼 사유하고 고찰하며 탐구할 수는 없다. 전문적인 학습과 훈련이 뒷받침되지 않고서는 본인 스스로 사유를 통한 깨달음을 추구하는 여정은 결코 쉽지 않다. 하지만 다행스럽게도 본인이 직접 철학자가 되지 않고서도 정체성 탐구를 지속할 수 있는 효과적인 방법이 있다. 그것은 바로 '심리검사'와 같은 검증된 도구의 힘을 빌리는 것이다.

지금은 인식이 많이 나아졌다지만 예전에는 심리검사라고 하면, 인터넷이나 잡지 등에서 흔히 볼 수 있는 '심리테스트'를 떠올리는 이들이 많았다. 심리테스트는 과학적 근거 없이 단지 재미 목적으로만 만들어지고 유통되는 콘텐츠이기 때문에 이를 심리검사로 오인하여 심리학이라는 학문 자체의 과학성을 의심하게 하는 부작용도 적지 않았다(그래서 대부분의 심리학자들은 심리테스트를 경계한다). 결과적으로 심리학자들은 만약 심리검사를 받아보고 싶다면 반드시 과학적으로 신뢰도와 타당도가 검증된 심리검사인지 확인하고 참여할 것을 조언한다. 과학적 검증이 이뤄지지 않은 심리검사는 임상 실험도 하지 않고 내놓은 약물과도 비슷하다. 심리검사가 정식으로 효용을 발휘하기 위해서는 실제 여러 사람들을 대상으로 테스트를 진행하고 고도의 통계적 방법론을 거쳐 검사의 구조 및 효과성이 입증되어야만 한다.

그러면 심리검사를 개인이 잘 활용하기 위해서는 어떻게 해야 할까? 우선 대부분의 심리검사가 주어진 질문에 피검사자 스스로 답해보는 자기보고식self-report 형식으로 구성되어 있다는 점을 염두에 둘 필요가 있다. 자기보고식 검사는 편리하고 채점하기 수월하다는 점에서 전통적으로 각광을 받는 검사 형태이지만, 주관성의 영향을 받는다는 한계점이 존재한다. 그래서 피검사자의 태도, 그날의 컨디션, 마음가짐 등에 따라서 검사 결과가 달라질 수 있다. 그렇다면 주관성을 최대한 배제하기 위해 어떤 태도를 취해야 할까? 가급적 솔직하게 검사에 응하는 한편 문항 하나하나에 지나치게 긴 시간을 할애하지 않는 것이 좋다. 평소 자기 자신의 모습을 있는 그대로, 자연스럽게 보여준다고 생각하고 솔직하게 응답하는 것이 보다 정확한 검사 결과를 얻을 수 있는 방법이다.

또한 자기보고식 검사에서는 "참조 집단 효과reference group effect"에 의한 왜곡이 일어날 수 있다는 잠재적 문제점도 있다. 참조 집단 효과란, 피검사자가 검사 문항에 응답하면서 서로 다른 비교 집단을 머릿속에 상정하고 응답했을 때 일어날 수 있는 검사 결과의 왜곡을 말한다. 특히 '다른 사람들과 비교했을 때, 나는 머리가 좋은 편이라고 생각한다'와 같이 다른 사람들과의 비교를 전제하여 묻는 질문의 경우 참조 집단 효과의 영향을 받을 가능성이 높아진다. 만약 중간 정도 성적을 가진 A가 이 문항에 응답할 때 최상위권 성적의 친구들을 참조 집단으로 삼아 응답한다면 '아니다', '전혀 아니다'로 응답할 가능성이 클 것이다. 반면 최하위권 성적의 친구들을 참조 집단으로 삼으면 '그렇다', '매우 그렇다'로 응답할 가능성이 커진다.

즉 자기보고식 검사를 수행할 때 자신이 비교할 참조 집단을 머릿속에서 어떻게 구성하는지가 검사 결과의 정확성에 영향을 미칠 수 있으니 다음 두 가지를 기억할 필요가 있다. 첫째, 가급적 대부분의 문항에 대해 일관된 참조 집단을 떠올리는 것이 좋고, 둘째, 특수한 배경의 집단보다는 가급적 평범한 다른 사람들과의 비교를 가정하고 답변하는 것이 도움이 된다.

검사를 마친 뒤에는 어떻게 해야 할까? 사실 심리검사의 진정한 효용은 검사 결과 해석과 탐구에 있다고 해도 과언이 아니다. '난 ENTJ(MBTI 성격 검사 유형 중 하나)가 나왔는데, 너는 어떤 유형이야?' 많은 사람들이 검사 결과지를 받은 후, 일단 주변의 다른 사람들과 검사 결과를 비교해본다. 그리고 검사 결과가 나와, 상대방과 잘 맞는 것 같은지 아닌지에 관해 잡담을 나눈다. 그리고 검사 결과지를 버리거나 책장에 꽂아 두고 잊어버린다.

하지만 명심하자. 결과만 보고 결과지를 덮어버린다면 성장이든, 자아 탐구든 어떤 변화도 일어나지 않는다. 전문가를 통해 해석 상담을 받거나 스스로 검사 결과를 곱씹어 보고, 다음 행동 계획을 세울 때 비로소 정체성 탐구라는 과업에서 한 걸음 더 나아갔다고 할 수 있다. 흔히 스스로 생각하던 자신의 모습과 검사 결과가 말해주는 나 자신의 모습이 일치하지 않을 때 그 부분을 그냥 간과해버리기 쉽지만, 이 불일치야말로 정체성에 대한 이해의 폭을 넓힐 수 있는 열쇠가 되기도 한다. 미처 알지 못했던 나의 새로운 모습을 발견하게 되는 순간이기 때문이다.

복권 선택 실험

일단 '선택'하면 무엇이든 재밌어진다

우리는 어떻게 복어를 먹게 되었을까? 여러분들도 알다시피 복어는 인간의 생명을 앗아가기 충분할 정도의, 치명적인 맹독을 가지고 있는 물고기다. 인간은 죽음을 두려워한다. 독을 가지고 있을 확률이 높은 전갈, 뱀 등을 무서워하는 것은 본능적인 반응이다. 그리고 복어 역시 예외가 아니었어야 한다. 하지만 인간은 끊임없이 복어를 먹기 위해 도전했고, 결국 복어를 식재료로 삼는 데 성공했다. 그 비결은 무엇이었을까?

이 질문에 대해 필자는 과감히 인간의 '호기심'이 그 비결이었다고 주장하고 싶다. 인류 최초로 복어를 맛본 누군가는 죽음을 피할 수 없었다. 하지만 복어의 그 황홀한 맛을 잊을 수 없었고, 죽어가면서도 이 복어가 너무 맛있었다고, 누군가에게 이야기를 전했으리라. 그 이야기를 들은 누군가는 강렬한 호기심에 이끌렸을 것이다. 그래서 그 역시 복어에 손을 대고, 같은 과정이 반복되고 또 누군가 호기심을 갖고 도전하는 그런 시행착오가 반복되었기에 지금의 복어 정복이 가능했을 것이다.

호기심은 인간의 생각과 행동을 유인하는 매우 강력한 동기다. 호기심을 가진 학생들은 공부를 게을리하지 않고 더 나은 학업 성취를 보인다. 마찬가지로 자신의 직무와 경력 설계에 관심이 큰 직장인은 퇴근 후에도 열심히 자기 계발을 하며 자신의 몸값을 높인다.

호기심은 인류 문명 발달의 원동력이기도 하다. 일찍이 수많은 자연 현상에 관심을 가졌던 사람들이 과학의 원리를 천명했고, 수많은 관찰과 기술, 실험 결과를 남겼으며 첨단 문명 발달의 기반이 되는 여러 지식과 이론을 발전시켰다. 요약하면 호기심은 곧 발전이다. 괜히 교육 현장에서 아이들의 호기심을 길러줘야 한다고 열변을 토하는 것이 아닐 터이다.

호기심은 어떻게 만들어지는 걸까? 첫 번째 답은 다름 아닌 우리 내부에서 찾을 수 있다. 많은 학자들은 지적 호기심이 인간의 본능이라고 가정한다. 우리의 인생을 한 줄로 요약할 수 있다면, '무언가를 알고, 경험하고, 배우고, 깨닫는 것', 그것이 곧 인생의 여정과 다름이 아니다. 여러 방면으로 뻗어 나간 호기심은 가치관이 되고 신념이 되며, 기호나 관심사가 되어 우리가 생각하고 행동하는 데 방향을 제시하고 있다.

한편 성격심리학자들은 호기심이 많은 성격이 따로 있다는 점을 밝혀내기도 했다. '성격 5요인 모델'에 따르면 인간의 성격은 경험에 대한 개방성(이하 '개방성'), 외향성, 성실성, 친화성, 신경성 다섯 가지로 압축될 수 있는데, 이 다섯 가지 특성 중에서 개방성은 호기심과 가장 밀접하게 연결된 특성이다.

개방성은 개인이 새로운 경험과 아이디어를 받아들이는 정도를 의미하는데, 개방성이 높은 사람들은 일반적으로 더 호기심이 많고 모험심이 강한 반면, 이 특성이 낮은 사람들은 일상적이고 친숙한 것을 선호하는 경향이 있다. 또한 개방성이 높은 개인은 모호함과 불확실성에 대해 더 관용적인 경향이 있으며, 이는 다양한 관점과 가능성을 탐색하도록 장려함으로써 호기심을 더욱 자극할 수 있다.

하지만 호기심은 외부 조건에 의해 유도되기도 한다. 가장 대표적인 예시는 바로 '광고'다. 자본주의의 상징과도 같은 광고 산업은 본질적으로 대중의 호기심을 자양분으로 삼는다. 카피라이터, 마케터 등은 광고를 제작하면서 어떻게 하면 사람들의 호기심을 이끌어낼 수 있을지를 고민하는 전문가들이다.

여러분이 드라마, TV 프로그램 시리즈를 시청할 때는 어떤가? 대부분의 드라마들은 꼭 한창 재미있을 만한 순간에 회차가 끝난다. 그리고 자극적인 장면이 짜깁기된 예고편이 우리의 호기심을 더욱 끌어올린다. TV에서 공개 오디션 프로그램을 보면 프로그램을 만드는 사람들이 어떻게 호기심을 유도하는지 또한 생생히 관찰할 수 있다. 공개 오디션 프로그램 결승전이 있는 날이라 치면, 최종 우승자는 단 한번에 발표되는 법이 없다. '60초' 후에 공개한다면서 시간을 끈다거나, 바로 우승자를 호명하지 않고 '과연~ 누구일지 궁금해지는데요~', '수상자는!', '그 주인공은 바로~' 등 추임새를 넣으며 시청자의 호기심을 끌어올리는 테크닉이 빈번한 것이 사실이다.

그런데 심리학자들의 연구에 따르면 호기심은 의외로 간단한 방법을 통해서도 유도될 수 있다. 무언가를 선택하도록 만드는 것이 핵심인데, 어떤 상황에서 선택 가능한 여러 옵션이 주어졌을 때, 우리가 그 중 어느 한 가지를 선택한다면 자연스럽게 그 대상에 관한 호기심이 유발된다는 것이 심리학자들의 설명이다. 심지어 아무 관심이 없던 대상이었더라도 일단 행동적으로 선택을 하게 유도하면 호기심을 촉발할 수 있기에 무척 흥미로운 현상이 아닐 수 없다.

심리학자 베르듀고Verdugo와 동료들은 이를 입증하기 위한 실험을 진행했는데, 실험 절차는 다음과 같았다. 먼저 참가자들에게는 두 종류의 '복권'이 주어졌다. 복권의 정체는 라벨이 붙은 유리병이었는데 각 유리병 안에는 일정량의 빨간 구슬과 파란 구슬이 섞여 있었다. 각 구슬에는 10~90 사이의 포인트가 매겨져 있었으며 참가자는 자신이 선택한 유리병(복권)에 들어 있는 구슬의 포인트에 해당하는 보상을 가져갈 수 있었다.

실험에서 참가자들은 두 종류의 복권 중 어느 것을 가질지 선택해야 했는데, 일부 참가자만이 자신이 갖고 싶은 복권을 직접 선택할 수 있었다(선호-선택 조건). 나머지 참가자들은 직접 복권을 고르는 대신 컴퓨터 프로그램에 의해 임의로 선택된 복권을 갖게 되었다(비선호-비선택 조건). 자의적, 혹은 타의적인 선택이 이뤄진 후 참가자에게는 복권의 결과에 얼마나 호기심이 생기는지를 질문하였고(실험1), 실제로 복권 결과가 제시되기까지 얼마나 오래 참고 기다리는지(실험2)를 측정하였다.

연구 결과, 보상의 크기와 상관없이 참가자 자신이 직접 선택할 수 있었던 조건에서 복권에 대한 호기심이 더 커졌다는 사실이 밝혀졌다. 또한 복권을 직접 선택한 참가자는 복권 결과를 보겠다고 기꺼이 선택하였으며 결과가 나올 때까지 참고 기다리는 인내심을 보였다.

흥미로운 점은, 자신이 선호하는 것이었음에도 자신이 선택하는 맥락이 아니라면 호기심의 수준이 감소했다는 점이다. 연구자들은 이를 검증하기 위해 한 가지 조건을 더 추가했다. 일명 '선호-비선택 조건'으로, 참가자들이 A와 B, 두 개의 복권 중에 A를 선호한다고 응답했지만 참가자 자신이 이를 직접 선택할 수는 없었고, 컴퓨터에 의한 무작위적인 선택으로 A를 갖도록 실험을 구성한 것이었다. 연구 결과, 비록 사전 선호도 조사에서는 동일하게 A를 선호했더라도, 무작위 선택을 통해 A를 갖게된 참가자는 이전 실험에서 직접 선택을 통해 A를 갖게된 참가자보다 복권에 대해 더 낮은 호기심을 갖게 된 것으로 나타났다.

이 실험이 주는 교훈을 정리해보자. 호기심은 경험에 대한 개방성과 같은 내적 특질로만 설명되지 않는다. 상황의 힘으로 호기심을 유도하는 것이 가능하며 결과와 관계없이 단순히 당사자가 무언가를 '선택'한다는 느낌을 갖게 하는 것만으로도 호기심을 촉발할 수 있다.

일상에서 우리 자신에게 호기심을 유도하고 싶다면? 일단 무엇이든 선택해보자. 가장 재미있게 스포츠 경기를 즐기고 싶다면 먼저 자신이 응원할 팀부터 고르라는 말이 있다. 중립의 입장으로 경기를 관전하는 것과, '우리 팀'의 입장에서 경기를 관전하는 것은 집중도 및 호기심 유발 면에서 매우 큰 차이가 있기 때문이다. '우리 팀'을 정하는 순간, 어떤 선수들이 있고, 각 선수들의 장단점은 무엇인지, 이 팀의 전망은 어떤지, 다음 경기 일정은 어떻게 되는지 등 온갖 '호기심'이 자동으로 쏟아지게 마련이다.

5장

세상살이에 똑똑해지는 방법

바더-
마인호프 현상

아는 것만 자꾸 들리고 보이는 이유

'아니, 이렇게나 흔한 것이었어?', '이전에 미처 몰랐는데, 생각보다 주변에 많이 있었군.' 이전에 잘 모르던 물건을 새로 하나 구입하게 되었는데, 막상 주변을 둘러보니 그 물건을 가지고 있는 사람들이 무척 많다는 사실을 깨달아 본 적 있는가? 아니면 가령 취미로 식물 키우기에 관심을 가진 직후, 이전에는 전혀 눈에 띄는 일 없이 그냥 지나치고 말았지만 막상 산책을 나가 보니 길가에 이름을 알 수 없는 다양한 꽃들이 피어 있는 것을 새삼스럽게 발견하게 된 경험이 있는가?

만약 어떤 새로운 것을 경험한 이후, 그것이 예상보다 더 우리 주변에서 무척 흔하게 접할 수 있는 것이었음을 깨달은 적이 있다면 이는 심리학에서 "바더-마인호프 현상Baader-Meinhof phenomenon", 혹은 "빈도 착시frequency illusion"라 불리는 현상을 겪은 것이라고 할 수 있다.

바더-마인호프 현상이라는 명칭은 1990년대 중반에 일어난 일련의 우연한 사건에서 유래한다. 인터넷 포럼의 한 유저가 악명 높은 독일의 극단주의 단체인 바더-마인호프 무장단체에 대해 처음 알게 되면서 모든 것이 시작되었는데, 이상하게도 그 후 며칠 동안 그는 책, 라디오 방송 및 일상 대화에서 이 무장단체에 대한 언급을 계속 경험하게 된다. 자신의 생각이 갑자기 울려 퍼지는 세상의 이상한 느낌에 흥미를 느낀 그는 바더-마인호프 현상이라는 용어를 만들어 포럼에서 자신의 경험을 소개했다. 이 내용은 곧 많은 유저들에게 반향을 일으켰고, 너도나도 이와 유사한 경험담들을 하나씩 공유하기 시작했다. 그 이후 이 용어가 언어학자, 심리학자 등 연구자들에 의해 본격적으로 다뤄지면서 해당 현상이 왜 일어나는 것인지에 대한 체계적인 연구가 이뤄지게 되었다.

바더-마인호프 현상의 핵심은 우리가 방금 배운 새로운 정보가 우리가 보는 모든 곳에서 갑자기 나타나는 것만 같은 '착각'이다. 이전에 우리에게 낯선 개념이었던 어떤 것의 인식 빈도가 갑자기 급증한 듯한 오묘한 이 느낌은 심리학에서 말하는 "선택적 주의selective attention", 그리고 "확증 편향confirmation bias"을 토대로 그 원리를 설명할 수 있다.

먼저 선택적 주의는 우리 주변의 무수한 자극에서 관련 정보를 골라내는 인지적 능력을 일컫는다. 비유하자면 일종의 SNS '태그'와 같다고 할 수 있는데, 우리가 새로운 것을 배울 때, 혹은 더욱 흥미를 유발하는 대상이 있을 때 우리의 뇌는 그것을 중요한 태그로 지정, 일상에서 더 빈번하게 알아차리도록 유도한다.

만약 선택적 주의가 자신의 태도, 신념을 특정 방향으로 강화하도록 발휘되는 경우, 이는 확증 편향으로 연결될 수 있다. 확증 편향은 우리가 기존 믿음을 지지하거나 재확인하는 정보에 대해서는 더 많은 관심을 기울이는 반면, 기존 믿음에 잘 들어맞지 않거나 이를 부정하는 정보는 무시하는 경향성을 의미한다. 처음 새로운 것을 접한 뒤, 그것을 보거나 듣는 빈도가 늘어나는 듯한 느낌을 경험하자(선택적 주의), 그것이 사실이 아님에도 자신의 그러한 믿음에 대한 확신을 얻기 위해 관련된 정보에만 초점을 맞추는 현상(확증 편향)이 벌어지게 되는 것이다.

그 밖에 인지심리학의 "최신효과recency effect" 또한 바더-마인호프 현상을 이해하는 중요한 원리로 볼 수 있다. 최신효과란 여러 정보들이 주어졌을 때, 가장 나중에 접하게 된 정보가 더 오래 기억에 남는 현상을 의미하는데, 기존에 알고 있던 정보보다 새롭게 알게 된 정보가 당연히 더 최신의 것이고, 기억에 더 잘 남기 때문에 바더-마인호프 현상에서 일어나는 선택적 주의의 대상이 되기 쉽다는 것이다.

바더-마인호프 현상은 여러 분야에서 실용적인 함의를 갖고 있다. 우선 마케팅 분야에서 흔히 쓰는 전략 중 하나는 사람들에게 '다들 하는데 당신만 안 하는 듯한 느낌'을 심어 주는 것이다(이를 "포모FOMO: fear of missing out"라는 용어로 부르기도 한다). 다른 사람들은 다 쓰고 있는데, 막상 당신만 이 좋은 것을 모르고 있었다는 메시지를 접하면 어떻게 될까? 평소에는 전혀 신경도 쓰지 않았지만, 새삼 주위를 둘러보니 왠지 나만 빼고 다 그 제품을 쓰고 있는 것만 같은 느낌이 든다. 여기를 둘러봐도, 저기를 둘러봐도, 그 제품에 대한 후기와 경험담이 가득하다. 사실 우리가 예상하는 것만큼 그렇게까지 대중성이 있는 것은 아님에도 그 제품을 가진 사람만 눈에 더 잘 들어오게 되는, 바더-마인호프 현상의 전형적인 사례라 할 수 있을 것이다.

이뿐만 아니라 바더-마인호프 현상은 경각심을 심어 주기 위한 공익광고, 캠페인에서도 효력을 발휘할 수 있다. 평소에 미처 대중들이 주목하지 않았던 사고 사례, 질병 사례 등을 '새로운 정보'로 알림으로써, 빈도 착시를 유도하여 위험성을 높게 지각하도록 만들고 결과적으로 더 적극적으로 예방에 나서게 만들 수 있다는 것이다.

'세상은 이렇게나 아름다운 것이었구나.' 필자는 종종 자전거를 타고 동네 구경에 나선다. 자전거를 취미로 삼기 전까지 필자가 바라보는 세상의 모습은 단조롭기 그지없었다. 그저 집과 일터만 반복하는 생활에서 보고 듣고 경험하는 것은 늘 익숙한 것들뿐이어서 도통 새롭고 신기할 만한 것이 없었다. 어쩌다 버스나 지하철의 창문을 통해 주변을 둘러봐도 별다른 감흥이 없었다. 필자의 눈은 경치를 보고 있었지만 정작 마음은 집이나 일터에 머물고 있었기 때문이었다.

하지만 자전거를 타면서, 느긋하게 주변을 둘러볼 여유를 갖게 되자 세상을 보는 관점 또한 서서히 달라지기 시작했다. 이전에는 미처 관심을 두지 않았던 세상의 수많은 모습들에 마음을 주기 시작하자 흑백과도 같았던 세상에 빛이 돌아왔고, 비로소 세상의 여러 모습들이 입체적으로 보이기 시작했다. 이전에는 몰랐지만 세상에 어찌 그리 다양한 가게들이 많던지, 사람들이 입고 다니는 옷은 얼마나 화려하던지, 강가를 따라 자전거를 몰고 있자면 주변에 풀꽃과 오리, 새, 각종 풀벌레들은 얼마나 다양하던지, 이전에 몰랐던 온갖 새로운 것들이 넘쳐나는 요즘이다.

바더-마인호프 현상은 평소에 지나치며 살던, 그러나 무척 중요한 의미를 가지고 있는 많은 것들에 대한 새삼스러운 관심과 환기를 촉발할 수 있다. '아는 만큼 보인다', '늦게 배운 도둑이 날 새는 줄 모른다'라고 하지 않았던가. 새로운 경험은 일시적 만족감을 넘어, 우리가 살아가는 세상을 다채롭게 재해석하는 데 도움을 줄 수 있다. 나와 같은 즐거움을 공유하는 사람들을 만나, 더 큰 즐거움을 느낄 수 있도록 매개가 되어 준다. 여러분의 가장 최근의, 새로운 경험은 무엇이었는가? 여러분의 세상을 더욱 다채롭게 가꿀 준비가 되었는가?

보상적
고정관념

왜 놀부는 심술궂고, 흥부는 착할까

지상파에서 방영하는 주말드라마, 아침드라마를 보면 전형적으로 등장하는 구도와 묘사가 있다. 두 대가족이 등장하는데 한쪽은 부잣집, 다른 한쪽은 중산층 내지는 그보다 조금 가난한 집안이다.

부잣집에는 꼭 깐깐하거나 냉정한 캐릭터가 나온다. 까탈스럽게 가정부와 같은 주변 사람에게 핀잔을 주는 중년의 부인, 사업능력은 탁월하지만 비정하고 냉정하게 그려지는 남편, 버릇없고 자기중심적으로 행동하는 자녀가 소개된다.

다른 한쪽은 어떨까? 우선 평범 내지 가난한 이 대가족은 십중팔구 화목한 가정으로 그려진다(물론 가끔 가다 집에 잘 안 들어

오고 왠지 반항기 있어 보이는 삼촌도 나온다. 물론 그 역시 본성은 착하게 묘사된다). 이 집안의 가족들은 부잣집과 달리 식사도 거실에 둘러앉아 늘 다같이 하며 오순도순 이야기를 나눈다. 생활고에 찌들었기 때문인지 억척스럽게 그려지는 경우가 많다. 하지만 그 안에서도 인간미가 넘치며, 작은 것도 이웃과 나눌 줄 아는 마음의 여유를 갖고 있다.

자녀들은 어떨까? 비뚤게 자란 경우가 거의 없다. 비록 집안이 가난하고 보잘것없지만, 그래서 종종 주변 사람들(높은 확률로 부잣집의 자녀들)이 무시하지만 이에 굴하지 않고 씩씩하게 맞서는 캐릭터다. 주변 어른들에게 공손하고, 미래를 위해 성실하게 노력하며, 가끔 눈치가 부족하긴 하지만 올바르게 생활한다. 도대체 이런 드라마의 전형적인 묘사 패턴은 어디에서 유래한 것일까?

사회심리학자 케이Kay와 조스트Jost는 어린이들이 자주 읽는 동화책에서 '가난한 사람은 정직하고, 부유한 사람은 교활하다'와 같은 패턴의 묘사가 자주 등장한다는 점을 지적했는데, 이와 같은 "보상적 고정관념complementary stereotype"이 약자, 혹은 가지지 못한 자들의 반발심을 가라앉히는 역할을 수행한다고 설명했다. 보상적 고정관념이란, 특정 대상에 관한 부정적 특성과 긍정적 특성이 함께 제시되는 형태의 고정관념을 의미한다. 실제로 그들의 실험 연구에 따르면 보상적 고정관념에 노출된 사람들은 그렇지 않은 사람들에 비해 공정성 인식, 즉 현재 그들이 살고 있는 세상이 합리적이며 공정하다고 믿는 경향성이 더 컸던 것으로 나타났다.

만약 보상적 고정관념의 내용을 바꿔서 '가난한 사람은 교활하고, 부유한 사람은 정직하다'와 같이 구성하면 어떻게 될까? 이와 같이 '보상적이지 않은 고정관념'은 현 사회에 대한 불평등 지각을 오히려 촉발하는 것으로 나타났다. 아마도 이 메시지에 노출된 사람들은 '한쪽이 모두 다 가져가 버리면 불공평해', '가난하면 착하기라도 해야 하고, 부자면 나쁘기라도 해야 그나마 공정한 것이지'와 같은 생각을 하게 되지 않았을까.

케이와 조스트는 그 외에도 '외모가 못생겼지만 마음씨는 착한, 외모가 뛰어나지만 영악한', '약자는 선하고, 강자는 악한' 등과 같은 다양한 보상적 고정관념이 존재하며, 이들 메시지가 각자의 논리와 예시를 통해 공통적으로 불평등에 관한 사람들의 불만을 잠재우는 역할을 한다고 설명했다.

소수의 '가진 자'들을 제외하면 대부분의 평범한 사람들은 보상적 고정관념을 좋아한다. 비록 가난하더라도, 못생겼더라도 무엇인가 빛나는 장점을 가지고 있기를 기대하며, 반대로 모든 것을 다 갖춘 듯한 우월한 사람에게서는 어떻게든 단점을 찾고 싶어한다. 바로 그런 이유에서 동화나 영화, 드라마, 소설 등 각종 창작 매체에서 보상적 고정관념이 지속적으로 소비된다. 사업가는 악독하게 묘사되고, 평범한 노동자들은 선하게 그려지는 구도는 이미 우리에게 무척 익숙하다. 그렇다면 사람들은 왜 보상적 고정관념을 좋아할까? 심리학자들은 이 현상을 설명하기 위해 "공정한 세상에 대한 믿음belief in a just world", 그리고 "체계 정당화 이론system justification theory"을 언급한다.

먼저 공정한 세상에 대한 믿음은 심리학자 러너Lerner에 의해 제안된 개념으로, 사람들에게는 그들이 사는 세상이 정의롭고 공평하며 질서정연한 원칙에 의해 지배된다고 믿고 싶은, 일종의 인지적 편향이 존재한다는 내용이다.

구체적으로 사람들은 착한 행동은 결국 보상을 받으며 악한 행동은 언젠가 반드시 벌을 받는다는 믿음을 발전시키는데, 이를 잘 보여주는 고사성어가 '사필귀정', '인과응보'라 할 것이다. 사람들은 정의로운 세상을 상정함으로써 안전하다는 느낌, 그리고 세상에 대한 신뢰를 얻는다. 착하고 성실하게 살면 언젠가 보상을 받으리라는 기대 덕분에 자기 자신과 세상에 대한 통제감 또한 느끼게 된다.

한편 체계 정당화 이론은 사람들이 현재 시스템, 제도 등을 유지하고 이를 정당화하려는 심리적 욕구를 가지고 있다는 가정에서 출발한다. 해당 이론에 따르면 사람들은 심지어 현재의 제도, 정책 등이 자신에게 불리할 때에도 현재의 것을 공정하고 합법적이며, 바람직하다고 보는 경향이 있다. 세상이 본래 무질서하며 불합리하다는 현실을 받아들이는 것보다는 조금 불평등할지라도 어쨌든 현재의 시스템, 제도, 규칙 등을 통해 질서를 유지하고 안정감을 갖는 게 더 중요하다는 인식 때문이다. 요컨대 보상적 고정관념은 세상이 공정하다는 착각, 시스템이 합리적이라는 착각을 지지하는 증거가 되고, 따라서 사람들은 보상적 고정관념을 선호하는 현상을 보인다는 것이다.

하지만 심리학자들은 보상적 고정관념을 포함한, 공정한 세상에 대한 믿음이 '피해자 비난'과 같은 부정적인 결과로 이어질 수 있음을 지적하기도 한다. 예를 들어 세상이 본질적으로 공평하다고 믿는 사람은 다른 사람에게 범죄 피해처럼 나쁜 일이 발생하면 피해자가 그에 합당한 일을 저지른 게 분명하다고 합리화할 수 있다. 불행한 일이 누구에게나 일어날 수 있다는 사실을 인정하면 안도감과 질서가 흔들릴 수 있기 때문이다. 또한 세상은 공정하다는 인식이 확고하면 역설적으로 사회의 불평등을 심화시키는 결과를 낳을 수 있다. 보상적 고정관념과 같은 메시지가 마치 세상이 실제로 공정하다는 '착각'을 이끌어낼 수 있기 때문이다.

결과적으로 심리학자들은 우리가 '반대 증거'에 계속 관심을 기울여야 한다고 조언한다. 객관적인 현실에는 선한 약자, 악한 강자도 있지만 악한 약자, 선한 강자도 존재한다. 본질적으로 선함과 악함, 강함과 약함은 별개로 접근해야 하는 문제이다. 가난하더라도 씩씩하다면 그것으로 충분한 것이 아니라, 그의 가난이 오롯이 개인적인 원인 때문인지, 아니면 사회 구조와 시스템의 문제인지 분리하여 다룰 줄 아는 자세가 필요하다.

최규석 작가의 웹툰《송곳》의 주연 인물로 등장하는 노무사 구고신은 노동자들을 위한 교육을 진행하며 다음과 같이 말한다. "선한 약자를 악한 강자로부터 지키는 것이 아니라 시시한 약자를 위해 시시한 강자와 싸우는 거란 말이오." '선한 약자, 악한 강자'

라는 보상적 고정관념을 무너뜨리는 이와 같은 인식은 현실에 대한 객관적인 조망 및 성찰과 밀접히 닿아 있다. 보상적 고정관념을 넘어서야 비로소 고정관념이 다 말해주지 않는, 개개인들의 고유한 이야기에 귀를 기울일 수 있게 된다.

강박구매

쓰지도 않을 걸 자꾸 사 모으는 사람들의 심리

필자의 친구 D는 비디오 게임을 무척 좋아한다. 필자와도 취미를 공유하기에 평소 친구 D와는 신작 게임 소식부터 현재 발매 중인 게임에 대한 평가까지, 이런저런 게임 이야기들을 종종 나누곤 했다. 하지만 놀랍게도 필자가 그에게, 최근 어떤 게임을 했는지 질문하면 '게임을 하지 않았다'는 답변이 돌아오곤 했다. 왜 게임을 하지 않는지 물으니, 게임에 대한 열정은 충만하지만 정작 퇴근하고 나면 몸과 마음이 지쳐서 게임을 할 여력이 없다고 했다.

하지만 필자가 아는 친구들 중에 D만큼 게임에 돈을 많이 쓰는 사람은 없었다. 신작 게임이 발매될 때마다 꼬박꼬박 구매했고, 각종 최신 게이밍 PC와 콘솔 게임기를 사 모으던 녀석이었다. 명절 기념으로 게임 스토어에서 대규모 세일 행사라도 하게 되면, 그는 지금까지 모아 온 여유 자금을 털어 온갖 게임을 구매하기 바빴다. “나중에 하지도 않을 텐데 왜 이걸 다 사?” 필자가 질문하면 “몰라, 언젠가 하는 날이 오지 않을까?”, “막상 게임할 시간은 부족하지만 그래도 안 사고 지나치면 왠지 자꾸 생각이 나서”라고 답하곤 했다.

사실 ‘사용하지도 않을 물건’을 계속 구매하고 쌓아두는 사람들은 의외로 주변에서 흔히 찾아볼 수 있다. 누군가는 운동 욕심이 있어서 계속 운동 기구를 집에 들여놓는다. 이전에도 그랬듯, 처음 며칠 동안은 열심히 운동 기구를 사용하는 듯하다가도 어느새 옷걸이로 전락하거나 먼지만 쌓이는 일이 반복된다. 하지만 새로운 운동 기구가 출시될 때마다 관심을 끊기가 어려워 차곡차곡 운동 기구를 사서 모으게 된다.

심리학자들은 이러한 사람들의 습성에 “강박구매compulsive buying”라는 이름을 붙였다. 강박구매란 불안이나 걱정 등 부정적인 감정을 달래기 위해, 혹은 과거나 현재에 미처 채워지지 않은 심리적 욕구(인정 욕구, 소유 욕구, 자아존중감 등)를 충족시키기 위해 반복적으로 소비하는 행위를 일컫는다. “충동구매Impulse buying”와는 일부 비슷하면서도 다른 특징을 갖고 있다. 강박구매와 충동구매는 개인이 쉽게 알아차리거나 제어하기 어렵다는 점에서는 비슷하지만, 소비가 일어나게 되는 심리적 원인 측면에서는 다르다.

먼저 충동구매는 마음속에서 일어나는 즉각적인 욕구의 해소와 관련이 있다. 맛있는 음식을 먹을 때 '먹고 싶다'는 충동이 일어나고, 화려한 명품을 구경할 때 '갖고 싶다'는 충동이 일어나는데, 충동구매 성향이 높은 사람들은 이러한 욕구에 감정적이고 즉각적으로 반응하여 욕구를 빠르게 해소하고 만족감을 얻는다. 그렇다면 강박구매는 어떨까?

충동구매와 달리 강박구매 성향이 높은 사람들은 충동적인 소비가 욕구를 해결해주지 못한다. 일시적인 안도감과 만족감을 경험하기에 욕구가 해결된 것 같은 '착각'이 들 수는 있지만 근본적인 해결책은 아니다. 아무리 비싼 옷과 명품으로 무장한다 해도 낮은 자존감을 만회할 수는 없다. 낮은 자존감의 원인 중 하나는 타인과의 지속적인 사회적 비교와 열등감이기 때문에, 이러한 심리적 습관을 바꾸지 못하는 한 아무리 돈을 써도 근본적인 욕구 해결에 이를 수 없다. 결과적으로 강박구매 성향이 높은 사람들은 단순히 충동구매 성향이 높은 사람들에 비해 자제력 부족 외에 여러 가지 부정적인 심리적 특성을 동반하는 경우가 많다.

그런 이유로 심리학자들은 충동구매와 강박구매에 서로 다른 방식으로 접근해 연구한다. 충동구매의 경우, 개인의 자제력 문제처럼 개인적인 원인도 고려하지만 무엇보다 충동구매를 유도하는 제품의 특징이나 매장 환경 등 상황적인 원인에 대해 연구한다. 반면 강박구매의 경우, 보다 개인적인 원인에 더 초점을 맞춘다. 필요하다면 강박구매를 하는 사람들의 과거 이야기 속에서 강박구매에 대한 단서를 얻기도 한다. 예를 들어, 유년 시절에 부모님이 만화책을 절대 못 보게 해서 만화책에 소위 '한'이 맺힌 사람이라면, 부모의 그늘로부터 벗어나고 경제력을 갖춘 성인이 되었을 때, 유년 시절의 '한'을 달래기 위해 강박적으로 만화책을 사서 모으는 행위를 보일 수 있다.

실제로 강박구매 현상은 여러 심리적 원인을 갖고 있다. 기존 심리학 연구에 따르면 강박구매 성향이 높을수록 물질주의 성향 또한 높은 것으로 나타났다. 물질주의 성향이 높은 사람들은 물질을 수단이 아닌 목적으로 여긴다. 즉, 물질을 통해 무언가를 이루려 한다기보다는 물질의 획득 및 소유 그 자체를 중요한 삶의 가치로 보는 경향이 있다.

물질주의와 강박구매는 어떻게 연관될까? 강박구매를 반복하는 사람들은 물질의 획득 및 소유를 통해 자신의 채워지지 않는 심리적 욕구를 만족시키려 든다. 자존감을 높일 다른 근본적인 대책은 고려하지 못하고 물질에만 집착하기 때문에 자연스럽게 물질을 중시하게 되며, 물질만이 이 공허한 마음을 해결해줄 것이라는 잘못된 믿음을 가지기 쉬워지는 것이다.

이뿐만 아니라 강박구매 성향이 높은 사람들은 자존감이 낮은 것은 물론, 우울 성향도 높고, 일상에서 스트레스를 더 자주 경험하는 것으로 나타났다. 특히 스트레스 대처와 관련하여, 다른 사람들에 비해 계획적으로 문제를 해결하거나 상황의 긍정적인 면에 주목하는 등 건설적인 스트레스 대처 전략을 덜 사용한다는 점이 밝혀지기도 했다.

정리하자면 강박구매 성향이 높은 사람들은 스트레스를 간접적인 방식으로 해소하는 경향이 있다. 즉, 갈등의 원인을 직접 제거하는 대신 마음의 위안을 주는 물건들을 계속 소비함으로써 부정적인 감정을 완화시키는, 일종의 '대증요법'을 활용하고 있다는 것이다.

어떻게 하면 강박적인 소비를 막을 수 있을까? 앞서 마음챙김에 대해 소개한 적이 있다. 마음챙김이란 자신의 호흡, 몸의 움직임, 생각, 자세, 행동, 생김새 등을 자각하고 알아차리는 것을 말한다. 평소에는 무의식적으로 반복하는 행위나 습관도 의식적으로 알아차리고, 그 일련의 흐름을 모니터링하는 과정을 뜻한다. 마음챙김의 핵심은 '무비판적인 수용'이다. 심리학자들은 불안, 우울, 미처 충족시키지 못한 욕구로 인한 아쉬움 등 부정적인 감정들을 해소하기 위해서는 무엇보다 솔직하게, 이러한 감정들의 존재를 본인이 스스로 자각하고, 인정하며, 받아들일 줄 알아야 한다고 말한다. 인정하고 받아들이지 못하는 문제는 해결되지 못한 채 계속해서 우리의 정신력을 갉아먹기에, 마음챙김을 통한 의식화와 무비판적 수용은 무척 중요하다.

그런데 재미있는 점은 마음챙김 과정이 강박구매 행위 및 그로 인한 부정적 경험을 줄이는 데에도 긍정적인 영향를 미친다는 사실이다. 소비 행위에 마음챙김을 접목하여 심리학자들은 "마음챙김 소비mindfulness consumption"라고 부르는데, 이는 겉으로 관찰되는 소비 행위 및 소비 과정에서 느껴지는 생각, 감정 등을 자각하고 알아차리는 것을 말한다. 마음챙김 소비를 실천하는 소비자들은 대체로 쇼핑의 목적을 명확히 인지하고 있으며, 가게를 돌아다니거나 물건을 고르고, 금액을 지불하는 일련의 과정들을 의식적으로 이해한다. 그리고 구매 과정에서 어떤 기분의 변화가 일어나는지, 당시의 감정 상태는 어떠했는지, 어떤 이유로 만족감을 경험했는지 명확히 설명할 수 있다.

마음챙김 소비에 관한 국내의 한 연구 결과에 따르면, 마음챙김 소비를 잘 실천할수록 충동구매 및 강박구매 경향성이 감소했다. 또한 마음챙김 소비를 잘 실천하는 사람은 충동성도 낮았고, 정서조절 능력이나 자기통제력이 높았던 것으로 나타났다. 즉, 무의식적으로 행위에 휘둘리지 않고, 자신의 행동 하나하나를 인식하는 것만으로도 우리는 삶을 더 잘 통제할 수 있게 된다.

조절 초점 성향

내 귓가의 '천사'와 '악마' 사이에서 균형 잡기

소설이나 만화 등의 창작물에서 내적 갈등을 겪는 주인공의 양옆에 '과격한 요정'과 '순진한 요정'이 나타나는 것을 종종 볼 수 있다. 예를 들어 길을 걷다 지갑을 주운 주인공, 어찌해야 할지 몰라 당황하는데 어느새 그의 양옆에 상냥한 얼굴을 한 요정과 심술궂은 얼굴을 한 요정이 등장하고 각자의 의견을 피력하기 시작한다. 과격한 요정은 '어차피 아무도 모르는데 슬쩍 하면 어때서 그래?', '지갑을 보니 얼마 안 하는 액수인데 그 정도는 괜찮잖아?'라며 유혹한다. 반면 순진한 요정은 그에게 '남의 지갑을 함부로 갖는 것은 옳지 못해', '네 물건이 아니니까 어서 경찰서에 맡기도록 해', '다른 사람의 재물을 탐내면 안 돼'라며 설득에 나선다.

이 장면을 심리학적으로 어떻게 해석할 수 있을까? 마치 타인이 설득하는 것인 척 위장했지만 과격한 요정도, 순진한 요정도 사실은 그의 여러 인격 가운데 일부이다. 따라서 과격한 요정과 순진한 요정 간의 대립은 곧 '나'와 '나' 사이의 대립인 것이나 마찬가지다. 그리고 놀랍게도 이와 같은 내적 갈등의 묘사 방식은 심리학자 히긴스Higgins가 제안한 "자기 불일치 이론self-discrepancy theory"의 가정과 무척 닮아 있다.

히긴스는 우리의 마음속에 세 명의 주인이 있다고 설명한다. 첫 번째는 "실제 자기actual self"이다. 실제 자기는 바로 지금 여기에 있는, 객관화된 현재의 자기 자신을 의미한다. 두 번째는 "이상적 자기ideal self"이다. 이상적 자기란 실제 자기가 되고자 하는 최상의, 희망적인 모습을 반영하는 개념이다. 종종 희망, 꿈, 미래 등으로 표현되기도 하며 이상적 자기에의 도달을 통해 행복, 성공 등 인생의 바람직한 가치를 달성할 수 있으리라 여겨진다. 마지막 세 번째는 "당위적 자기ought self"이다. 당위적 자기는 사회적 책임, 의무, 규범 등에 따라 마땅히 되어야 한다고 여겨지는 자기이다. 당위적 자기는 깐깐하게 정의를 따지며 실제적 자기에게 책임과 의무를 다하도록 독려하는 역할을 담당한다.

완전히 들어맞는 비유는 아니지만 앞선 예시에서 들었던 '과격한 요정'은 이상적 자기에 대응하고, '순진한 요정'은 당위적 자기에 대응한다. 이상적 자기는 어떤 과감한 결정, 행동으로 인해 얻을 수 있는 달콤한 보상을 강조하며 실제적 자기를 유혹한다. 반면 당위적 자기는 어떤 행동의 결과로 인해 나타날 수 있는 부작용, 리스크를 언급하며 규범과 윤리에 부합하는 방향으로 보다 신중하게 행동할 것을 조언하는 존재이다.

그런데 문제는 실제 자기와 나머지 자기 간의 갈등을 피할 수 없다는 것이다. 이상적 자기는 여러분들에게 좀 더 적극적으로, 과감하게, 목표지향적으로 행동하여 최고가 되라고 닦달한다. 한편 당위적 자기는 나름의 방식으로 실제의 여러분을 괴롭게 한다. 당위적 자기는 실제 자기가 좀 더 선한 영향력을 갖춘 사람이 되길 원한다. 스스로에게 엄격한 가운데, 늘 정직하고 겸손하며, 신중하고 사려 깊은 사람이 되라고 한다.

이상적 자기와 당위적 자기가 각자의 목소리를 높이고 있는 이 상황에서, 실제 자기는 과연 누구의 손을 들어야 할까? 물론 가장 아름다운 결말은 이상적 자기와 당위적 자기를 모두 만족시키는 일이다. 하지만 현실적으로 실제 자기를 이상적 자기와 당위적 자기에 모두 맞추기란 불가능하다. 따라서 실제 자기는 선택의 기로에 서게 된다. 어떤 자기와의 불일치를 줄일 것인가? 한 가지 확실한 것은, 실제 자기의 선택 결과에 따라 전반적인 삶의 목표와 실행 전략이 달라진다는 점이다. 이러한 여러 자기 사이의 갈등과 불일치, 그리고 불일치를 해소하기 위한 노력과 동기부여에 주목해 심리학자 히긴스는 마침내 "조절 초점 이론regulatory focus theory"을 제안하게 되었다.

조절 초점 이론에 따르면 사람은 이상적 자기와 당위적 자기

중 한 가지를 선택해 초점을 맞추고, 실제 자기와의 불일치를 줄이려는 방향으로 동기화된다. 그래서 사람들이 각자 어떤 인생의 목표를 내걸고 있는지 살펴보면, 그가 이상적 자기와 당위적 자기 중 어떤 자기를 더 우선하는지를 짐작할 수 있다. 이상적 자기를 더 중요하게 생각하는 "향상 초점promotion focus"을 가진 사람들은 직업적 성취, 개인의 성장, 부와 명예 추구 등을 주된 목표로 삼는 경향이 있다. 반면 당위적 자기를 더 중요하게 생각하는 "예방 초점prevention focus"을 가진 사람들은 안전과 책임, 그리고 무엇보다 일어날 수 있는 부정적인 결과들을 방지하는 데 주안점을 둔다.

여기 산에 오르려는 두 명의 등산가가 있다고 하자. 두 사람의 목표는 '산꼭대기에 도달하기'로 동일하다. 하지만 동일한 목표여도 이를 추구하는 두 사람의 전략은 상이하다. 첫 번째 등산가는 산꼭대기에서 기다리고 있을 매력적인 전망에 매료되어 있다. 가장 높은 곳에 서서 아래로 넓은 경치를 내려다보는 흥분감을 상상하며, 이를 달성하기 위한 열망으로 한 걸음 한 걸음 등산을 한다.

반면 두 번째 등산가의 마음은 다르다. 그의 모든 행동은 재앙을 피하는 것에 집중되어 있다. 그는 장비를 세심하게 점검하고, 최적의 루트를 연구하며, 날씨 조건을 재차 확인한다. 꼭대기에 도달하기 위해서는 무엇보다 추락하거나 다치는 일이 없어야 한다고 믿는다. 여러분도 짐작하겠지만 첫 번째 등산가는 향상 초점적 전략을, 두 번째 등산가는 예방 초점적 전략을 구사하고 있다고 볼 수 있겠다.

조절 초점 이론은 일상 생활에서 우리에게 도움이 될 수 있는 몇 가지 실용적인 함의를 갖고 있다.

첫째, 직장, 대인관계, 건강 등 다양한 삶의 영역에서 '나는 더 좋은 결과로의 도달을 원하는가, 아니면 안정적으로 현재 상태를 유지하길 원하는가'를 가늠할 수 있다. 조절 초점 이론을 통해 우리는 자신의 동기 및 의사 결정의 패턴을 더 잘 이해할 수 있기 때문이다.

둘째, 나의 조절 초점 성향을 파악했다면, 그에 부합하는 방향으로 실제 목표 및 전략을 설정할 수 있다. 가령 직장에서의 승진에 중점을 둔다면 성장과 발전에 대한 목표를 설정하는 것이 동기부여에 더 유리하다. 반면 안정성에 중점을 둔다면 보다 안전한 선택, 의무의 이행, 부정적인 결과 방지 등에 초점을 맞춰 목표를 설정하고 더 높은 동기부여 효과를 이끌어 낼 수 있다.

재미있는 점은 조절 초점 성향에 대한 이해가 타인과의 커뮤니케이션 및 설득에도 도움이 된다는 점이다. 사람은 누구나 향상 초점, 혹은 예방 초점 중 보다 자신에게 잘 맞는, 주된 초점 성향을 가지고 있다. 그리고 설득의 관점에서 볼 때, 설득의 메시지는 설득 대상의 초점에 부합하는 방향으로 설계되어야 더 효력을 발휘할 수 있다.

예를 들어 직장에서 업무를 독려할 때, 향상 초점을 가진 직원에게는 '승진의 가능성'을 강조하며, 업무를 잘 수행해서 승진할 경우의 잠재적 이점을 내세워 설득하는 것이 효과적이다. 반면 예방 초점을 가진 직원에게는 '근속의 가능성'을 강조하여, 업무를 잘 수행하지 못했을 때 인사고과에서 좋지 못한 점수를 받을 수 있다는 손실을 내세워 설득하는 것이 효과적일 수 있다. 이러한 개개인의 조절 초점 성향을 파악해서 전략적으로 접근한다면, 타인을 훨씬 쉽게 내 편으로 만들 수 있을 것이다.

낙관주의

같은 별을 보고도 다른 감동을 느끼는 이유

늦은 시간까지 고된 일을 마치고 터덜터덜 집에 돌아가던 어느 날, 무심코 하늘을 올려다봤더니 이름을 알 수 없는 별이 반짝 빛나고 있었던, 그런 경험을 해본 적이 있는가? 잠시 생각해보자. 밤하늘에 별이 빛나는 이유는 무엇일까? 누군가는 도시의 좋지 않은 대기 때문에 밤하늘에 별을 보기가 어려워졌다며, 이렇게 반짝 빛나는 별을 보는 일 자체가 행운이고 자신에게 어쩌면 좋은 일이 생길지 모른다는 생각을 할 수 있다. 하지만 별이 빛나는 현상은 그저 원소들의 핵융합 반응에 의한 과학적인 현상의 일환일 뿐이라고 생각하는 사람도 있을 것이다.

여러분도 익히 알고 있듯, 우리는 같은 상황을 보고도 서로 다른 해석을 내리곤 한다. 낭만적인 해석을 좋아하는 사람이 있는가 하면, 객관적이고 중립적인 해석을 좋아하는 사람도 있다. 이것이 바로 사회심리학에서 다루는 "귀인 이론attribution theory"의 핵심이다.

귀인 이론이란, 우리가 자신에게 일어나는 일에 대해 어떤 방식으로 원인을 찾아내는지를 설명한다. 우리는 어떤 상황이 벌어지면 그 상황의 원인을 찾으려고 노력하는 본능을 갖고 있는데, 이때 주요하게 고려되는 중요한 기준점들이 몇 가지 존재한다.

첫 번째는 내부/외부 기준으로, 이에 따라 "내부 귀인"과 "외부 귀인"으로 나뉜다. 먼저 내부 귀인이란 사건의 원인이 자신의 행동이나 특성에 있다고 믿는 것을 말한다. 예를 들어, '나는 입사 면접에 합격했는데 그건 내가 성실한 사람이며, 면접관의 질문에 잘 대응했기 때문이다'라고 생각한다면 이는 합격의 원인을 자기 자신의 능력 및 노력에서 찾은, 전형적인 내부 귀인의 사례에 해당한다. 반면 외부 귀인은 사건의 원인을 상황, 다른 사람 등 외부로 돌리는 것을 말한다. '(내가 잘했기 때문이 아니라) 면접관이 나를 좋아했기 때문에 합격했다'라고 생각하면 이는 외부 귀인에 해당한다.

두 번째는 통제 가능성이다. 사건의 원인을 노력처럼 자신이 통제할 수 있는 요소로 돌린다면 이는 "통제 가능한 귀인"을 한 셈이 된다. 하지만 동일한 결과를 두고도 그 원인을 타고난 능력이나 기질, 운 등 통제할 수 없는 요소로 돌린다면 이는 "통제 불가능한 귀인"을 한 셈이다.

평소 여러분의 귀인 스타일은 어떠한지 곰곰이 생각해보자. 주로 자신에게 원인을 돌리는 편인가(내부귀인), 외부적인 것에 원인을 돌리는 편인가(외부귀인)? 개인의 노력으로 바꿀 수 있는 것에 더 초점을 맞추는 편인가(통제 가능 귀인), 어찌할 수 없는 요소에 초점을 맞추는 편인가(통제 불가능 귀인)?

재미있는 것은 여러분이 주로 어디에 귀인하느냐에 따라 낙관주의optimism 성향이 만들어질 수 있다는 점이다. 낙관주의 성향을 만드는 "낙관주의 귀인"이란 취업, 시험 합격, 고백 성공 등 긍정적인 일이 생겼을 때 그 원인을 자신의 능력이나 노력에 귀인하고(내부, 통제 가능 귀인), 취업 실패, 시험 불합격, 고백 거절 등 부정적인 결과는 외부적인 요인에 귀인하는 성향을 말한다(외부, 통제 불가능 귀인). 쉽게 말하자면, "내가 잘해서 좋은 결과가 나왔어"나 "운이 나빠서 실패했어"와 같은 생각이 낙관주의 귀인이다.

"비관주의pessimism 귀인"은 낙관주의 귀인의 반대다. 즉, 긍정적인 결과를 외부의, 통제 불가능한 요소에 귀인하고 부정적인 결과를 내부의, 통제 가능한 요소에 귀인하는 경향을 말한다. 예를 들어, 성취를 경험한 이후에 '단지 운이 좋았을 뿐이야', '내가 잘해서 그런 것이 아니야'라며 자신의 공을 낮추고, 실패를 겪었을 때 '역시 나 때문에 잘못된 거야', '내가 더 잘했어야 하는데'라며 자신의 책임을 강조하는 것이 비관주의 귀인을 하는 이들의 전형적인 모습이다.

긍정심리학자 샐리그만Seligman의 "학습된 무기력감learned

helplessness" 실험은 낙관주의 귀인의 중요성을 잘 보여준다(학습된 무기력감이란 자신의 노력과 상관없이 부정적인 피드백에 반복적으로 노출될 때 개인이 느끼게 되는 무력감을 의미한다). 여러 마리의 개들을 대상으로 진행한 전기 충격 실험이었는데, 먼저 '통제 가능 조건'에서의 개들은 스스로 조작기를 건드려서 전기 충격을 멈출 수 있었지만 '통제 불가능 조건'에서의 개들은 조작기를 아무리 건드려도 전기 충격을 멈출 수 없다는 것을 사전 학습했다. 시간이 지난 뒤, 연구자들은 새로운 장치를 준비했다. 전기 충격이 가해지되 앞에 칸막이가 있어서 이를 뛰어넘기만 하면 전기 충격을 피할 수 있도록 조정한 것이다.

결과는 어땠을까? '통제 가능 조건'에서 조작기를 통해 '전기 충격을 피할 수 있다'는 것을 학습한 개들은 칸막이를 넘어 전기 충격을 피했다. 사전 경험을 통해 자신의 노력으로 전기 충격을 피할 수 있다는 낙관적인 귀인이 가능했기 때문이다. 하지만 '통제 불가능 조건'의 개들은 칸막이를 넘으려 하지 않았다. '무슨 일을 해도 이 일을 극복할 수가 없을 것이다', '내 노력으로 바꿀 수 없다' 등 전기 충격이라는 끔찍한 경험의 원인을 통제 불가능한, 외부적인 것에 귀인할 수밖에 없었고, 결국 학습된 무기력감에 빠져들고 말았던 것이다.

낙관주의 귀인은 학습된 무기력감의 위협에 빠지지 않는 데 필요한 중요한 정신적 자원으로 간주된다. 심리학의 연구 결과에 따르면 낙관주의 귀인을 활용하는 사람들은 일반적으로 자신이 주변 상황을 더 잘 통제할 수 있다고 느낀다. 자기 자신의 노력으로(내부 귀인), 더 나아가고 있다고 해석(통제 가능 귀인)하기에, 스트레스를 더 잘 다루며 건강한 생활을 유지하는 등 보다 적응적인 모습을 보이는 것이다. 그래서 낙관성을 갖춘 사람들은 우울증이나 불안 등 정서적 문제의 대처 면에서도 어느 정도 더 유리한 측면이 있다.

'다 잘 될 거야', '기왕이면 좋은 생각만 하도록 해', '긍정적으로 생각하면 행복해진다' 등 실제로 우리는 비관주의보다는 낙관주의를 더 나은 것으로 생각하곤 한다. 자기 계발서나 동기부여에 관한 강의들을 보면 상당수가 '긍정의 힘'을 강조하고 있는 것 또한 사실이다. 긍정적으로 생각하고 행동하는 습관을 들이면 인생이 행복해질 것이라는 메시지는 상투적이지만 그래도 언제나 우리에게 막연한 희망과 기대를 준다. '그래, 결국 모든 것은 내 마음먹기 나름이야'라고 생각하게 만든다.

하지만 심리학자들은 낙관주의의 범람을 마냥 좋은 신호로 여기지 않는다. 낙관주의는 분명 좋은 점이 있지만, 자칫 객관적 현실과 머릿속에서 그리는 긍정적 환상 간의 거리가 지나치게 멀어질 수 있음을 경계하는 것이다. 맹목적인 낙관주의에 빠진 사람들은 자신의 능력을 현실 이상으로 과대평가하는 경향을 보인다. 그리고 이성적으로 해결해 나가야 할 여러 일상의 문제들을 별것 아니라고 무시하는 태도를 보이기도 한다.

우리는 맹목적인 낙관주의와, 현실에 기반한 낙관주의를 구분할 필요가 있다. 맹목적인 낙관주의는 때로 지나치다. 무조건적인 긍정은 현실의 여러 어려운 문제를 해결하는 데 별다른 도움이 되지 않으며 때로 방해가 되기까지 한다. 하지만 현실에 기반한 낙관주의는 다르다. 먼저 헤쳐 나가야 할 삶의 여러 어려운 순간들이 있음을 인정하고 받아들이고, 그 와중에도 긍정적인 면을 잊지 않는 것이 곧 현실에 기반한 낙관주의이다.

맹목적인 낙관주의는 현실의 각종 실패와 좌절을 애써 무시하는 방법을 알려줄 수 있지만, 그 대가로 우리가 실패로부터 교훈을 배울 수 있는 기회를 앗아간다. 반면 현실에 기반한 낙관주의는 실패와 좌절로 인한 고통으로부터 우리를 지켜주지 못한다. 하지만 실패에 직면하도록 함으로써 성장의 기회를 주고, 다시 시도하도록 독려함으로써 더 나은 미래의 가능성을 만들어 준다.

낙인 효과 부정적인 평가에 나를 가두지 않는 법

'아무래도 너는 예술 분야에는 재주가 없는 것 같구나.' 아직 초등학교에 다닐 무렵, 필자에게 담임 선생님이 하셨던 말씀을 지금도 기억한다. 특별히 좌절감을 느꼈던 것은 아니었다. 필자의 학교 생활을 모두 지켜보신 선생님이 하신 말씀이었고 단지 그 말씀이 맞나 보다, 했다. 하지만 그 말을 들은 이후, 필자 스스로 미술이나 음악 수업에 임하는 태도가 달라졌다고 느꼈다. 왠지 스스로의 노력과 결과물들이 서툴게만 느껴졌다. 그리고 실패에 덤덤해졌다. '어차피 나는 이 분야에 약하니까', '그래, 이 정도라도 점수를 받은 게 어디야' 생각했다. 그리고 더 좋은 성적을 받기 위해 노력하는 일을 그만두게 되고 말았다.

하지만 성인이 되고서 다시 생각해본다. '나는 정녕 예술 분야에 재능이 없었던 걸까?', '담임 선생님이나 주변 어른들이 하셨던 말씀을 너무 곧이곧대로 믿었던 것은 아닐까?' 필자는 스스로에 대한 평가를 수정했다. 이제는 예술에 재능이 없다는 그 말이 반은 맞고, 반은 틀렸다고 생각한다.

사실 필자는 그림을 잘 그리지 못한다. 찰흙이나 수수깡을 이용한 만들기 시간에도 유독 서투른 편이었다. 스스로 만들거나 그리는 일에 자신감도 없었다. 하지만 필자는 국어를 좋아하는 편이었다. 어렸을 때부터 여러 문학 작품들을 찾아 읽었고 교과서에 실린 유명한 시인들의 시를 보며 '표현이 참 맛있다'고 느낄 만큼 감수성이 있었다. 비록 미술 시간에는 좋은 평가를 못 받았지만 독후감이나 시 짓기에서는 칭찬을 받았고, 주기적으로 백일장에 나갔다. 사춘기 시절에는 연애 소설을 인터넷에 연재하며 공모전에서 입상을 한 경력도 있다. 그랬다. 왜 깨닫지 못했을까. 어쩌면 필자에게도 예술적 소질이 숨어 있을지 모른다. 단지 잘 맞는 표현 방식이 미술이 아닌, 글이었던 것이다. 지금은 '예술에는 재주가 없다'는 "낙인stigma"에 의문을 제기하기까지 오랜 시간이 걸렸다는 점이 단지 아쉬울 따름이다.

심리학에서는 부정적인 특성이나 평판 등이 개인을 지배하여 잠재력의 발휘를 어렵게 만드는 현상을 두고 "낙인 효과"라고 부른다. 낙인 효과가 무서운 이유는 이것이 개인의 가능성과 잠재력을 차단한다는 점, 그리고 낙인 효과로 인해 발생하는 부정적인 결과가 더욱 낙인의 위력을 심화시킨다는 점에 있다.

예를 들어 A의 실력이 아무리 뛰어나도 '당신은 일을 못한다', '직장 생활이 잘 맞지 않는 것 같다', '적응을 잘 못하는 것 같다' 등의 낙인이 가해지면 A는 제 실력을 발휘하는 데 방해를 받게 된다. 이렇게 A가 고전하는 모습을 지켜보는 주변 사람들은 어떻게 생각하게 될까? '역시 예상대로군', '그럴 줄 알았다니까.' 이로써 주변 사람들은 더더욱 색안경을 끼고 A를 관찰하게 될 것이다. A는 낙인의 무게에 짓눌린 나머지 더욱 큰 부담을 느끼게 되고 성과 역시 저하되는, 악순환에 빠지게 될 가능성이 높다.

타인에 의한 "사회적 낙인social stigma"이 지속되면 심리적으로 어떤 일이 벌어질까? 심리학자들은 낙인이 오래 지속되면, 피해자가 낙인의 출처를 망각하게 된다고 설명한다. 다른 사람들에 의해 부과되었다는 사실을 잊은 채 낙인을 내면화하고, 낙인으로 인한 부정적 결과들을 오롯이 자신의 탓으로 돌리게 된다는 것이다.

이렇게 "자기 낙인self-stigma"에 갇힌 개인은 이제 부정적인 낙인을 스스로 만들어내기 시작한다. 자신을 무능하고 보잘것없는 존재로 깎아내릴 뿐, 더 이상 부당한 낙인에 반기를 들 의지조차 갖지 못하게 된다. 이런 상황에서 가장 무서운 적은 타인의 손가락질, 비난 등 외부의 적이 아니다. 가장 가까이에서 일거수일투족을 감시하며 언제라도 비난을 가할 수 있는 '나'라는 내부의 적이 가장 무섭다.

사실 낙인의 범위는 무척 넓다. 흔히 우리는 개인 단위에서 가해지는 부정적인 평가, 비난 등을 낙인이라고 규정하지만, 낙인 효과는 비단 개인에게만 한정되는 것이 아니다. 때로는 고정관념이라는 이름하에 성별, 인종, 연령, 출신 배경, 국가, 민족, 지역사회, 학벌 등등 소속 집단에 따라서도 부정적인 고정관념에 의한 낙인 효과를 경험할 수 있는데, 심리학자들은 이를 가리켜 "고정관념 위협stereotype threat"이라고 부른다. 다음 실험에서 고정관념 위협이 실존한다는 것을 확인할 수 있다.

여성을 참여자로 모집한 실험에서, 실험 조건의 참여자들에게 '여성은 수학에 약하다'는 고정관념에 노출되도록 했을 때, 두 집단 간 학력 수준이나 실력 정도가 비등했음에도 고정관념에 노출되었던 조건의 참여자들이 노출되지 않았던 참여자들에 비해 연구자들이 출제한 수학 시험에서 더 낮은 성적을 기록한 것으로 나타났다. 고정관념의 존재를 의식한 나머지, 평소보다 더 부담을 느꼈으리라는 해석이 가능하다.

놀라운 것은 실험 참여자들 중에는 고정관념에 저항하려는 이들도 있었지만, 마찬가지로 통제 집단에 비해 수행 수준이 저하되는 결과가 나타났다는 것이다. 이는 부정적인 고정관념이 머릿속에 맴돌면서 인지적 부담을 만들고, 따라서 과제 수행에 온전히 집중하는 것을 어렵게 하기 때문이라는 설명이 가능하다. 결과적으로 우리가 사는 현실 세상에 온갖 종류의 고정관념과 편견들이 존재하는 이상, 그 누구라도 낙인 효과로부터 온전히 자유로워지는 것은 불가능에 가깝다고 해야 할 것이다.

그렇다면 자신에게 가해지는 부당한 낙인 효과에 대응하기 위해서는, 그렇게 해서 내 안에 숨겨진 잠재력을 되살리기 위해서는 어떻게 해야 할까? 앞서 설명했듯 낙인 효과가 지속되면 낙인이 내면화되어, 낙인이 존재한다는 사실을 자각하는 것조차 어렵게 된다. 따라서 우리가 가장 먼저 해야 할 일은 스스로에게 지워진 낙인이 무엇인지 탐색하는 것이다. 이를 위해서는 먼저 자신의 '한계'를 되돌아볼 필요가 있다.

'넌 이 일에 소질이 없어', '너는 운동 신경이 없는 편이다', '공부 머리가 없구나' 등 타인의 어떤 말이 계기가 되어, 스스로 한계를 설정하게 된 기억은 없는가? 만약 그런 경험이 있었다면 이러한 낙인들에 대한 감상을 차분히 기록해보자. 여러 가지 부정적 평가들 가운데 특히 크게 동의하는 내용은 무엇인지 짚어 보는 것이 도움이 될 수 있다. 어쩌면 반격조차 하지 못할 정도로 내면화가 진행된, 가장 강력한 낙인일지도 모른다.

다음으로는 부정적인 평가에 대해 스스로 제기할 수 있는 반례들을 떠올려 볼 필요가 있다. '공부 머리가 없다'는 낙인에 도전하기 위해 우리는 다음과 같은 반례들을 제시할 수 있다. '그래도 ○○과목에 대해서는 꽤 성적이 잘 나오는 편이었어', '성적과 별개로 나는 ○○를 공부하는 것이 가장 재미있었어', '책상에 앉아서 하는 공부는 아니었어도 예전에 ○○에서의 경험들이 내게는 소중한 배움이었어', '호기심이 생겨서 아무도 시키지 않았는데도 스스로 찾아본 적이 있었지' 등과 같이 반례들을 차례로 적어 보는 것이다. '낙인'과 '반례'를 번갈아 쳐다보며 자문해보자. 그러한 부정적인 평가는 과연 적절했는가? 어쩌면 스스로 범위를 정하고 자신을 가둠으로써, 숨겨진 소질을 망각하고 있었던 것은 아니었는가?

심리적 시간관

죽음과의 거리감이 인생관을 바꾼다

'인생을 살면서 가장 후회되는 일이 있다면 무엇입니까?' 긍정 심리학자들은 이 질문의 의미를 매우 중요하게 생각한다. 사람들이 후회하는 일을 추적함으로써 인생에서 추구해야 할 중요한 삶의 목표, 가치관이나 의미 등을 알 수 있고, 이 통찰이 곧 인생의 궁극적인 지향점으로 간주되는 '행복'으로 연결된다고 믿기 때문이다. 흥미로운 점은 이 질문에 대해 나이에 따른 응답의 차이가 나타난다는 점이다.

청년들은 주로 성취나 도전, 새로운 경험에 관한 아쉬움을 이야기한다. '새로운 취미 활동을 시작해볼 걸 그랬어요', '여행을 더 많이 다녔다면 좋았을 것 같아요', '대학원에 가서 더 공부해보고 싶었어요', '다른 직업에도 도전해봤으면 어땠을까 아쉬움이 남아요', '과감하게 사업을 시도해볼 걸 그랬네요' 등 미처 가보지 못한 곳, 미처 경험해보지 못한 것에 대한 아쉬움을 말한다.

하지만 동일한 질문을 노인들에게 하면 어떨까? 노인들은 주로 '사람'에 초점을 맞춰 답변하는 경향을 보인다. '젊었을 때 더 많은 사람을 만나 볼 걸 그랬어요', '그때 그 친구와 더 가깝게 지내볼 걸 그랬네요', '만약 인생의 시간을 뒤로 돌릴 수 있다면 사랑하는 가족들과 행복한 추억을 더 많이 만들고 싶어요' 등과 같은 답변을 말한다. 이처럼 청년들과 노인들의 답변이 서로 다른 이유는 무엇일까? 여기에 대해 심리학자 카스텐슨Carstensen은 인생의 남은 시간에 대한 관점 차이를 지적한다.

시간에 대한 관점 차이를 이해하기 위해서는 우선 '노인의 행복'에 관해 먼저 생각해보아야 한다. 체력이 감소하고, 높은 확률로 건강에 문제가 생기며, 인지 기능도 떨어지고, 주변 사람들도 점점 떠나가기 시작하고, 자신조차도 죽음에 가까워지는 등 부정적인 사건들이 연이어 발생하는데도 어떻게 노인들은 여전히 행복하다고 말할 수 있는 것일까? 단순히 자기 기만에 지나지 않는 것일까? 심리학에서는 이 현상을 가리켜 "노화의 역설paradox of aging"이라고 하는데, 심리학자 카스텐슨의 "사회정서적 선택 이론socioemotional selectivity theory"에서는 노화의 역설을 풀 수 있는 단서로 "시간관time perspective"의 차이, 그리고 노인들의 능동적인 정서 조절 전략에 주목한다.

사람들은 누구나 물리적 시간과 다른, 자신만의 심리적 시간관을 가지고 있다. 특히 '앞으로 내게 주어진 시간이 얼마 남았는가'라는 인식에 따라 시간이 많이 남았다고 인식하는 "개방적 미래시간조망open-ended future time perspective"과 시간이 얼마 남지 않았다고 인식하는 "제한적 미래시간조망limited future time perspective"으로 구분된다.

개방적 미래시간조망을 가진 사람은 대개 청년들이다. 이들은 스스로 아직 살아갈 날이 창창하다고 믿기에 지식 관련 목표, 즉 새로운 사실을 배우거나, 경력을 개발하는 등 성장을 위해 많은 시간을 투자한다. 반면 제한적 미래시간조망을 가진 사람은 대개 노인들이다. 이들은 삶이 얼마 남지 않았다고 지각하며, 그에 따라 현재의 감정적 만족이나 깊이 있는 대인관계에 보다 집중하는 경향을 보인다. 비록 사회적 관계망 자체는 줄어들지라도 이들은 청년들보다 더 많은 시간을 가족, 친구, 동료 등 가까운 사람들과의 친목에 투자한다.

심지어 시간관의 차이는 인지적 초점의 차이를 만들기도 한다. 관련된 연구에 따르면, 노인은 청년에 비해 정서적인 형태의 자극에 더 민감하게 반응하는 경향을 보인다. 예를 들어 선거 홍보물을 볼 때 청년들은 후보자 정보, 공약 내용 등 '텍스트'에 집중하지만 노인들은 후보자의 웃는 얼굴과 같은 '이미지'나, '유쾌하게 바꾸겠다', '사랑과 행복을 전하겠다' 등 '감정적인 구호'에 더 초점을 맞춰 후보자의 됨됨이를 평가하는 경향을 보였던 것이다.

결과적으로 지식과 관련된 목표가 아닌, 이와 같은 정서적 목표로의 능동적인 변화에 주목하는 것이야말로 노인들의 행복을 이해하는 중요한 단서라는 것이 카스텐슨의 설명이다. 노인들에게는 정서적 친밀감이 단지 소소한 유희가 아닌, 삶의 목표로 여겨질 만큼 중요한 부분이다. 그래서 노년층의 고독은 청년층의 고독에 비해 더욱 잔인하다. 청년들에게는 지식 관련 목표에 몰두한다는 대안이 있고, 무엇보다 남겨진 삶의 시간이 많아 변화의 여지가 있다. 하지만 노인들은 그렇지 못하다. 우리나라의 노인 자살률이 세계적으로 매우 높은 수준을 기록하고 있는데, 심리학적 관점에서 볼 때 이 비극적인 현상의 중요한 원인은 바로 정서적 목표 추구의 실패, 즉 고독과 소외감 때문이다.

그런데 우리가 기억해야 할 점은 사회정서적 목표 추구의 차이(지식 관련 목표 대 정서적 목표)가 '나이' 때문이 아닌, '시간관'의 차이로부터 기인한다는 점이다. 흔히 청년과 노인이 시간관의 차이를 보이기 때문에 청년, 노인을 예시로 든 것일 뿐, 사실은 같은 나이대의 사람들이라 하더라도 시간관의 차이에 따라 목표를 추구하는 방향이 달라질 수 있다.

예를 들어 한 심리학 연구에서는 20대의 젊은 청년들만을 대상으로 연구를 수행하되, 실험 집단에게 75세가 된 자신의 모습을 상상해보도록 실험 조작을 가했더니, 이들의 시간관 및 목표 추구의 방향이 변화하는 현상이 나타났음을 보고한 바 있다. 이뿐만 아니라 '졸업', '이민', '이별' 등 '마지막'을 상징하는 조건에 노출되었을 때도 시간관이 변화했고, 정서적 목표를 추구하는 경향성이 커진다는 점도 관련 연구를 통해 밝혀졌다. 이 연구들은 시간관을 인위적으로 바꿈으로써, 삶의 중요한 목표를 조정할 수 있음을 보여주는 증거가 되었다.

그러면 시간관에 관한 심리학의 연구 결과들이 우리에게 주는 교훈은 무엇일까? 사회정서적 선택 이론은 노인들의 능동적인 정서조절 전략(지식 관련 목표를 정서적 목표로 전환)에 주목하며, 무엇보다 현재의 만족, 친밀한 유대 등에 집중하는 것이 행복을 높이는 중요한 열쇠라는 점을 보여준다. 아직은 신체적으로 젊다고 해도 '시간의 유한함'을 인식함으로써 정서적 목표에 더 주의를 기울일 수 있게 된다는 것이다. 시간이 유한하다는 생각은 우리가 평소 소중하게 여기는 사람들에 대한 관심과 애정을 유도하는 역할을 수행할 수 있다. 흔히 '있을 때 잘하라', '지금의 관계를 소중히 여기라'는 조언을 하곤 하는데, 사회정서적 선택 이론은 이들 조언에 대한 과학적 근거가 되어 주는 셈이다.

한편 사회정서적 선택 이론은 행복에 관한 중요한 통찰과 더불어, 나이를 먹음에 따라 행복을 위해 어떤 노력을 해야 하는지, 인생의 과업을 상기시켜주는 역할을 한다. 늙는다는 것은 사실 꽤 두려운 일임에는 틀림이 없다. 외적으로 볼품없어지고, 병원에 자주 가야 할 수도 있고, 일의 능률도 많이 떨어질 수 있다. 하지만 노화의 역설 개념이 보여주듯 노화의 과정이 항상 부정적인 결과로 이어지는 것은 아니다. 우리는 나이를 먹으며 정서적 목표의 중요성을 터득하고, 인생의 여러 가지 과업 중에 무엇을 더 중요하게 생각해야 하는지 우선순위를 재조정하는 능력을 배울 수 있다.

정서적인 교류가 중요해지는 노년기의 고독이 그만큼 잔인하다는 것을 이해하게 된 우리는 지금부터 행복을 위한 효과적인 노후 대비에 나설 수 있다. 물론, 여기에서 말하는 노후 대비란 경제적 대비만을 의미하는 것이 아니다. 노년기에 정서적 유대와 친밀감, 행복을 경험할 수 있도록 소중한 가족, 친구들과의 유대를 더 돈독히 다져가는 과정 역시 우리가 생각하는 노후 대비의 범주에 포함되어야 한다.

사후확신 편향

훈수 잘 두는 사람이 주식엔 실패하는 이유

가끔 TV를 시청하다 보면 '억울'하다고 느끼는 순간들이 있다. 예를 들어, 남녀 여럿이 참여하는 미팅 프로그램에서 각 출연자가 자기소개를 한다고 해보자. 한 명씩 앞에 서서 자신의 나이와 직업, 사는 곳, 취미 등을 이야기한다. 그런데 가끔 그런 순간이 있다. 아직 출연자가 자신의 직업을 말하지 않았는데도 왠지 무슨 직업을 가지고 있을지 짐작되는, 그 찰나의 순간 말이다.

'저의 직업은 영어학원 강사입니다.'

출연자가 직업을 소개하자마자 옳다구나, 싶은 생각에 같이 TV를 보던 사람들에게 소리친다. '어? 나 저 사람 왠지 영어를 가르치는 사람일 거라 생각했는데 정말이었잖아', '거봐, 내가 뭐라고 했어. 그럴 것 같았다니까', '딱 봐도 그런 모습(?)이잖아.' 반대의 경우는 어떨까? 요리사라고 예측했지만 사실은 변호사인 출연자가 있다. 정답을 알게 되자 이제는 자기소개 전에 눈여겨보았던 그의 말투, 행동, 자세, 복장, 외모 등이 달리 지각되기 시작한다. '아, 그러고 보니 어쩐지', '설마 했는데 다시 보니 논리 정연한 말투, 차분한 인상이 변호사를 가리키고 있었는데 왜 나는 그걸 몰랐을까?' 사실 자기소개 이전에 우리의 눈에 띄었던 온갖 언어적, 행동적 단서들은 별 의미가 없었다. 중요한 것은 '결과', 그리고 결과를 알게 된 이후 우리가 기존의 그 무의미했던 단서들을 결과에 정확히 부합하도록 '끼워 맞추는 과정'들이다.

어떤 정보를 접했을 때, '내 그럴 줄 알았어', '당연한 상식 아닌가?' 하는 생각이 들 때가 있다. 혹은 시험 공부를 하다가 아무리 머리를 싸매도 풀리지 않는 문제가 있어 전전긍긍하다가 간신히 정답지를 들춰봤을 때, 막상 풀이과정과 정답이 너무 간단해서 허탈했던 경험이 있을 것이다. '아니, 이렇게 쉽고 간단한 걸 왜 몰랐지? 나는 바보인가?'

심리학자들은 이처럼 이미 일어난 결과를 바탕으로 과거의 상황이나 결정을 합리화하고 재평가하는 경향을 가리켜 "사후확신 편향hindsight bias"이라고 한다. 우리는 일어난 결과를 두고 충분히 예견할 수 있었던 일이라고 착각하곤 한다. 대부분의 긍정적 사건 이면에는 그럴듯한 노력과 원인이 다 마련되어 있다. 반면 비극적인 사건은 대개 '예견된 참사'이고, '사전에 충분히 막을 수 있었던 인재人災'이다.

만약 결과가 주어지지 않았다면 어떨까? 심리학자들은 여러 실험을 통해 증명했다. 결과가 주어지기 전에 우리는 높은 확률로 그 결과를 예측하지 못한다. 그 '당연하고', '쉽고', '뻔한' 것을 우리는 알아차리지 못한다. 주식시장이 가장 대표적인 사례이다. 주가가 올랐을 때, 혹은 떨어졌을 때 우리는 여러 매체 정보들, 분석 보고서, 내부 관계자의 증언 등을 언급하며 왜 주가가 변동할 수밖에 없었는지 열변한다. 결과를 알고 나면 이 모든 분석이 그럴듯해 보인다. 오를 만해서 올랐고, 떨어질 만해서 떨어졌다고 생각하게 된다. 하지만 주식을 경험해본 사람들은 알고 있을 것이다. 주가를 예측하는 일이 사실상 불가능에 가깝다는 것을 말이다.

사후확신 편향의 심리적 과정을 조금 더 자세히 살펴보자. 사후확신 편향을 만들어내는 몇 가지 우려스러운 사고 습관들이 존재한다.

첫째, '확증 편향'이다. 확증 편향이란 자신의 생각에 부합하는 정보만 선택적으로 받아들이며 동시에 그에 부합하지 못하는 정보들을 무시하는 현상을 가리킨다. 이미 벌어진 결과는 대개 '사실'이고 '현실'이다. 현실을 부정하고 망상에 빠질 생각이 아니라면 우리는 결과를 지지하는 방향으로 과거에 주어졌던 단서들을 재평가한다. 결과와 연관 있어 보이는 정보들은 더 크게 지각하고 적극적으로 받아들이며, 반대로 이제 와서 보니 결과와 별 상관이 없었던, 혹은 반대 방향의 결과를 예측하고 있었던 정보들은 무시하거나 폐기한다.

둘째, 역설적으로 평소에 여러 근거를 들며 논리적으로 사고하는 습관을 가진 사람일수록 사후확신 편향에 빠질 가능성이 커진다. 왜 그럴까? 복잡하게 생각할수록 어떤 결과와, 그 결과를 둘러싼 여러 대안이나 가능성, 원인들이 더 머릿속에 많이 떠오르게 되는데 이는 곧 결과에 끼워 맞출 수 있는 단서들을 더 많이 가지고 있다는 뜻이기 때문이다. 많은 단서를 가질수록 아무리 예측에 벗어난, 상식 외의 결과가 벌어진다 하더라도 그럴듯하게 끼워 맞추기 용이해진다.

근본적으로 우리는 왜 사후확신 편향에 빠지게 되는 것일까? 사후확신 편향이 우리에게 막대한 심리적 이점을 제공하기 때문이다. 그 이점이란 바로 '통제감'이다. '당연한 것', '이미 알고 있었던 것', '충분히 예상 가능했던 것'이라는 착각은 미래 예측과 관련된 불확실성을 줄여, 결과적으로 세상에 대한 우리의 통제 감각을 높여 준다. 이렇게 통제 감각을 높임으로써 우리의 불안을 조금이나마 해소할 수 있는 것이다.

예를 들어, 자신만의 사업을 준비하는 예비창업가들은 다른 선배 창업가들의 성공, 혹은 실패 경험담을 보면서 나름대로 성공의 원인, 실패의 원인을 분석한다. 분석을 하는 이유는 물론 창업에 적용할 수 있는 실질적인 팁을 얻기 위해서이기도 하겠지만 그 전에 본질적으로 불확실성이 가득한 창업가라는 길을, 조금이나마 예측 가능하고 통제 가능한 대상으로 바꾸고 싶다는 심리적 바람이 담겨 있다. '그러니까 실패할 수밖에 없었겠지', '성공한 데에는 다 이유가 있었던 거야'와 같이 창업의 성공/실패를 운의 영역이 아닌, 노력과 예측의 영역으로 전환하면서 통제력과 안정감을 획득하고자 하는 것이다.

한편 사후확신 편향을 이해하는 일은 우리가 세상을 바라보는 방식을 바꿔주는 기회가 되기도 한다. 우리는 사후확신 편향의 존재를 인식함으로써 평소 우리가 그저 당연하다고 생각했던 일들이 사실은 그렇지 않을 수 있었다는 것을 깨달을 수 있다. 결과가 주어지고 나니 왠지 기존의 모든 단서들이 그것을 예측하고 있었던 것처럼 보이지만, 사실은 그 당시에는 반대 증거들도 얼마든지 있었다는 것을 새삼 발견하게 되기도 한다. 그리고 '만약 이 결과를 내가 모르는 상태였다면, 과연 나는 어떤 예측을 했을까?', '만약 실제와 반대 결과가 나타났다면 나는 이 결과를 예측할 수 있었을까?' 등의 문제를 고찰함으로써 예측대로만 흘러가지 않는 세상의 여러 복잡한 흐름들을 보다 냉철하게 인식하는 계기가 될 수 있다. 즉, 사후확신 편향을 인식하면서 우리는 비판적 사고 능력을 기를 수 있다.

소위 성공했다는 사람들의 자기 계발서를 한번 보자. 성공의 비결이라며 온갖 자신만의 노하우를 소개하고 있다. 일찍 일어나기, 시간 관리하기, 인맥 만들기, 도전하기 등등 겉보기에는 바람직해 보인다. 하지만 이와 같은 노하우들 중 어느 것이 '결정적'이었는지 어떻게 아는가? 똑같이 따라 한다면 우리도 성공하리라는 보장은 어디에 있는가? 사후확신 편향이 주는 교훈을 곱씹으며 비판적으로 사고할 차례이다. 우리는 결과를 통해 모든 행동을 정당화하고 의미를 부여하는 버릇이 있음을 기억하자.

자기결정적
고독

자발적 고독이 나를 성장시킨다

때는 2010년대 초반, 군대를 제대하고 학교에 복학하였더니 안타깝게도 당장은 같이 밥을 먹을 친구가 없었다. 연락을 해보니 필자보다 아직 제대가 늦거나, 아니면 휴학했거나, 취업 준비 때문에 바쁘다고 했다. 그래서 새로운 친구를 사귀기까지 몇 달간은 '혼밥'을 하게 되었다. 지금은 혼밥이 흔한 일이 되었다지만 당시에는, 적어도 필자의 인식으로는, 혼밥은 무척 낯설고 두려운 행위였다. 혹시 지나가다 아는 사람이 볼까 봐 걱정되었고 그래서 먹는 둥 마는 둥 빨리 식사를 마치고 자리를 떠나곤 했다. 회상하자면 그때의 혼밥 경험은 고통스러웠다. 세상에 나만 있는 듯한 고독감이 밀려왔고, 덩달아 자신감도 떨어져 있던 상태였다. 지속적인 고독감에 몸부림치면서 '고독이란 무엇일까', 나름대로 심도 깊게 성찰했던 경험이 있다.

심리학에서는 고독을 어떻게 이해하고 있을까? 심리학자들은 사람들이 외로움을 느끼는 상황, 감정 등을 조사하면서 고독에도 여러 종류의 하위 구분이 존재한다는 사실을 밝혀냈다.

심리학자들은 고독을 "정서적 고독"과 "사회적 고독"으로 구분한다. 정서적 고독은 가족, 연인, 친한 친구 등 가까운 대상과의 관계에서 경험하는 고독감을 말한다. 그리고 사회적 고독은 이웃 관계, 지역사회, 직장 내 대인관계 등 비교적 얕고 넓은 사회적 네트워크에 참여하지 못하거나, 유지되던 네트워크가 무너지는 상황에서 경험하게 되는 고독감을 말한다.

흥미로운 점은 정서적 고독이 사회적 고독을 보장하지 않으며, 그 반대 역시 마찬가지라는 점이다. 가족들과 가깝고 친한 사람이더라도 막상 회사에서는 대인관계가 원활하지 못해 외로움을 겪는 사람이 있는 반면, 동료들과의 사이가 좋고 자주 놀러 다니기도 하지만 정작 가족과의 사이가 소원하여 집에만 오면 외로움을 겪는 사람도 있다.

그런데 심리학자들 중에는 정서적 고독을 더 세분화하여 접근하는 이들도 있다. 정서적 고독을 "가족 고독"과 "낭만적 고독"으로 구분하는 것인데, 말하자면 가족 간의 관계에서 오는 외로움과, 사귀는 사람이 없다는 데서 오는 외로움은 서로 별개라는 것이다. 실제로 아무리 가족 간의 사이가 돈독하다 해도 연인이 없는 외로움이 없어지는 것은 아니다. 물론 그 반대도 마찬가지일 것이다.

고독을 더 잘 이해하기 위해 다음의 질문에 한번 답해보자. 여러분은 언제 고독감을 경험하는가? 그리고 외로움을 잘 타는 사람들의 특징은 무엇일까? 이와 같은 질문에 많은 사람들이 '혼자 있는 상황'을 이야기한다. 혼자 있으니까 외롭고, 특히 외향적이지 못한 사람들은 혼자 지내는 경우가 많아서 더 외로움을 느낀다고 생각하는 것이다. 하지만 물리적으로 혼자가 아니더라도 사람은 고독감을 느낄 수 있다. '그대가 곁에 있어도 나는 그대가 그립다' 라고 어느 시인이 이야기했듯 말이다.

구체적으로 심리학자들은 혼자 있는지 여부보다는 자신이 친밀한 관계를 맺고 싶어하는 누군가와 '연결되어 있다는 느낌'을 받고 있는지가 고독감의 경험에 큰 영향을 미친다는 점을 지적한다. 군중 속에 있더라도, 여러 사람들이 반갑게 말을 걸어오더라도, 대인 교류에 대한 내 기대치가 충족되지 못한다면 사람은 고독감을 느낀다. 반대로 고립되거나 혼자 지내는 상황에서도 집에서 자신만을 기다리고 있을, 사랑하는 가족들의 얼굴을 떠올릴 수 있는 사람은 혼자 있더라도 '혼자가 아닌 듯한 느낌'을 받을 수 있다.

이뿐만 아니라 성격적 차이 역시 고독감의 경험에 영향을 미친다. 성격과 고독감 간의 관계를 연구한 심리학자들은 낮은 친화성 agreeableness과 외향성extraversion, 그리고 높은 신경증neuroticism 성향을 가진 사람들이 고독감을 더 자주, 강하게 경험한다는 사실을 통계적으로 입증했다. 즉 대인 교류가 제한적이거나 사무적이며,

평소 초조하고 걱정이 많은 사람들이 외로움을 더 잘 느낄 수 있다는 것이다.

그러면 고독감은 우리에게 어떤 영향을 미칠 것인가? 가장 잘 알려진 것은 고독감이 수반하는 여러 부정적인 신체적, 심리적 영향들이다. 미국 공중보건서비스단PHSCC은 보고서를 통해 고독감의 부정적인 영향을 '매일 15개비 담배를 흡연하는 것과 유사하다'고 비유한 바 있다. 실제로 관련 연구에 따르면 고독감을 더 잘 느낄수록 섭식장애, 수면의 어려움, 면역력 감소, 조기 사망률 증가 등 여러 부정적인 문제를 겪을 가능성이 큰 것으로 나타났다. 이뿐만 아니라 높은 수준의 고독감은 우울, 불안, 절망, 자기비하, 낮은 자아존중감, 죄책감, 낮은 행복 등과도 밀접한 연관이 있다.

이처럼 고독감이 미칠 수 있는 부정적인 영향이 상당하기 때문에 심리학자들은 고독감을 개인적 경험 차원을 넘어 사회적인 문제로 인식하기도 한다. 예를 들어 국내의 심리학자들은 최근, '대한민국 고독지수'가 100점 만점에 78점이라고 발표하며, 우리나라 사람들의 고독감 수준을 우려한 바 있다. 또한 정부에서도 매년 고독사 실태조사 결과를 발표하며, 2010년대 후반 기준으로 약 5년 이상 고독사 사망자 수가 증가 추세에 있다는 점을 알리기도 했다. 더 이상 고독감이 개인의 문제로 환원될 수만은 없다는 사회적 인식의 반영이 아닐까 싶다.

그렇다면 대안은 무엇일까? 고독감을 없애는 것이 정답일까? 심리학자들은 고독감이 인간의 본능적인 정서라고 설명한다. 따라서 고독감을 없앨 수는 없다. 하지만 고독감은 우리의 주관적 해석과 판단의 영향을 받기 때문에 우리가 고독감을 어떻게 인식하고 받아들이는지에 따라 고독감과 적으로 남을 것인지, 아니면 고독감을 든든한 아군으로 삼을 것인지 결정할 수 있다. 이른바 "자기결정적 고독self-determination loneliness"에 관한 이야기이다.

고독은 언제나 좋지 않은 것일까? 원치 않는 고독이 있는 반면, 우리가 자발적으로 선택한 고독도 있다. 필자는 일전에 다니던 회사에 사직서를 냄으로써 자기결정적 고독을 선택했다. 퇴사를 했기 때문에 직장 동료들을 더 이상 보기 어려워졌고 결과적으로 고독해졌다. 하지만 그 고독감이 싫게 느껴지지 않았다. 퇴사한 다음 날 아침에 일어났을 때 그 기분을 지금도 잊을 수 없다. '내가 저질러 버렸구나' 하는 생각도 잠시, '이제 나는 자유로구나', '당분간 혼자 산책도 하고, 카페에서 책을 읽어야겠다', '혼자 여행을 다녀오는 것도 좋겠다', '이제는 온전히 나에게 시간을 쓸 차례야' 같은 생각을 했다. 자발적으로 선택한 고독은 필자에게 자기보상과 성찰의 계기를 마련해주었던 것이다.

심리학자 라르손Larson은 적절한 '고독능력'의 중요성을 강조한다. 즉, 고독이 주는 장점을 알고 있으며, 기꺼이 자발적으로 고독을 선택할 줄 아는 능력이야말로 사회적 적응이나 자립을 위해 반드시 갖춰야 할 요소라고 설명한다. 실제로 자기결정적 고독을 선택하는 사람들은 기존의 고독감에 대한 연구들에서 보고한 것과는 정반대의 특징을 보였다. 관련 연구에 따르면 이들의 고독감은 삶의 만족도나 낙관성, 행복, 창의성, 개방적인 태도 등에 긍정적 영향을 준 것으로 나타났던 것이다. 직장인의 '혼밥'에 관한 국내의 심리학 연구에서는 혼밥을 자발적으로 '선택'한 사람들이 자기탐색의 시간을 가질 수 있고, 독립심을 경험하며, 자신에게 줄 보상을 능동적으로 고민하는 등 여러 긍정적인 면을 경험한다는 점을 밝히기도 했다.

우리는 흔히 '고독'이라는 단어를 좋지 못한 것으로 인식하지만, 고독을 어떻게 바라보고 대하는지에 따라 오히려 자기발전과 행복에 긍정적인 영향을 줄 수 있다는 점을 기억할 필요가 있겠다.

경외감

생각의 그릇을 넓히는 심리 전략

미국의 호러 영화 〈파이널 데스티네이션〉 시리즈에서는 특이하게 악당이 등장하지 않는다. 아니, 악당이 등장할 수 없다고 해야 맞는 말일 것이다. 왜냐하면 이 영화 시리즈에서의 악당은 '죽음 그 자체'이기 때문이다.

주인공 일행은 자신들이 크게 다치거나 죽을 운명이었음을 깨닫고 어떻게든 그 운명을 피해보려고 노력하지만, 운명은 온갖 기상천외한 방식으로 주인공 일행을 찾아와 한 명 한 명 결국 죽음에 이르도록 만든다. 영화에서는 '죽음이라는 운명은 절대로 피할 수 없다'는 것을 강조하기 위해 작위적인 죽음을 연출한다. 죽음이 닥칠 것을 예상하고 조심하고 또 조심하지만 하필이면 위험한 방향으로 미끄러진다거나, 우연히 차고 있던 시계가 어딘가에 걸려서 불이 난다거나 하며 결국 도저히 예상할 수 없었던 방식으로 등장인물들이 죽음을 맞이하고 만다. 이렇게 〈파이널 데스티네이션〉 시리즈는 소위 "경외감awe"이라는 감정을 소재로 고유의 인기를 만들어냈다.

경외감은 압도적인 자극을 마주하며 인간이 경험하게 되는 경이로움과 두려움을 의미한다. 경외감은 특히 여러 인간의 감정들 중에 독특한 특징을 갖고 있는데, 이는 바로 '경이로움'과 '두려움'이라는, 긍정적 느낌과 부정적 느낌이 공존한다는 점이다. 공포 영화, 재난 영화와 같이 비극적인 사건을 다루며 사람들에게 불쾌감을 주기 쉬운 장르가 인기를 얻을 수 있는 이유는 이런 장르의 작품들이 두려움과 동시에 경이로움을 제공하기 때문일 것이다.

그렇다면 우리는 언제, 무엇을 보고 경외감을 느낄까? 경외감의 핵심은 사건이 우리의 평범한 상식이나 인식 수준을 초월할 수 있느냐에 달려있다. 그래서 물리적인 크기는 경외감을 느끼는 데 영향을 미친다. 끝을 모르는 광활한 우주, 거대한 절벽이나 폭포 등의 자연 경관은 우리가 일상에서 흔히 다루는 크기의 개념을 아득히 초월하며 우리에게 경외감을 느끼게 한다. 또한 불가항력 역시 경외감을 유발하는 소재다. 천재지변, 죽음, 시간의 흐름, 운명, 신神 등의 존재는 우리가 감히 대항조차 할 수 없는 불가항력적인 존재들인데, 우리는 이들 대상 앞에서 압도적인 무기력, 두려움을 느끼면서도 동시에 경이로운 기분을 느끼게 된다.

경외감에는 어떤 힘이 숨어 있을까? 단지 공포, 재난 영화를 통해 느끼는 매력 외에도, 경외감의 저변에는 우리가 주목할 만한 여러 심리적인 이점들이 존재한다.

먼저 우리가 어떻게 경외감에 도달하게 되는지 심리적 과정을 자세히 살펴볼 필요가 있다. 대개 경외감을 느끼게 하는 자극들은 우리의 감각과 인식을 압도하므로 원활한 정보 처리를 위해서는 우리가 평소에 가지고 있던 사고의 폭을 확장해야 한다. 낯설고 새로운 자극을 받아들이기 위해 기존의 상식을 배제해야 하며 주의 초점 범위를 외부의 더 넓은 대상으로 확대하게 된다. 요컨대 경외감은 우리가 더 넓게 보고, 크게 사고할 수 있도록 생각의 그릇을 넓혀 주는 역할을 한다. 그래서 결과적으로 더 '넓은 마음'을 갖도록 유도한다는 것이 심리학자들의 설명이다. 이러한 경외감의 특성은 우리 삶에 크게 두 가지 도움을 준다.

첫째, 경외감은 자기 성찰 과정에 도움을 준다. 특히 마음챙김 과정에 유용한데, 자신의 생각과 행동의 흐름을 '있는 그대로', 객관적으로 지각하는 데 유용하다. 자신을 객관적으로 지각하기 위해서는 주관성에서 어느 정도 벗어날 필요가 있다. 즉, 자기 자신으로서 스스로를 관찰하는 대신 마치 제삼자인 양, 타인이 된 듯한 느낌으로 자기 자신을 주의 깊게 관찰하려는 노력이 필요하다. 이를 비유하자면 1인칭 시점에서 3인칭 시점으로의 전환이라고 할 수 있을 것이다. 경외감을 통해 인식을 확장하게 되면 좀 더 먼 거리에서, 즉 3인칭 시점으로 자신을 관찰하기가 보다 수월해진다.

둘째, 경외감은 이타적인 성향을 촉진하는 역할을 한다. 타인의 잘못을 더 넓은 마음으로 이해하고 용서하는 한편, 타인에게 직접적인 도움을 주는 데 보다 호의적인 태도를 갖출 수 있다.

예를 들어 한 심리학 연구에서는 실험 참여자들을 실험 집단과 통제 집단으로 구분한 뒤, 각 집단에게 서로 다른 영화 클립을 보여주었다. 첫째 집단은 '경외감 집단'으로, 주인공이 갑자기 동물로 변신하더니 하늘을 날면서 온 세상의 빛깔을 바꿔 버리는 웅장한 장면이 담긴 영상을 시청하였다. 반면 통제 집단의 참여자들은 주인공이 벽에 페인트칠하는 모습만 나오는, 경외감과 관련이 없는 영상을 시청하였다. 각 집단이 지정된 영상을 본 시간은 약 4분 20초 정도였다. 영상을 보고 난 참여자들은 공통적으로 박물관 관람 티켓을 선물받은 후, 이 티켓을 어려운 사람에게 기부할 의향이 있는지 답변해야 했다.

연구 결과, 경외감이 드는 영상을 시청했던 조건의 참여자들이 그렇지 않았던 조건의 참여자들보다 티켓을 기부하겠다는 의사를 더 강하게 표현한 것으로 나타났다. 추가로, 해당 연구에서는 경외감이 실험 참여자들의 인내심에도 영향을 미칠 수 있다는 가능성도 관찰되었다. 사실 티켓 기부에 관한 질문과 더불어 실험 참여자들에게 난이도가 있는 과제를 수행하도록 제안하였는데, 경외감 조건의 참여자들이 통제 조건의 참여자들보다 더 오래 과제를 붙잡고 있는 모습을 보였던 것이다. 추측하건대 경외감으로 인해 마음이 넓어진 참여자들이 '세상에는 이보다 더 어려운 일들도 있는데, 고작 이 정도는 아무것도 아니지'와 같은 마음을 먹게 되지는 않았을까?

여러분이 가장 최근 경외감을 느껴 본 일은 언제인가? 경외감이 주는 여러 긍정적인 효과들에도 불구하고, 안타깝게도 우리가 일상에서 경외감을 느낄 일은 그렇게 많지 않다. 인간은 적응의 동물이어서, 제아무리 거대하고 압도적인 대상일지라도 계속 반복해서 접하다 보면 점점 익숙해지고 처음의 그 경이로움과 두려움은 온데간데없이 사라져 버리고 만다.

공포 영화나 재난 영화도 마찬가지다. 어렸을 적 이들 영화를 처음 접했을 때는 무섭고 두근두근한 기분에 밤잠을 설칠 정도였다면 성인이 된 지금은 웬만한 영화로는 별다른 감흥을 느끼지 못한다. 자꾸 같은 종류의 영화를 보다 보니 늘 보던 그 괴물, 그리고 다른 영화에서도 봤던 같은 종류의 재난으로 인식되고, 결국 어떻게든 문제가 해결되고 해피엔딩이 되지 않을까 싶어서 긴장감이 잘 들지 않는다. 그나마 집에서 보는 대신 영화관에 가서 본다면 거대한 스크린과 사운드 덕분에 경외감이 살짝 느껴지긴 하지만, 그럼에도 '어차피 허구의 내용일 뿐인 걸', '어디서 본 내용이야'와 같은 생각에서 벗어나기가 쉽지 않다. 그래서 심리학자들이 추천하는 것은 '낯선 장소로의 여행'이다.

여행은 우리의 인식을 넓히는 데 가장 효과적인 수단 중 하나다. 특히 한 번도 가보지 않은 낯선 환경으로의 여행은 기존에 우리가 가지고 있던 상식이나 관념에 반하는 경우가 많다. 잊을 수 없는 사진을 남기기 위해 관광지를 돌아다니다 보면 아름답고 장엄한 풍경들이 나타나 놀라움과 두려움을 선사하기도 한다. 많은 사람들이 여행을 다니면서 휴식은 물론, 자신의 삶을 다시 되돌아보는 소중한 계기를 만나게 되었다고 말한다. 여행을 통해 느낀 복잡한 감정들, 즉 경외감이 자신에 대해 생각해 볼 '여유'를 만들어 준 것이다.

그러니 요즘 여러분의 삶이 팍팍하고 마음도 자꾸만 좁아진다면, 전혀 생각지 못한 곳으로의 여행을 떠나 보는 것은 어떨까? 낯선 장소에서 느낀 경외감을 삶의 새로운 연료로 삼아 보자.

심리학을 만나 똑똑해졌다

초판 1쇄 인쇄 2023년 12월 11일
초판 1쇄 발행 2023년 12월 18일

지은이 허용회
펴낸이 이부연
총괄디렉터 백운호
책임편집 윤다희
표지디자인 데시그

펴낸곳 (주)스몰빅미디어
출판등록 제300-2015-157호(2015년 10월 19일)
주소 서울시 종로구 내수동 새문안로3길 30, 대우빌딩 916호
전화번호 02-722-2260
인쇄·제본 갑우문화사
용지 신광지류유통

ISBN 979-11-91731-57-6 (03190)